古城仁居

◎冯锡煌 编著

经济日报出版社

图书在版编目（CIP）数据

古城仁居 / 冯锡煌编著. -- 北京：经济日报出版社，2022.4
ISBN 978-7-5196-1073-9

Ⅰ.①古… Ⅱ.①冯… Ⅲ.①乡镇-地方史-平远县 Ⅳ.①K296.55

中国版本图书馆 CIP 数据核字(2022)第 058590 号

古城仁居

编　　著	冯锡煌
责任编辑	王　含
责任校对	蒋　佳
出版发行	经济日报出版社
地　　址	北京市西城区白纸坊东街 2 号 (邮政编码:100054)
电　　话	010-63567684（总编室） 010-63584556　63567691（财经编辑部） 010-63567687（企业与企业家史编辑部） 010-63567683（经济与管理学术编辑部） 010-63538621　63567692（发行部）
网　　址	www.edpbook.com.cn
E - mail	edpbook@126.com
经　　销	全国新华书店
印　　刷	成都兴怡包装装潢有限公司
开　　本	880mm×1230mm　1/32
印　　张	11.50
字　　数	300 千字
版　　次	2022 年 4 月第 1 版
印　　次	2022 年 4 月第 1 次印刷
书　　号	ISBN 978-7-5196-1073-9
定　　价	68.00 元

目　录

邑宰英明

平远光复

文物古迹

庙堂古今

岁时习俗

客家饮食

故事传说

平远解放

对联拾趣

古城杂谈

古城千秋

古城仁居

仁居，位于粤东北，西北接赣，东北通闽。面积 191 平方公里，辖 15 个行政村，1 个社区居委会，192 个村民小组，6148 户，23746 人，绝大部分为客家人。境内丘陵高山相间，地势自西北向东南倾斜，西北部项山为武夷山的延伸，主峰项山甑海拔 1529. 8 米，为梅州第二高峰。地处粤、赣、闽三省结合部的仁居，是三省边民集市贸易文化交流的中心。

仁居历史悠久，地名由来颇具特色。《平远县志》载：据 20 世纪 70 年代出土窑址考证，远在 5000 年前的新石器时代，就有人群在这块土地上生息。春秋战国时期为百越地。秦汉时为揭阳地（统属南海郡）。晋、宋（南朝）属海阳县（属广州义安）。南齐（始于公元 479 年）以后，属程乡县地（今梅县）。由于这里山多林茂，人烟稀少，又是三省结合部三不管的地方，不时有农民起义的“造反”队伍攻打官府后盘旋于此。朝廷便在这里设立兵营，命名为“林子营”，至今还有“营上”地名。后来，赣、闽等地南迁至此开发、经商定居的人日渐增多，其中不乏富豪人家，他们便以富贵豪杰聚居之意改称此地为“豪居”。清末至民国初年，一些士绅和文人墨客又感到“豪居”太俗气、霸气，经一番议论后，以“仁人志士”所居为意，更名“仁居”沿用至今。

从明嘉靖四十一年（1562）设立平远县，至新中国成立后的1952年，仁居为县治所在地，历时390年，是全县政治、经济、商贸、文化中心，具有厚重的历史文化和民俗传统文化积淀。保存较好的历史文物就有古城基、古民居、古庙宇、老祠堂、古桥、驿道、明代摩崖石刻、太平天国时期古山寨、二战时期的红军墙标、抗日战争时期的广东省银行金库旧址，还有崇文重教、尊孔崇儒的见证物石楣杆、字纸库、文昌阁、私塾、试馆等，是研究客家文化和中国古建筑的珍贵的实物资料。

仁居是粤东古驿道通往赣、闽的交通咽喉，群山错落，地势险要，历来为兵家瞩目之地。南宋景炎二年（1277），文天祥率兵勤王，路经今仁居招兵扈驾。时过700多年，纪念文天祥、陆秀夫、张世杰的“迎相公”民俗沿袭至今。明嘉靖四十一年（1562），抗倭名将俞大猷率官兵进驻今仁居，写下诗文刊《县志》。清咸丰十年（1860）至同治四年（1865），太平天国余部4次攻占县城仁居，仍保存七八处当年群众为躲避太平军成为“流寇”到处抢夺而建造的山寨。抗日战争后期的1945年，广东省国民政府播迁平远，部分政府机关、多家金融单位及实业公司等经济机构迁设仁居。如今，省银行金库旧址成为当年平远为广东临时省会的见证物，供人们参观。此外，1929年11月和1930年

5月，中国工农红军第四军两次到仁居开展革命宣传，组织发动群众成立红色政权，组建工农武装，开展土地革命。朱德、陈毅、林彪、朱云卿、彭祜、谢唯俊等领导人在这里留下了他们的革命斗争足迹和生活脚印。历经80年沧桑的几十条红军墙标至今历历在目，是爱国主义教育和革命传统教育的珍贵教材。

这里气候温和，雨量充沛，土地肥沃，宜农宜林，水田种植水稻为主。烤烟、脐橙还有红菌豆腐头和番薯乌干为当地名优特产，远近有名（当下，各村种下大面积的脐橙）。境内森林资源丰富，主要林木有松、杉、樟、荷、毛竹和油茶。地下矿产资源主要有稀土矿、钾长石、石英石、磷、铀、陶土等，其中稀土矿平均品位达1.78%，石英石含二氧化硅平均在97%以上，是石英石矿中的优质产品。

仁居古镇群山环抱。东有耸入云天的尖山为屏，西有夕照流霞的麟石之胜，南有凤山积翠，北有项山为枕，重峦叠嶂，风光绮丽，还有老城附郭八景、项山、燕岩、佛浴瀑布等景点，把古老的山城装点得更加绚丽多姿，引来众多游人前来游览观光。

古城溯源

巍巍海拔1529.8米的项山脚下，丘陵起伏，气势雄峻，群山环抱，风光绮丽。从项山山麓奔流而下的仁居河，像一条银链环绕着一群古老与现代相映生辉、鳞次栉比的建筑。这就是粤、赣、闽三省边陲的一座明代古城——具有390年平远县治所在地的镇。

据《平远县志》及有关资料追溯：这片土地，从南齐开始就有人迁徙到这里定居，和当地的瑶、畲族人一起垦荒创业。秦汉时为揭阳地，晋时属海阳县，齐以后归程乡。因为这里山高林密、人烟稀少，朝廷在这里设有兵营辖理，所以，起初这里就叫“林子营”。传说兵营驻设在今井下村，至今还沿袭称为“营上”。

后来，越来越多人从江西、福建等地南迁到此开发、经商、定居，其中不乏有钱人家和文人墨客，他们认为这里是富贵豪杰的聚居地，同时，也希望这里能繁荣昌盛，人人成为豪门大户，此地应称“豪居”，因此，这里就被称为“豪居”。

到了清朝，一些士绅和文人墨客又感到豪居为地名太俗气、霸气，议论更改地名。如嘉庆二十五年（1820），时任平远儒学训导的欧阳莲，在为《平远县志》作的跋中就说：“可怀佥（qiān）以豪居为未协也。”意思是说，豪居，谓豪门大户之居，大家都认为不合适。仁居，谓仁者之居，故较好。经过一段时间的争议，到了清末至民国初年之间，便把古称的“豪居”改称为“仁居”了，一直沿用至今。

县志记述，这里地处粤、赣、闽三省结合部的深山区，山高林密，地势险要，是粤东通往赣、闽驿道交通之咽喉，历来为兵家瞩目之地。明嘉靖年间，有农民起义的“造反”队伍攻打官府后盘旋于此。据旧志载：“群盗出没，十分猖獗。”嘉靖三十八年（1559），朝廷派员在此筑土城，设立通判府馆（通判，明朝设于府，分掌粮运、督捕、水利等事务。通判府馆即通判的派驻机构），增派兵员，弹压“群盗”。据《赣州府志》：嘉靖四十年

（1561）五月，煽炉为业（土法炼铁）的武平籍人梁宁与酋长陈绍禄、林朝曦等聚众六七千人，攻打福建、江西，杀江西副使汪一中、巡检刘茂、都佥事王应。因此，神威营副总兵驻扎林子营，统辖南、赣、雄、韶、惠、潮、汀、漳、郴、桂、抚、吉等各府卫州军兵弹压。但旧志又称，这里仍“寇气未除”。于是议奏设县，以豪居都为基础，议割当时惠州属兴宁之大信一个里，江西安远之双桥、南桥、八付、腰古、项山 5 个堡（现均为江西寻乌县地），福建上杭中都一个里，以及福建武平县部分地（详无考），废通判府馆置县。嘉靖皇帝旨派广西马平县（今柳江县）举人王化等建新县，并任第一任知县。嘉靖四十一年（1562）五月，县成，因县治豪居都林子营界于武平、安远之间，取名平远县，隶属江西赣州府。《安远县志》《长宁县志》《潮州志》《平远县志》载：嘉靖四十三年（1564），还安远、武平、上杭三县割地。增割程乡县义化、长田、石正三都，并兴宁大信一里，附义田都（即豪居都）置县，改隶潮州府。明崇祯七年（1634），割平远县石窟一图、二图，并程乡之龟浆二图、松源二图，合并新置镇平县（今蕉岭县）。清雍正十一年（1733）程乡县升格为嘉应州（今梅州），平远改隶嘉应州。

清宣统三年（1911）辛亥革命成功，是年九月下旬，平远光复，接着在仁居成立平远县公署。1912 年 1 月 1 日，中华民国成立，民国十九年（1930）平远县公署改称平远县政府。

1949 年 5 月 22 日，平远解放。6 月 21 日，在仁居成立平远县人民民主政府。10 月 1 日，中华人民共和国成立，1950 年 3 月，平远县人民民主政府改称平远县人民政府。

由此，从明朝嘉靖四十一年（1562）筑城建县始，平远县治就设在仁居，仁居成为平远的政治、经济、文化中心，一直至新中国成立后的1952年。1952年6月8日，平远与蕉岭两县合署办公，称“联合办事处”。是年8月30日，根据广东省人民政府民政厅及兴梅专区的有关文件精神，平远、蕉岭合县，称蕉岭县，以蕉城镇为县城。1954年3月1日，平远县、蕉岭分县、平远县城迁设大柘镇。1958年11月，省地委指示平远、兴宁两县合并，称兴宁县，仁居称兴宁县仁居人民公社。至1961年1月1日，平远、兴宁分治，平远恢复原建制，县治设在大柘。

从1562年建县至1952年，时历390年的平远老县城，现为平远县仁居镇，辖15个村委会，1个社居委会，192个村民小组。历尽沧桑的古城，不但是本镇政治、经济、文化、交通枢纽，而且是粤、赣、闽三省边民集市、贸易、文化交流的中心。

城郭遗踪

老城南门桥头的水涵头、永兴街、西门长安街口以及仁居中学门坪坎下，各保留有近百米的440多年前的明代城基。城基基础为规格花岗岩，以上为明代城砖砌建。游览古城基，寻觅城郭遗踪，领略古城风貌，可使人追忆明代知县王化率众在此开基、筑城、创县的风姿，亦可凭吊清朝咸丰、同治年间，太平军4次攻城，城郭到处刀光剑影、炮火连天、激烈鏖战、城头变换大王旗的情景。

据县志记载：明朝嘉靖三十八年（1559），朝廷便在此筑土城，设通判府馆，弹压盗匪。嘉靖四十年（1561），朝廷又决定古城罢馆置县，派广西马平县举人王化任首任知县。王化到任后，率幕僚与当地绅士踏山涉水、勘查选址、规划设计，按照风水方位、八卦地理确定城垣、衙署位置，然后，大兴土木，组织民工打石、烧砖、筑城、建署。据说，筑城建县时，在今城南岗坊村建窑取土烧砖瓦，取土打砖的砖湖，成为两口大鱼塘。城墙周围 500 丈、高 1 丈 2 尺，以后屡有修葺，曾予加高。城墙设有雉堞（射击孔）895 个。原设东西南北门楼各一座，尔后（年代不详）一说为方便乡民进城，还有说方便学子进学宫应试，故在孔庙前增辟一东门城楼，由青云桥入新东门直通孔庙，所以有新、老两东门。城郭概貌，从南门往东，经吴家祠（现仁居村址）门口、现仁居中学坪坎、新东门、学前街背、老东门、东阁、北门（东阁楼下）、韩家祠侧、后山岗（城隍庙背）、现仁居小学背岗顶、长安街坎、西门、大坪下、南门岗、水涵头、永兴街接南门。明万历四年（1576），知县刘孕祚在北门附近高岗上建一镇山楼，居高临下，用于瞭望，保护城垣安全。

古城，在昔日刀枪剑戟为武器的年代，为防御盗匪侵扰、确保城内人民生命财产安全、促进商贸发展，起到了至关重要的作用。清咸丰、同治年间，太平军 4 次南下平远时，守城军民便以坚固的城墙为屏，与太平军殊死搏战。

民国二十二年（1933），林公顿任平远县长时，议为近代枪炮威力猛烈，原有城垣已失其防卫能力，并仿效广州拆城建路的做法，遂将明代古城拆除，改筑环城马路（仁居中学门口至仁居小学门口）沿用至今。

古衙八景

明朝嘉靖四十三年（1564），平远首任知县王化在选址率众筑好城垣后，着手在县城中心区动工兴建衙署。衙署坐北向南，北枕项山，西朝凤岭，周围原约百丈，后逐渐扩展至方圆一华里。依山建筑，居高临下，形势雄峻。

衙署前一照壁（作贴公告、判决书之用）入大门后为仪门，仪门后为大堂。大堂檐前以板栅为屏设内外两门。外门楣上方悬挂“平远县正堂”横匾，左右楹柱对联为“平安稳定”“远略勤求”，嵌“平远”两字。大堂又称琴堂，所谓琴堂是古时对衙署的美称。大堂是昔时知县审理民事的地方。大堂东西建皂隶（差役）房二间，东西 6 房（书吏房、户房、礼房、兵房、刑房、工房）各 5 间。大堂之右为二堂，又叫“忠爱堂”，为知县会客室。二堂之右为内衙，为知县住宅。左边书吏房后为典史办公室（即捕署大堂，典史，知县下属，掌管收发公文、缉捕和狱囚）。右边书吏房后，建一“梅花书室”，即知县办公室，又称签押房。书室门口挖荷池一口，引衙西之泉水注池，周围栽梅种柳。荷池之南为花苑，建亭阁，栽各种名贵花卉，四时香气沁人。大堂左右空地栽古榕、古桧（圆柏）各一株，苍翠欲滴，浓荫蔽日。

古衙环境幽美，景致宜人，历代文人墨客为衙署描绘为八景，前邑侯黄运沧还专门撰文描述：

一、凤台夕照

环署皆山也，而南山独秀。不出户庭，登台一望，气象万千：晴极鲜明，雨亦苍翠；朝固延爽，夕尤荡胸；返照辉腾，恍若彩凤垂蔽天之翼，令人目迷。锡以佳名，山灵不愧。

二、翠干凌云

琴堂右，古桧直凌汉霄，白日当空，翠影数重，天风乍起，涛声万斛。临民听政，即俨然葛天无怀，雍容临质。此时此象，心神何似！

三、曲水清流

署址当山麓，引西山流泉一道，旋折入池，池涨溢又曲曲绕砌出，偶一动履，水声潺潺。每于晓梦初醒，宵拆欲罢，尤令人有松泉逸韵想也。

四、荷池半璧

平南墙之麓，石破池成，引曲水之泉，云流天际；月当空雨藻荇洁，霜初拂而芰荷残。碧筒传杯，偏豪白也之兴。临池染翰，块摹羲之之神。试看沼上三峰，自是天开文笔，静览阶前半璧，分明人在冰壶。

五、石磴观云

莫奇于云，尤莫奇于怒喷之云。平署四面山环，天朗气清，惠风和畅。其移我情者，固所在皆是。倏而西北一缕，直袅太虚；由是而东、而南，处处飞扬。不啻万井烟连，瞬息间天地为瞑。迨风定霁开，各归故宅，又峰峰青削，都乱插汉霄际也。

六、梅花书屋

书屋临池，池上花卉杂植。从前只额以“梅花”，未审其义。

公余拨冗，每于霜晨雪夜凝神独坐，另有一种霏微缥缈之致，沁入心脾。坐久，遂不自觉，真不足为外人道也。间有兴会所到，随意挥洒。录寄友人，得回柬，谬云："何以于幽谷芳兰外，气味尤细腻异常。不图近诣乃一至此。"虽增予愧，然讵非流水高山而来，又增一段韵事乎？丞就旧额重新之。

七、竹林樾荫

竹林贤，古有七。稽阮流，何高逸！王戎鄙，非其匹。岭之南，幽篁密。来官斋，解簭日。谐龙吟，入凤律。坐其间，韵琴瑟。愿土腴，生竹实。分黔黎，其香鉍。

八、柳阴蛙鼓

古柳森森，千丝秀发。婀娜远敷，浓阴未歇。斋阁新晴，几窗残月。睡眼半醒，饮兴方勃。迭送蛙声，遒然清越。

随着400多年的沧桑之变，老衙不断拆迁改建，美景湮没。民国初，仪门、书吏房被拆为广场。捕署大堂拆建为监狱和警察所。民国二十四年（1935），县长林公顿拆梅花书室，改建砖木结构两层楼房，楼上为政府科室办公室，楼下中厅为会客室，两边各为县长、秘书办公室。楼后天地左右各栽桂花树一株。民国三十四年（1945），县长丘学训将大门改建为三层钟楼，登钟楼，全城街道店宇、附近田间山川尽收眼帘。三楼置入大钟，每天上午12时，由值班督察放铁炮3响，向群众报时。楼顶竖旗杆一支，每天清晨，政府所属人员齐聚楼下，举行升旗仪式。县治搬迁后，老衙改建县松香厂至今，榕树被砍，大堂、监狱、警察所改建车间、保管室。县府办公楼改建钢筋混凝土结构二层楼房为松香厂办公楼。只保留下荷池半璧美景较为完整，让人们在历史的长河中去领略古衙八景的遗踪。

附郭八景诗

老城山清水秀、风光旖旎，特别是附城八景，历史上许多文人墨客大动文墨，把古老山城描绘得更加多姿多彩，其中热柘张公略先生所作的“平远附郭八景诗”尤著。为使人们对老城的游迹有所了解和追忆，下面把八景逐一介绍，并配于张公略先生诗，更具诗情画意。

凤山积翠

凤山，又名鹅石，坐落在城之南飞龙村。高峰耸秀，状若彩凤，故名。山朝衙署，为山城之前屏。山上苍松翠竹，春色常在，山峰峻峭，风光绮丽。登上山顶，全城及附近村庄尽收眼底，一览无遗，令人心旷神怡。太平天国时期，群众为避战乱，集资在山腰筑城建寨，左右各一，曰新寨、老寨，石城高 4 米多，宽 2 米，由西向东长达 2 公里，一直延伸至麻楼村。城设瞭望孔和坚固寨门，有“一夫当关，万夫莫开”之势。寨内各建有双凤庵、平峨古洞庵堂。老寨内还建有私塾。每届神期，朝拜的善男信女络绎不绝，两庵堂原已塌毁，1998 年，双凤庵已重修，建山门，修寨墙，植树种花，风光更加旖旎，被县命名为凤燕旅游区，供游人赏玩。

凤山积翠诗：

庚岭逶迤一脉延，凤山高耸入云颠。

峰峦翠积疑成雨，草木春荣欲吐烟。
幽谷峰回泉石冷，寒岵月上露华鲜。
何时更尽游山兴，认得苔痕却几年。

麟石标霞

麟石，又名砚石山，坐落在城之西，山石如伏麟，故名。石山下，仁居河蜿蜒而流。每当旭日东升，彩霞出岫之际，万道霞光，辐照于石，水景岚去，彩云飘拂，甚为壮观。抗日战争时期，山顶筑碉堡驻兵，以保城池。新中国成立后，改建航空监视哨所并驻军，同时建航标，用于导航。现在山顶架设电视差转发射塔及移动、联通、电信发射塔。每当晨夕或节假日，人们争相登石鸟瞰古城风貌，饱览飘霞美景。

麟石标霞诗：

怪石嵯峨似伏麟，绮霞返照傍城垔。
烟消风霁岚光渺，日出云开曙色新。
孤鹜齐飞横碧落，彩霓遥现莽红尘。
倚栏凭眺如标帜，佳气轩轩郁水滨。

横岗古塔

在城东北隅，井下、五福两村交界处，有岗横卧于仁居河畔，成为老城之水口山屏。明万历年间，邑人集资在岗筑塔，以增县城山光水色之美。塔八角七层，巍峨矗立云际，与城东彭婆嶂之文峰塔相呼应。游人可逐层登顶，远眺县城鳞次栉比之建筑。枕山瞰水，蔚为壮观。

横岗古塔诗：

彭婆山嶂绕城东，古塔巍巍矗碧空。
七宝连天看屈曲，十花涌地见玲珑。
仰攀霄汉襟怀远，俯瞰川原意气雄。
卓立文峰尊一邑，钟灵毓秀赞天功。

曲涧清流

城之西，仁居河水从邹坊境曲折迂回，至程义峰，遇两岸峭壁，陡然直泻成瀑，淙声如雷，浪花四溅。瀑落处，便是一个波光潋滟的大水潭。河水再顺峰穿过几个形状离奇的石洞，浪花忽隐忽现，起伏颠澜。如此迂回不远，接连又绕过两个谓之“顺诰”的奇石，波花灿起，然后，水势才逐渐平缓，碧波荡漾。游人若坐石观赏，奇景感人，令人流连忘返。其“顺诰”石有一神奇传说：古时一仙翁用芒杆挑着两石欲运至差干堵塞“鱼仓子”河水，以便航船。途经程义峰时，有孕妇见此奇景，惊讶呼叫，两石即坠落于此，因两石形如“顺诰”，故名。1957 年，程义峰被拦河筑陂，引水灌溉，“顺诰”石被炸。随后，陂上架桥，桥侧建水电站。隆隆机声与潺潺河水相呼应，又为美景增添新色。

曲涧清流诗：

断桥仄径带斜曛，小涧萦回碧草纷。
狭岸山回沙渚聚，急湍石激流花分。
兰亭修禊思王序，曲水流觞记柳文。
洗耳毋忘巢许意，清流端合涤尘氛。

东湖石濑

在城东 8 公里的尖山之麓，层峦叠嶂，林木葱茏，峭壁悬崖，岚光霞映，清泉石出，风景别致。明万历四十五年(1617)，知县李允懋在此垦湖数十亩，潴石径流水入湖，名曰“东湖”。湖畔建亭，湖中泛舟，为游人休闲浏览。明万历四十七年（1619)，李知县又在东湖麓口建程处士祠。后百姓为仰李知县居官公正，惠政沁人心，抚民廉有声，兴文教，修县志，倡公益之功绩，将李知县与程处士祠合祀，名“程李二公祠”。随着岁月推移，时代变迁，现“东湖”已废，改为稻田，“程李二公祠”亦毁。

东湖石濑诗：

东湖神概绝人寰，一顷清波万仞山。
浅濑潆洄青草地，轻舟荡漾白云湾。
林泉幽寂秋风冷，祠宇荒凉夕照殷。
宦绩长怀贤邑宰，政余泛棹一身闲。

北岭松涛

在古城北枕地，依岭筑城垣，逶迤由西过北。明万历四年丙子岁（1576)，知县刘孕祚于北岭建“镇山楼”，驻兵捍卫治安。清乾隆四年已未岁（1739)，县宪陈彰翼捐俸栽松 3000 株，维护城垣，绿养衙气，并勒碑示禁砍伐。每当夕日晨烟，清风掠过，犹如万斛涛声，雄壮威武。1958 年，大炼钢铁时，所有松木被砍伐，美景湮没。近年，由村民垦种柑橙李果，成为花果山。春季，阵阵果花香气扑鼻，沁人心脾；秋季，果实累累，压弯枝头，成为北岭果香新景致。

北岭松涛诗：

风高北岭韵幽寥，万顷松涛吼碧霄。
月色浸来疑是水，秋声送去宛如潮。
弥天翠积长林渺，永夜寒生绝壑遥。
尽道陈侯遗爱在，三千留植仰清标。

绝磴云梯

城东4公里处，两山夹峙，石径为古驿道，云级峻峭，若梯阶然，叠级里许达山顶，故名“梯云岭”。驿道旁古木参天，山涧流水潺潺，凉风习习，径中有茶亭。行人登石级攀缘而上，饱览山色风光，诗意油然而生。明万历知县李允懋，曾摩崖书刻“梯云岭”，惜于1932年因开仁栢公路时被炸毁。邑人优廪贡生，署南雄、始兴县教谕林如勋有诗吟曰：“蹑屐登临兴转幽，松声泉籁雨飕飕。到头竟欲凌霄去，记得梯云二字不？”石径泉水清甜甘冽，2002年，当地政府筹资于山间筑陂架管、建地制水，建起自来水厂，供人们饮用。

绝磴云梯诗：

万壑千山绕邑边，梯云峻岭独巍然。
行人拾级常攀木，绝磴腾空欲接天。
万棵髯松怀旧令，一编诗草忆前贤。
登临便欲凌风去，疑是人间羽化仙。

双桥虹驾

老城东门外仁居河上，屹立两座石拱桥，上曰青云，下曰驾虹，两桥相距 200 米，成平行架势。每当晨曦夕照或雨过天晴，雨雾烟消，波光辉映，双桥俨着彩虹并驾，津梁增秀，美景迷人。青云桥，明隆庆六年（1572）建，其北端为黉宫，寓旧时学子步桥进宫入试，名登金榜之意。桥横跨江面 40 米，高 7 米，宽 3 米，四孔跨江，两边有石栏杆。清康熙三年甲辰岁（1664）知县刘骏名重建。清嘉庆二十四年己卯岁（1819）知县卢兆鳌重修。民国十七年（1928）被洪水冲垮，由县长林公顿募资重修。1983 年扩宽桥面为 4. 5 米，仁差公路由此桥连接。2002 年，当地政府筹资 16 万元，将桥面铺以钢筋混凝土，并换上刨光花岗岩石栏杆，使古桥焕发生机。驾虹桥为明万历二十五丁酉岁（1597）邑人袁晏所建，两孔跨江，建桥迄今 400 年，从未受险，充分展现我国古代津梁建筑艺术的高超。青云桥与驾虹桥于 2003 年被县政府列为县重点保护的文物。

双桥虹驾诗：

绕郭平垠一水分，双桥缥缈锁溪云。
长虹饮涧波涵影，玉带横江浪织纹。
撑往熙来知利涉，诗情画意入斜曛。
温夸朱雀繁华地，直拟流风到泮芹。

地名缘由

邬坊、岗坊地名由来

明嘉靖四十年（1561），广西马平县（今柳州）举人王化奉旨到粤、赣、闽边界设立新县，并任新县知县。

王化接旨后，日夜兼程来到设在程乡义田都豪居林子营的通判府馆。接着，又踏遍这块粤、赣、闽三省五县相连边区，根据地理形势，山势的来龙去脉，认真调查，实地勘察，审查四周峦峰抱合趋势，水流的回环走向，寻找建县治（县城）的地方。经过反复论证，在这纵横200里的境域中，还是选定豪居林子营这个群山环抱的小盆地。

县治所在地确定后，接着就是选择城垣、衙署、教谕署、学宫等地址。一日，他来到青草湖（今仁居镇井下、五福两村交界处），按地形地貌，这里为小丘陵地带，可以利用周围小坡筑城，外围还有河水蜿蜒环绕。按龙、穴、砂、水，地形属鸭嫲形，“缩脚鸭嫲到搭嘴”，就像一只鸭嫲吃饱了，缩着一只脚，倒歪着鸭脖子，在河边憩息，栩栩如生。但是，王化和一班幕僚、堪舆先生再深入勘查，不知什么原因，其结穴地点却始终没有找到，令王化懊丧不已。直到他离任乘船赴潮州途中，还在回想当年选建平远城池之事。他站在官舫船头，望着滔滔江水，思绪万千，由衷地叹惋："浑浑然然下潮州，心心念念青草湖。缩脚鸭嫲到搭嘴，点穴不中志未酬。"

后来，他在通判府馆的土城内，看中了曾姓人的虎形祖坟，令人找到坟主商议。起初，坟主不肯应允，认为其祖坟是块风水宝地。建坟时，堪舆先生说过，该地是个代代出知县的好墓地。王化说，这里若做衙署，则天天都会出知县，而且能荫泽全县百姓。王化又许以重金作为选址移坟经费，终于达成协议。

他还以同样恩威并举、温善说服的方式，动员建于官溪唇(今仁居南门）的好几幢官姓民房，迁徙至今仁居井下村七箩拐子墩上，从而顺利地解决了衙署等设施建筑地址。

一经确定衙署地址，王化便马不停蹄，择日破土动工，一方面平整地基，画图设计；一方面组织建筑材料。建立砖瓦作坊，烧制砖瓦；建立木工作坊，加工桁桷、门窗。砖瓦作坊选建在城垣南面不远的小山岗上，岗子上的砖瓦作坊，简称"岗坊"。所需木材主要选用木溪、磜头及项山等地的优质原木，这些地方砍下的原木全部运到"三枫树"（今八角亭），在三枫树设立木工作坊，把原木加工成各种规格的桁桷、门窗、木柱甚至家私等成品。然后，再肩挑、背扛或利用河水运至城垣下，这样可以大大节约劳动成本，还能加快工程进度。木工坊的领班师傅姓邹，因而三枫树木工作坊被人们简称为"邹坊"。后来，制作砖瓦的

“岗坊”和制作木工产品的“邹坊”成了两处的地名，一直沿用至今。另外，挖泥烧砖瓦挖出的大水湖，被在岗坊定居的百姓修筑成鱼塘用来放养塘鱼，这么大的鱼塘远近闻名，“岗坊的鱼塘”成为平远附郭一特景。

天后宫与码头磴

据清嘉庆二十五年（1820）版《平远县志・卷之二上・祀典・坛庙》：天后宫在县城常平仓侧。民国二十年（1931），拆城墙开马路时，离城墙不远的天后宫亦被拆毁。20 世纪 80 年代，信士们在驾虹桥畔重建天后宫，逢年过节和初一、十五，善男信女们云集天后宫，焚香点烛，虔诚祈福。每年妈祖娘娘诞辰日和升天的纪念庙会，更是热闹隆重。

天后宫里供奉的妈祖，是福建莆田人，为五代闽王时都巡检林愿之第六女，生于宋元祐年间。据传说，她出生时异香弥漫，10 多天香气不散，出生后一个月未啼一声，其父为其取名林默。她生而灵异，死后为神，常显灵于海上，救助遇难的渔民和商人，人称女神。在其故乡湄州，人们为她塑像建庙祭祀。由于妈祖神威显赫，有求必应，所以凡沿江河海的地方均建其庙供奉祭祀。历代统治者为了祈求水运平安顺畅，也大力褒扬，妈祖也屡获朝廷敕封，元世祖封其“天妃”，清康熙皇帝封其“天后”。从此，“天后”四海传扬，成为深受民众崇敬的海上救难女神。

平远县城设在仁居，既不近大海，又没有大江大河，是典型的深山区，为什么会有祀奉海神的天后宫呢？

据嘉庆二十五年版《平远县志》之《凿石通河碑记》记载：明嘉靖四十一年（1562）设立平远县，县治设于粤、赣、闽边陲崇山峻岭的仁居，交通状况十分落后，只有崎岖陡峭的山间小道，商品货物全靠肩挑背扛。县城所在地的仁居河，河道曲折迂回，乱石阻滞，使古代最先进的交通工具——小木船、小木排也无法通行。历代知县为改变落后的交通状况而冥思苦想，还是束手无策。一直到建县20年的明万历十年（1582），第七任知县黄郁桂带领一幕僚沿河一路勘察，制订凿石通河方案，并将方案和可行性呈文上报潮州府（当时未设嘉应州，平远隶属潮州府），不久得到核准和拨款。知县黄郁桂又带头捐俸并亲自指挥，当地百姓也纷纷为这一善举捐资献工。大家同心协力，夜以继日，用原始简单的铁锤、钢钎等工具，从今仁居东门青云桥至石窟会镰子渡，凿大峰、剑门二滩，铲平水道。从明万历十一年（1583）正月至翌年三月，历时400多天，凿、撬顽石、礁石无数，凿修河漕滩头，疏浚河道共25100余丈。竣工时，府州官员前来道贺，与县吏同乘官舫，民众亦争乘轻舟，兴高采烈试游新河，仁居河上舟楫往来如织。从此，货物可用小木船运输至差干、武平下坝入三河坝，直达潮州。

河道通航了，就要有上下货物的码头，因此就兴建了东门青云桥码头（经乌石岗可通东石、大柘）、南门码头（入南城门至县城各商店）、永昌桥码头（经店背岗码头磴通往黄畲、八尺、南桥）、西门码头（入西城门进入西市场及经长安街通往江西吉潭、项山）。这就是沿用至今的店背岗“码头磴”称谓的由来。

为了祈求船运平安、顺畅，人们自然想到了海神妈祖，便建造了天后宫，迎奉妈祖天后娘娘，虔诚祭祀，祈求保佑。每次出船，遇到风险，都会向天后娘娘祈祷。

虽然后来由于人口逐渐增多，大量开垦农田，截筑堤堰，引水灌田，致使河水流量不足而废止通船，但海神妈祖——天后娘娘，已经融进了客家文化，成为平远山区人民崇信的客家保护神，得以世代延续。这一传承，是客家人从实用功利出发，对各种文化兼容并蓄的表现。

万壑千山绕邑边

——平远县仁居镇的绝磴云梯与古驿道

在平远县麻楼村水口，有段建于明清以前至今保存完好的古驿道。这里两面高山耸峙，林木森森，溪水潺潺，中通石径，云级峻峭，若梯阶然。其中石砌古驿道，宽可供两人并行，长约千米，直达山顶，故名“梯云岭”。明万历平远知县李允懋，曾书刻“梯云岭”三字于山顶巨石（1932年开公路时被炸），行人由石磴攀缘而上，饱览风光，心旷神怡，诗意油然而生。

至清代，邑人优廪贡生，曾任南雄、始兴两县教谕的林如勋有诗吟曰：“蹑屐登临兴转幽，松声泉籁两飕飕。到头竟欲凌霄云，记得梯云二字不？”客家近代诗人张公略题诗《绝磴云梯》：“万壑千山绕邑边，梯云峻岭独巍然。行人拾级常攀木，绝磴腾空欲接天。万棵髯松怀旧令，一篇诗草忆前贤。登临便欲凌风去，疑是人间羽化仙。”这里诗句中所描绘的，就是列为平远老县城附郭八景之一的“绝磴云梯”。

在近现代公路开通前，人们出行靠步行，货物买卖靠肩挑、手提、马驮。达官贵人、乡绅、商贾，还有出嫁的新娘，才能雇人抬轿代步。仁居古镇是平远老城，是粤东各州、府、县呈报朝廷奉奏、信息的必经之地，上传下达都要穿越古镇。历代官府都把筑驿道、设驿站、建驿亭作为国计民生的大事来做。驿道的修筑开通，自然也成为行人的衢道、运输货物的商道，逐步形成贯通各乡村墟场甚至外省、外县的交通网络，从而促进了山区的货物流通，方便了人们出行。

清乾隆十三年（1748），朝廷恤平远山区小县财政困难，特准许平远埠引进的粤盐销往江西赣州之长宁、会昌、瑞金、石城、于都、兴国、宁都7县，以增加平远的财税收入。为此，潮汕的食盐、海味与江西赣南的大米、黄豆相互交流。每天，成群结队的挑夫、马队络绎不绝地往返于平远驿道、商道，这就是“盐上米下”的真实写照。古道的喧闹、繁忙，促进了仁居古镇的商业、客栈、餐饮各业的兴旺和经济发展。

沧海桑田，随着现代公路建设方兴未艾，交通四通八达，古驿道已逐步被改造、淘汰，剩下为数不多的驿道遗存，如麻楼梯云岭驿道，留下那昔日被挑夫和行人的脚掌、马队的马蹄磨蚀得光滑有陷的石板，为人们展现当年盐上米下、人来马往的繁忙景象，让当今人敬佩客家先祖们汗流浃背、艰苦谋生的创业精神。

东湖石濑及摩崖石刻

位于仁居镇麻楼村海拔 812 米的小尖山山麓，层峦叠嶂，林木葱茏，悬崖峭壁，石出清泉，岚光霞影，风景别致。这便是平远老城附郭八景之一的“东湖石濑”。

明万历四十三年（1615）至天启元年（1621），任平远知县的李允懋十分尊崇南齐处士程旼，在任期间办事公正廉明，整肃吏风，革除恶势，关心百姓疾苦，重文教，兴旅游，深受民众爱戴。万历四十七年（1619），他来到山子坳兴建程处士祠（李允懋卸任后，邑民感其德，在程处士祠内放其禄位，谓“程李二公祠”），又在祠下方筑堤建坝，潴石径流水入湖，取名东湖。湖旁建小亭，并雇工匠造游船数艘（现祠、湖均已荒弃和拆毁）。每年春天，红的、紫的山杜鹃，白的百合花，竞相怒放，亭阁与湖水交相辉映，分外壮美，小尖山奇峰耸拔，青翠妩媚，就像一支巨笔，直指苍穹，又像一尊美丽的女神，立在碧波荡漾的东湖湖畔。大家便把这小尖山称为东湖笔。登上游船，轻悠地拨动船桨，尽情地享受山清水秀的美景，其乐融融。

秋天，登上东湖笔，远近山峰千姿百态，郁郁葱葱，老城就像稻海中的一颗宝石，耀眼夺目，大家将这美景称为“东湖石濑”，列为平远老城“附郭八景”之一。达官贵人、富贾士绅、文人墨客争相到此游览。明崇祯年间进士李士淳授翰林院编修曾游东湖，并题诗《程处士祠》：“我生处士里，酌水知源长。往事成千古，高名噪一方。祠堂新卜筑，俎豆旧馨香。无限相思意，东湖水正泱。”

据《平远县志》至今仍在的石刻内容可知，明万历庚申年(1620) 重阳节，知县李允懋约教谕韩启运、贡生徐鹏翔等人登上东湖笔游览，赞叹此处风景优美，特在巨岩上题刻“须到”两字，强调必须到处一游。另外，还在“梯云岭”顶和东湖湖畔石壁上刻有“梯云岭”“百粤高人”以及两副对联。这些石刻对联，历经 390 多年的风雨沧桑，依然清晰可辨，这是平远最早的摩崖石刻，是珍贵的历史文物。

本县热柘张公略先生曾作“平远附郭八景”诗，其中“东湖石濑”诗：东湖神概绝人寰，一顷清波万仞山。浅濑潆洄青草地，轻舟荡漾白云湾。林泉幽寂秋风冷，祠宇荒凉夕照殷。宦绩长怀贤邑宰，政余泛棹一身闲。

虽然东湖湮没，程李二公祠无存，但摩崖石刻还在，特别是东湖笔生态胜景依然斑斓，成为人们游览、欣赏石刻文物的好去处。

蔚为壮观的横岗古塔

平远老城东北隅，五福村颜屋背，有条山岗横卧于仁居河畔，酷似伸出一只手臂，弯弯地拦堵河水，成为平远老城之水口山屏。明万历年间，邑人集资在岗子上筑塔，以点缀县城之风景，增县城山光水色之美。古塔八角、七层、空心，巍峨矗立云际。游人可进塔内，沿阶梯逐层登上顶层，远眺塔外田园风光，犹如鳞次栉比的县城建筑，枕山瞰水，蔚为壮观，引来众多文人墨客争相游览，被誉为平远县城附郭八景之一“横岗古塔”。

客家近代诗人张公略（本县热柘黄竹坪人）有诗赞曰：

彭婆山嶂绕城东，古塔巍巍矗碧空。
七宝连天看屈曲，十花涌地见玲珑。
仰攀霄汉襟怀远，俯瞰川原意志雄。
卓立文峰尊一邑，钟灵毓秀赞天功。

20世纪60年代“文革”期间，古塔以破“四旧”为名被拆毁。1974年，塔下老县城仁居至差干的衢道被改造成仁差公路。2015年秋，仁差公路扩路兴建旅游公路时，挖出一尊镇塔之王——由生铁铸造的铁牛，现由县博物馆收藏，成为平远明代古塔建筑的见证。

邑宰英明

王化：平寇保安筑城建县的平远首任知县

王化，号巽山，广西马平（今柳江）县举人，明嘉靖四十一年至四十五年（1562~1566）首任平远知县。在任期间，凿险隘，劈荆莽，兴土木，筑城建县，征剿盗贼，屡建奇功，维护边界社会稳定，受到朝廷的褒扬、百姓的景仰，被誉为名宦，建祠立传，永垂纪念。

三省边陲建新县

闽、粤、赣三省边陲历来是官府鞭长莫及、三不管的地带。平远建县前，地广人稀，周边山林茂密、重峦叠嶂，独特的地理环境，使四方流寇回旋于三省之间，流寇在边境安营扎寨，时而出没，打家劫舍，谋财害命，民不聊生。

为了加强边境的地方统治，明嘉靖三十八年（1559），朝廷在三省边陲的程乡县义田都豪居林子营（今平远县仁居镇）筑土城，设立通判府馆，协助闽、粤、赣三省的州府官员督运粮草、缉捕人犯等，并加派军队弹压盗贼。嘉靖四十年（1561），朝廷又决定打破省界，以广东程乡县义田都为基础，划三省五县相连的边区设立新县，以便更好地惩除贼患，稳定三者边境治安，保障百姓正常的生产生活。朝廷旨派王化前往筹划建县诸事。王化一刻也不敢怠慢，日夜兼程赶到林子营通判府馆。王化不畏艰险，每天翻山涉水，勘划疆界，选址规划，筑城垣，建房舍。嘉靖四十一年（1562）五月，新县建成，其界于武平、安远两县之间，故称“平远县”，县治设豪居林子营，隶属江西赣州府，王化任首任知县。嘉靖四十三年（1564），调整县城，归还赣、闽所划之地，保留原析义田都、大信里，增析程乡之义化、长田、石正三都，石窟一、二图，重组平远县，改隶广东潮州府。

剿贼保城安民心

王化上任之时，也正值流寇四起之时。据清道光四年（1824）版《宁都直隶州志》卷14《武事志》：“嘉靖间，倭寇猖獗，闽、广、江右诸山贼遂乘势而起，南、赣、惠、潮间皆盗窟，四出剽掠，长吏莫制。”王化一边继续大兴土木，组织民工挖土烧砖、伐木打石、筑建城垣、兴建衙署；一边招募乡丁团勇，打造刀枪剑棒，加强武术、战术训练，做好保卫新城、征剿贼寇准备。

清同治十二年（1873）版《赣州府志》卷32《经政志·武事》及清嘉庆二十五年（1820）版《平远县志·武功》载：嘉靖四十二年（1563），贼首梁道辉、温鉴，纠集东石、石窟3000

余人，先劫诸乡，烧毁民房。王化接报，即统领乡兵杨振邦、罗缙、谢英俊、罗文炳、赖天眷等追杀至坛岭。贼遂出松源，折回赣、闽。王化令人将情况报告福建都台谭纶，又会同南赣军门，两省官兵协力进剿，擒获贼首丘三，斩首400余级。梁道辉、温鉴等负伤，躲进贼巢，不久，也被王化施计所擒，解南赣军门枭首。

嘉靖四十三年（1564），贼首梁宁伙同梁国相、梁统、梁绎等聚众700余人，在平远泗水梅子畬、东坑子焚烧民房，抢劫财物，还准备与另一贼首葛鼎荣联合行劫赣、闽。王化得悉情况，马上组织兵力征剿。但考虑到城垣未固，便先将家眷寄于会昌县城。然后，率义勇林满爵、曾习舜等督导乡兵，在黄沙石子岭与贼首梁海激战。王化身先士卒，乡丁团勇个个英勇善战，连斩梁海等数十人。梁国相大败而逃，派一贼人往会昌城，散布王化于九月十九日被贼杀害的谣言。王化妻计夫人闻听谣言，悲痛万分而自杀。王化接报，义愤填膺，会同训导王珊，巡检蓝日明，哨官林大源、谢英俊、张朝湖、林国富等，各统乡兵一鼓作气分冲截杀，贼首梁国相、梁道仁、梁道统等百余人被擒获，梁统等6名贼寇被处斩，其余贼寇乞降。从而边境贼氛平息，流离失所的边民纷纷返回家园，安定耕耘。

完善设施兴土木

荡平贼寇后，王化继续完善城垣、城池等各项配套建筑，城垣加固成周围500丈，高1丈2尺，以大块花岗岩奠基，在岗坊建砖瓦房特别烧制的大城头砖砌建，东、南、西、北各筑建气势巍峨的城门门楼，同时，创建县衙大堂及东西衙役房、东西六房（吏、户、礼、兵、刑、工）、二堂、内宅、仪门、大门，还建教谕署、宪司行台、县狱等。

王化深知，创建新县，要稳定社会秩序，让百姓安居乐业，就一定要崇文重教，引导百姓喜读书、重科举，提高文化素质，脱离愚昧野蛮。所以，他又兴建了学宫，包括孔庙、明伦堂等崇儒尊孔的讲堂场所，教化百姓习文学礼，还倡导和鼓励乡村办社学、私塾。平远的政治规模皆由王化所奠定。县衙大堂落成之日，幕僚乡绅云集大堂，王化感慨万千，亲自为平远县正堂撰写楹联："平和稳定，远略勤求"。上下联嵌平远县名，上联说出了长期被贼寇困扰的平远乃至三省边境百姓的共同心愿；下联是王化对自己及幕僚，还有所有乡绅百姓的勉励和要求。

公事之余，王化常坐在书室，思绪万千，吟咏诗句。回想贼寇平息、城建初成、百姓安宁之时，他挥毫写下《春日遣兴》诗：

穷居长抱匡时策，事上肩来敢避危？
岭处妖氛频扫穴，江南黎庶渐修篱。
公余花鸟闲敲句，身外功名是着棋。
欲拟渊明归去赋，一挑风月任何之。

政绩斐然受景仰

王化草创平远之功劳及其斐然的政绩，受到广东兵臬任可容、省佥事翁梦鲤及江西省督学何镗等人的高度赞赏。何镗诗《过平远赠王令》：

凿险被榛列井疆，山川弥望郁苍苍。
疮痍此日逢新治，草昧当年辟俊良。
膴膴周原歌雨润，言言雉堞入云长。
圣朝德化原无外，会睹斯民颂乐康。

明嘉靖四十五年（1566），王化任期满，其剿贼创建新县有功，晋升为本府同知，不久又擢升广东按察司副使、明朝都察院佥宪等职。王化戡强寇，三省安枕，平远百姓感其德，为其立生牌，入祀平远名宦祠，同时还为计夫人建节烈祠，每年春秋祭祀。此外，明万历六年（1578），知县刘孕祚编纂的第一部《平远县志》记载了王化的政绩，以垂千秋纪念。

筑城池，修儒学，编纂第一部《平远县志》的刘孕祚

清嘉庆二十五年（1820）印《平远县志·祀典·坛庙》载：刘公祠在城隍庙左，祀知县刘孕祚，明万历四十五年（1617）知县李允懋建，清嘉庆十三年（1808）邑侯万希煜重修。这是平远百姓为刘孕祚建造的生祠。在平远建设中，刘孕祚尊崇效法程旼，并以程旼为榜样，带头兴办公益事业；独立肩之，加强城池建设；修学宫，建文庙；大力弘扬崇文重教，捐俸建造崇文社学，又设社学田，收益用于助学兴教；广泛搜集资料，去伪存真，编纂平远县第一部《县志》，为后人了解平远，续修《平远县志》，传承鉴戒做出不可磨灭的贡献。

尊崇效法程旼　带头兴办公益

史志载：刘孕祚，字永锡，号宁沙，广西宣化人，进士，明万历四年至八年（1576～1580）任平远知县。他来到平远，便十分尊崇和效法程旼。因受“永嘉之乱”“五胡乱华”的影响，祖居河南义阳郡的程旼，带领族人南迁。南朝宋明帝秦始三年（467），程旼一族经赣南迁至今南海义安郡属坝头，也就是如今梅州平远的坝头。据史志载，程旼生平性嗜诗书，他不计名利，注重礼仪道德，带头兴办公益，改造山川。他明辨是非曲直，处事公道，以德化人。他积极传播中原文化，为百姓传授先进的耕作技术，使落后的山区民风日渐开化。皇帝赐他“义化”称号，以示褒奖。程旼逝世后，后人为纪念他的功德，名其都为“义化”，乡为“程乡”，源为“程源”，江为“程江”，他因此被誉为“南粤先贤”“客家人文鼻祖”。刘孕祚是个很有作为的知县，他到任伊始，便拜访程处士宅墓，并作文记之，赞叹和宣扬程处士的高风亮节。

平远自明嘉靖四十一年（1562）置县，至刘孕祚任知县的万历四年（1576），虽已有 14 年，但社会秩序还很不安定，时有盗匪窜扰，民不聊生，加上财力不足，许多设施无法完善。刘孕祚到任后，凡前人所未备，均独立肩之。首先是加强城池建设，凡未垫麻石块、用砖块作城基的，均拆毁，一律垫上麻石块作城基，加固城墙建设。建雉堞 895 个，在东、西、南、北四城门侧兴建水窖 4 个于城下，三面俱溪，唯在城北兴建镇山楼一座及警铺 12 间，以便驻军居高临下瞭望，护卫县城安全。同时，捐资在西门外建养济院一座，又以田租谷6石，以供养社会孤寡老人。

崇文重教修儒学　完善文庙增设施

刘孕祚崇文重教，他重修儒学。据清嘉庆二十五年（1820）印《平远县志》卷之五十载：归德府知府赖廷桧写的《重修平远县儒学记》中曰："有先师庙，而泮池则未有也。有明伦堂，而斋舍则未有也……"因此，刘孕祚对儒学重修工作，重点是建学舍、筑泮池，完善文庙设施，增置祭祀礼器，教人习以祭祀之礼仪。此外，他遵循洪武八年（1375）明太祖关于"乡社皆置学，以教民间子弟"之诏，捐俸150两银，在城隍庙左建崇文社学，又设社学田，将社学田每年收租所得用于助学兴教，大力弘扬尊师重教、培养人才的良好风气。

广泛搜集资料　编纂平远第一部《县志》

明万历六年（1578），他筹借资金，组织人力、物力，带领文人雅士，深入全县各乡、村，走访乡间父老，调查了解，广泛搜集资料，去伪存真，主持编纂了平远第一部《县志》，并亲自作序。将平远建县缘由及平远的星野、气候、沿革、疆域、山川、名胜、水利、衢路、物产、田赋、文化、教育、民情风俗等别类分门，翔实记录，使其成为一部传世之作，为后人知道平远、续修《平远县志》、传承鉴戒做出了一定的贡献。

他在平远任期4年多，社会安定，人民定居乐业，到处书声琅琅，一片太平盛事的景象。他在《次滕明府题余玩亭韵》中写道：

小亭登览喜春融，四顾郊原任好风。

举耜农夫春雾里，观澜人士画图中。

孤城日照烟岚净，百亩恩沾雨露同。

倚槛持杯须尽醉，野无惊犬吠花丛。

刘公祠随着远逝的年代而湮没，但刘孕祚在平远的宦迹却永久刊载于《梅州市志》《平远县志》的史册中。

智断疑案的平远县令喻子贤

喻子贤，号兰台，江西省万载县人，举人，明万历三十六年（1608）至万历三十八年（1610）任平远县令。在任期间，他提倡兴办私塾、义学，劝导百姓认真耕耘，走耕读传家之路。尤为突出的是，他以朝廷的律法为准绳，开动脑筋，想尽办法，智断疑案、偏案，让百姓过和平安定的日子。为了破案，他常常化装成平民，到墟镇、农村百姓家中去调查、走访，了解民情、案情。然后，花了一整年的时间，解决了一批疑案、难案、老案、旧案，使民风和社会风气逐渐好转。老百姓的诉讼少了，扎实搞好生产了，安心办学、上学读书了。老百姓十分赞叹，称他是爱民如子、执法如山的好县官，所执三尺（法律的代称，古时把法律刻写在三尺长的竹简上）甚坚。万历三十八年（1610）他任期已满，上级欲调他去增城，士民留不得，只好在学宫左侧建了个祠，在祠内将蒋莹然、王嘉忠、王文雷、喻子贤 4 名县令合祀，名叫“四侯祠”，并写了喻子贤的宦迹，在《平远县志》内刊登，还刻立了“去思碑”，以碑纪念他。

喻子贤不远千里来到平远县城时，刚下官轿，便接到状子，告状者说：乡民廖长是狱中贼的同伙，他们一起盗窃财物，应该抓起来同审办刑。喻子贤便令人把廖长拘留起来，廖长口中喊冤，他说，他根本不认识这贼，这贼偷什么东西，什么时候偷的，他都不知道，何来与他同伙？实是遭贼陷害，望县官明察。喻子贤想了想，也怀疑有冤情，于是他心想一计，传出狱中贼，问他可认识廖长？狱中贼说："我们一起外出盗窃，我们是同伙，哪有不认识的？"喻子贤说："那你认认廖长在哪里。"廖长就混在围观群众中，贼犯举目张望，对廖长并不认识。原来这贼是告状者先买通的，告状者因小事与廖长发生口角，心想报复他，便假装探监，趁牢役不在时，求盗贼招认廖长是其同伙，以此陷害廖长，为自己出口闷气。喻子贤不禁大怒，拍案喝道："大胆的狗才，你既然不认识廖长，如何说是你的同伙？朝廷的法律是诬良为盗，罪加一等的！"于是，重判了这名狱中贼，将这名告状者亦加以杖刑教育，并当场释放了廖长。在场群众都拍手称赞喻县令是名清官。

一民女与其夫是自小许配的，婚后情深意笃，相濡以沫。但毕竟没有田地、家境贫寒，家中还有老母要侍奉，女方回娘家时，拿不出好的东西侍奉父母，于是女方家嫌贫爱富之心油然而生。久而久之，女方娘家设了个计，其母寻找了个兴宁店家，说有女要复嫁。然后，托人稍信，说她娘病重，要人侍奉，叫女儿回娘家。做女儿的听到后，归心似箭。回到家看到她母亲在门口喂鸡，便生疑心，问母亲是怎么回事。其母将打算让其复嫁至兴宁某店家，诈为女死，以石头装进棺材中，假装女尸的想法告诉其女。其女一听便大哭，死活不肯。其母亲以自己去死相逼，最后，其女以父母之命委屈地接受了，嫁给了兴宁某店家。其母假装痛哭，将石头装进棺材，作为“其女”埋掉后，告诉其女婿，说其女猝死，通知不了，埋了。其婿不信，告状至县官那里，但有新坟为证，状告不准，成为一件难案。一年后，喻子贤来平远任县令了，他手翻旧卷宗，觉得有冤情。于是，他化装成平民，到女方娘家处了解，听到近邻反映此民女父母的为人，平素不大安分守己，特别是其母更是刁诈奸猾，便心中有数了。回来后，传令拘留其父母，并分堂审讯，喻县令对其母讲：“你女实已改嫁，你夫既供矣，你还不从实招来，来大刑伺候!”吓得其母惊慌失措，如实地讲出如何骗其女嫁给兴宁某店家、如何装石块佯死尸骗其女婿的一切。喻县令组织人力到坟前现场掘棺，果然棺材中装的是两块大石头，至此案情大白。乃依法审判女家父母，令人到兴宁某家，叫民女还其夫。大家都惊为神云，赞县令所执三尺甚坚，是一个爱民如子、执法如山的父母官。

有乡民廖宗魁，因家庭贫苦，祖坟被有钱有势者所夺，作证者都被钱势收买，说不是廖宗魁家的。喻子贤接状后，便身穿便服行至其地，问附近乡民经常祭扫坟墓者是谁，众人皆说是廖宗魁。于是他便断案祖坟归廖宗魁，严刑执罚了有钱有势者。

在其细心整治下，诉讼入狱者少了，社会风气、社会治安逐渐好转，众人都安心生产，乐于走耕读之路了。有诗曰：

子贤县令恤民情，三载为官有政声。

巧计明查纠错案，万民称颂晏河清。

李允懋：重文教、兴旅游的明代平远知县

明代平远知县李允懋，重民生，崇文教，兴旅游，在任6年，政绩斐然，深受百姓拥戴和缅怀，被誉为名宦。

据清嘉庆二十五年（1820）版《平远县志》载：李允懋，号三浦，福建莆田人，举人出身。明万历四十三年至泰昌元年（1615~1620）任平远知县。在为官生涯中，他深知读书兴教乃提高百姓素质、安定一方的重要举措，于是，在他重视关心教育的行动鼓励下，全县崇尚读书蔚然成风，莘莘学子刻苦读书，踊跃参加科举考试。他曾对幕僚说："旧令尹之政，必以告新令尹。"这句话是说，作为地方行政长官，离任时要把在任时的施政情况告诉新接任的地方长官，以表示对国家、朝廷的忠心，也是对接任者的支持。

万历四十七年（1619），李允懋任平远知县第5年，他便着手主修平远建县后的第3部县志，他以上两部县志为基础，删其繁而挈其要，对遗漏和其任内大事严核再三。全书含"志"17、"传"3、"赞"5、"论"16、"议"1，李允懋亲自作序，将第3部《平远县志》编写出版，承上启下，对平远存史、资治、教化等方面起到了重要的作用。

在施政方面，他以德义化人的程昳为楷模，经常走访乡里，关心百姓疾苦，以伦理道德化解民生热点。同时，他坚持执行朝廷各项法度，惩革弊政，严惩祸及百姓之弊。革除邑内百姓之间发生口角，动辄就以服毒恐吓、陷害、讹诈对方，从而加剧事态

发展的丑恶陋俗。他廉能有声，办事果决，刑法公正清廉，性格刚强，不盲目唯上，敢于向州、府陈述意见，他常说："吾以伟丈夫，岂易以膝与人乎？"他向上呈送的公文意思、建议，如未被采纳，只要他认定对百姓有利的，则再三往上呈送，不肯易一字，直至上级重视采纳。如他对如何维护平远社会久安而提出的《久安议》，几经呈送，最终被州府采纳实施。

李允懋在办完公事的闲暇时间，带领幕僚踏遍平远山水。他发现城东南10里的梯云岭，山峦起伏，奇峰突兀，树木葱茂，风光旖旎，便组织人力在这里砌筑堤坝，"潴石径一带流泉成泊，号曰'东湖'"，造小舟数条荡漾期间；接着又在湖边建程处士祠（即程旼祠），筑小憩风雨亭数座，使东湖景致美不胜收。许多文人墨客、风雅之士及各地游客争相前往游览。驿道上的行商甚至挑夫也被东湖美丽的景色所吸引，往往也驻足欲游一番。李允懋和同僚们更是雅兴勃勃，每兴会登临流连忘返，在山上吟诗作对、刻石题字，他先后在大石崖上镌刻了"梯云岭""百粤高人""玉琼琤""须到"等，每处石刻都镌刻着时间和李允懋的署名。这些石刻语句精炼，刻工精细，是平远县迄今为止发现的摩崖石刻中年代最久远的文化遗迹。其中东湖美景被列为平远附郭八景之一。李允懋曾作诗赞曰：

东湖佳趣足，何必羡西湖？
一水天生镜，千山地胁郛。
风清无虎啸，春暖有莺鸣。
处士祠堂在，可方和靖乎？

客家近代诗人张公略（1892~1966）亦诗咏东湖石濑：

东湖神概绝人寰，一顷清波万仞山。

浅濑潆洄青草地，轻舟荡漾白云湾。

林泉幽寂秋风冷，祠宇荒凉夕照殷。

宦绩长怀贤邑宰，政余泛棹一身闲。

明泰昌元年（1620），李允懋离任，百姓留之不得。为表彰其宦绩和对他的景仰，除将其生牌入祀平远名宦祠，百姓还募资在东湖边建李公祠。清乾隆四十八年（1783），又移牌位至程处士祠内合祀，称“程李二公祠”。沧海桑田，400多年后的今天，东湖早已湮没被垦为良田，公祠也已坍塌，但“东湖”的地名，以及东湖上面被称为“东湖笔”的山名，一直还在沿用，山上李允懋亲手题刻的摩崖石刻犹存，《平远县志》也记载着他的政绩。名宦李允懋在平远流芳千古。

关注民生的何宽知县

“为官一任，造福一方。”这是为官者的职责所在。从古亘今，不少清正廉明、勤政爱民、关注民生的好官，都受到后人的赞颂，因人们勒碑悬匾、建祠祭祀而流芳千古。平远县清代知县何宽就在其中之列。

据清嘉庆二十五年（1820）版《平远县志》载何宽宦迹：何宽，号勿斋，淮阴（今江苏省淮安县）人，江南经魁（举人），康熙四十二年（1703）任平远县知县。到任时，平远正遇旱灾，赤地千里，禾苗枯萎，百姓纷纷外出逃荒。何宽到任后，立即带上幕僚下乡了解灾情、荒情，稳定人心。仔细询问百姓的生产、生活，各种作物的收成情况。当他知道当时平远只种水稻，还没有小麦，百姓也不知道如何种植小麦后，马上想办法从外地组织采购小麦种，利用各种形式广泛宣传种小麦可增加一造收成，解决粮食不足问题，并向大家讲授种麦技术。为了排除阻力，迅速推广小麦种植，又发出告示，对不愿种麦和推广不力者加以处罚。从此，平远各乡村开始种小麦。晚稻收割后，整地种植冬小麦，至明年春耕前可收获。每年种两造水稻、一造小麦，增加了粮食产量，增加了百姓的口粮，逃荒者纷纷返乡耕种。为感谢和纪念何宽为百姓引进小麦的恩典，大家把小麦称为“何麦”，一直延续至今。

平远到处崇山峻岭，道路崎岖，但何知县却不辞劳苦，经常跋山涉水，深入乡间访贫问苦，了解民情风俗，兴利除弊。当他得知民间重男轻女，不愿养女孩，如果产下女婴，便将其溺死这一情况后，便发出告示，严禁溺婴陋俗，一经发现，给予严惩。还下令严禁迷信风水，为求吉地而掘冢暴棺的恶习。

何宽为政清廉，关心群众疾苦，他常说：“县令与民最亲，吾视所当者为之而已。”他日常清贫节俭，把一半的薪俸用于救济贫困疾病者，还倡捐俸银，在县衙后山建更楼，购置田亩一石，招民丁两名为更夫，每人耕种 5 斗，其收成为更夫的报酬。从而，县城有了更楼和固定的更夫，一改过去由城内外八甲轮流值班打更，报酬难于落实等问题。

何宽满腹经纶，能诗善文，以其任平远知县的所见所闻、所作所为，还有当地的民情风俗为题材，著有《割麦》等诗篇。

康熙四十六年（1707），何宽辞职，全县百姓再三挽留却留之不得，何宽作《别诸父老》，与平远百姓依依惜别。

竹马来迎日，便想出门时。
直道民何古，家声我未堕。
有田须早种，可忍莫兴词。
去矣毋相念，新侯甘雨随。

何宽在平远为官短短一任，却随时关注民生问题，深得百姓的拥戴和怀念，平远人民年年种植何麦时，就会想到他。还在县衙的后山建何公祠，年年焚香祭祀，同时把他的政绩记在《平远县志》上，流芳后世。何宽关注民生的事迹也可作为当代为官者的借鉴。

清正廉明、勤政爱民的平远县令李樟

李樟，字章木，号陟三，陕西富平人，清康熙五十五年(1716)以进士出令平远。在任期间，他清正廉明，勤政爱民，他做到，非公事，连针尖那样小的事也不往来，做到案牍为空，酒肆无饮吏人者，派民三千搞“均平”，乡试入闱派千金，连盐价、盗狗的事都亲自办。这样仁明、尤廉直的好官，老百姓称呼他是父母官！

公事文书为空　酒肆无饮吏人

李樟是陕西富平人，他远隔千里来到平远上任。他到平远后，便在心中暗下决心，要在半年内做到公事文书为空，酒肆无饮吏人。他既下了车，接受了行僚、乡绅们的晋见后，谢绝了一切私事接见，非公事，连针尖那样小的事也不来往。他认为，民应于耕读为本，耕读传家是世代的本分，耕好田，守本分，读好书去科举考试，才能成为对国家有用的人。民以冤白，立谳，以去其细故。及诸诬罔者，辄叱令退，曰：“若果骁讼，令不能杖尔耶？”意思是民欲受冤屈，应到官府去禀报，官府应以事实为依据，以冤屈为禀告，不论小事、大事，都应仔细分清是非曲直，认真审判定罪。百姓应服从正确的判决，对欲以不实之词欺骗人，或一以再、再以三诉讼，以上诉为目的的人，乃不可信耶。在他以身作则、公正廉明、奉公守法、认真审判后，陈年老案一件件澄清，一件件疑案公正地解决了。他是陕西富平人，不是本地人，熟人无几，行贿无门，特别是请官吏喝酒的人也无了。所以，执政半年来，真正做到了案牍为空、酒肆无饮吏人者。

派民三千搞“均平”　乡试入闱派千金

关于全县负担徭役问题，他认为平远人少负担重，应积极推广“均平”。所谓“均平”，是“均平需鞭”的简写，是“十段锦法”的别称。这是明代中叶朝廷在南方所施行赋役改革办法之一。明正德年间整顿役法，改革均徭，附带清理田赋，即将全县各里甲人户名下的丁、田数目加以清查，然后分成10段，各段负担能力大体均平。一年徭役编派一段供应。为了推广“均平”制度，实行全面整改均徭、赋役的改革，他每年派民三千，以赴实验。然后总结成绩，找出差距和存在问题，再制订方案，减少实施阶段中的差错。这样全县人民负担的徭役就不会过重，就真的能做到“均平”，能减轻人民的负担。这样老百姓就会得到满足，拍手叫好。

百姓的负担减轻了，能尽心尽意地安心读书了。为了使乡亲们的子弟认真读好书，能在科举考试中考中举人，能荣宗耀祖，其规定，凡是参加乡试者（赴省参加考试者，因为在省城举行科举考试的会场关防非常严密，所以叫“闱”，即凡是入闱考试者），县衙里的县官都会发补助给他们，让他们安心地参加科举考试。百姓对县官的勤政爱民的一片好意，十分感激，都认真地复习，准备考试。

盐价涨与降为原价　狗被盗与分清职责

俗话说：“人无千日好，花无百日红。”清康熙五十七年(1718)，天气突然变坏，淫雨连绵，整个春天阴雨下个不停，驿道走不得，马背驮不得。邻近几个州县盐价上升，就是有盐的盐商也囤积起来卖高价，当时每百钱才买一升盐，百姓叫苦连天。有些人无钱买盐，只能吃无盐之食，连县衙里食盐也告急。李樟知道这种情况后，便与埠商林贯一商量，要他带头把囤积的食盐按原价出售，要他召集盐商开会，讲清老百姓无盐食会造成的后果。如果所有盐商都把囤积起来的盐按原价来卖，那么无盐卖造成的恐慌就会过去，将会使平民无淡食之患；如果盐商都把盐囤积起来卖高价，那么无盐卖造成的恐慌会越来越严重。林贯一听后，与几位盐商商议，把囤积的盐全部降为原来的价去销，大家都十分高兴，百姓都为李县令这一招拍手叫好。

社会发现有偷狗的盗贼，每天白天黑夜都去偷，居民人人自危，怕沾上盗贼之名啊！平民正在谈论之时，刚好李樟路过，他听到后便说："不在民，捕盗吾职耳！即不得，吾弃五斗米归矣！"平民们听后知道李樟在说不是盗狗者不对，是自己不称职啊。现在知道有人盗狗，还不去捉，那就自己辞官回家，不要为五斗米折腰啊！所以，连盗狗这样小的事，李县令都这么认真，平远人真是安居乐业。正如他在"八尺墟迎谒"上司时写的词：

山上松杉山下村，行穿篱落上朝暾。

犊冲排仗轰群过，犬咤鸣驺带吠奔。

康熙五十八年（1719），他因身体有病辞职，士民留不住，只好置个牌位入祠祀之，并将其生平列入《平远县志》，让他流芳千古。

兴利除弊的平远县令钟吕

钟吕，号望园，浙江萧山人，清康熙六十年（1721）至雍正元年（1723）任平远县令。在任之前任河南淮庆府经历（官名，清代在宗人府、都察院及各府都设经历），在任期间能奉公守法、兴利除弊，颇有政绩，因此，升调平远县令。他来平远后，坚持清正廉明、勤政爱民，以一颗赤诚的心，尽职尽责，关心群众疾苦，受到民众的称赞，说他是个深为人民拥戴的好县官。

公正廉明　兴利除弊

他在平远，追求对百姓的抚养爱护，不辞劳苦，每月的朔、望（初一、十五日），亲自到私塾、义学、儒学，还有百姓家里宣讲朝廷的律法、法规，结合百姓对政治举措的优劣得失的反馈，按照广大民众的意见，做到兴利除弊，减轻人民的负担。不论经久难除的弊端，还是最近发生的事件，凡是与朝廷的律法、法规不相符、有争议的，都一定要搜剔出来，判定方案，妥善解决。他把朝廷的律法、法规，规定要做什么，做什么就不对、做什么就对，尽量细化后，刊印出来，贴遍乡村路口、巷道，使砍柴的樵夫、牧牛的牧童，都明白朝廷的律法、法规而共同遵守。过去县里的夫役所需的物料（上堂用助威捧）及衙内蔬菜和柴米等，都是由地方衙坊所办，县里已付给一半的钱，还有一半的钱都落在经办人手里了，群众意见很大。钟县令了解这些情况后，立即查办了这些经办人，责令他们把所有的蔬菜、柴、米的款项，按民间的价格发还，不得克扣分厘。群众皆大欢喜，赞颂钟县令的公正廉明。

较正衡量　奖罚分明

街市买卖，本应公平，但有些奸猾的人，还有那些有权势、富裕、奸恶的人，常常欺压外地客人，不是短斤缺两，就是以次充好，往往还欠款赊钱，谁也没办法。钟县令知道这一情况后，便马上查拿这些奸恶之人，教育大家要公平交易，做到童叟无欺，并全面较正秤、斗、升、尺等衡量器具，市场秩序大有好转。他提倡私人集资或动用地方公益的钱如公尝等来创办义学、私塾，教育学生，他还经常下到这些学堂去检查、督促先生、学生的教学、学习情况。钟县令经常深入农村，做劝课、耕耘之事。他在邑治门外竖了两根旗杆，勒石记功，谁揭发坏人坏事者记功一次；谁做坏人坏事者处罚一次，重者杖刑一次或判刑一次。百姓都为钟县令为民办实事而拍手叫好。

整治盐商　按时纳税

平远盐埠路通赣、闽，历来是“盐上米下”的通途，食盐要在平远转运，肩挑、马驮食盐者每日数以万计，盐的额饷一万八千零，本来是平远的大项经济收入，但由于管理不严，盐枭猖獗，盐税多有偷、漏现象。而且掺和泥沙、操纵盐价、斤两短少，因而公家的食盐囤积、滞销。私盐盐净无杂质，秤又足，而且价格也较廉，大家都喜欢购买私盐。钟县令了解这一情况后，亲自到盐厂调查，奖励盐净无杂者，处罚掺假掺杂者，严办故意捣乱者。同时，又一次全面较正秤子，不得参错毫厘。这时，时值淮盐（除两广地区的粤盐外，还有两淮地区的淮盐）缺，而价格高。平远盐商，按照钟县令的指示，食盐原价销售，不得提高盐价，因此，食盐商贩都争先恐后，争售粤盐，日夜销售，食盐的正常税赋和利润无烦差催，按时上交。

他的举措得到上级的赞许并起草文件奏请给予晋升，但钟县令认为自己年老，解下印授，辞去平远县令的官职。老百姓留也留不住，只好为他设禄位，建祠祭祀，《平远县志》也将他的事迹记上，让他流芳千古。

百姓崇拜的平远县令黄大鹏

清雍正七年（1729）至九年（1731）任平远县令的黄大鹏，号运沧，是江苏省上元县人。其任职时间不长，但《平远县志》

对其德政评价颇好。他能尽职尽责，爱护百姓，说他是个利无不兴、弊无不革之人；阡陌劝课，农桑修整；还利用时间，组织力量，修撰《平远县志》。他还是个十分忠、孝之人，不但对百姓进行尽忠、孝顺父母教育，就是对远隔千里的小儿子，也常为小事而思念。百姓都拍手叫好，称他是名好官。

兴利克弊　整顿治安

他的学历为优行拔贡生，即由在学的秀才、廪生中，选拔文行优秀者，贡入京师大学读书，称拔贡生，“优行”即成绩优秀、品行良好之人。在京城学习时，他认真学习经世济民，决心以后做到兴利克弊，做一名称职的好官。在任期间，其判案狱讼明断，民犯罪者，能得到公正的判决，其不忍加刑，能多方给予矜恤。受其恩威所感动，依仗别人的势力胡作非为的坏人，横行市井的恶霸、村枭都望风敛迹，社会风气空前好转。

劝课桑农　安居宁德

他尤喜欢循行阡陌小路，行走调查，找百姓座谈，对百姓进行劝课农桑。其修整文庙，进行劝课入学免差役活动。即对县内各乡、村都普遍设立义学、社学，明确告示：凡近乡子弟，年 12 岁以上、20 岁以下，有志学文者，皆可入学肄业，入学者可免去其差役。他经常捐出自己的俸银，建、修义学、社学，还不时亲自前往各义学、社学，和先生们一起出题考核学生成绩。在任期间，各地都能听到的是到处书声琅琅，听不到的是催租催税的声音，听不到的是公庭传来刑罚敲打之声。到处五谷丰登，每斗米仅数十钱，实为开邑以来仅见者也，人民过着太平盛事、安居宁德的生活。正如他夜里坐在县衙和同僚谈话、调查时写的一首诗一样：

久坐公庭稍觉寒，芙蓉花里剔灯残。

谯楼鼓角沉沉夜，话出孤城月一九。

追补记载　撰修《县志》

他来到平远后，看到《平远县志》是康熙二十五年知县颜奇宿所修撰，时间已过去 45 年，其国赋、兵防、职官、人文、乡贤、孝谊、贞烈等方面要搜集记载，而其最盛行的是设立和扩大了社仓，以备缺粮、度荒，建先农祠、先儒祠、先贤祠，修整了文庙，增加了学生入学额，以及各乡、村文明礼貌、勤劳治理的事迹要追补记载。他不顾辛劳、不辞劳苦、夜以继日组织力量，访问有道德学问、年岁高又在家闲住的人，采取走出去请进来的办法，做无微不至的细致调查、记录，到雍正九年（1731）终于完成了《平远县志》的撰修工作，为今后县志的撰修做出了不可磨灭的功绩。

他一个人在离家千里外的地方做官，不时思念家中孩子们的学习生活，写下《鹧鸪》的诗：

天涯孤宦隔家林，岭外山深复水深。

收起儿曹小弓箭，花间未可射南禽。

尊崇孝子　写孝子碑

豪居乡的岁贡严寅宾，博学能文。18 岁考中秀才，19 岁当上廪生，康熙十八年（1679）选为岁贡生，任化州训导。他性纯孝，孝养侍奉父母，与兄弟友爱，一丝一毫不入私。其父亲90余岁病丧，其结庐墓左边，朝夕哭奠，并著《罔极篇》，令人读后感到字字皆血泪。康熙五十九年（1720），诏旌其门，朝廷给资建孝子牌坊。黄大鹏十分尊崇他的孝顺事迹，到义学、社学、儒学讲孝道教育，他一到平远，就到严寅宾家里请教。雍正七年（1729），严寅宾病逝，他又亲临故庐，写了个大墓碑“严孝子庐墓处”。其子孙把它刻成碑安放在严孝子墓，至今还在。

他任期已满，民众要求其续任，但无法实现，迁调鹤山任职。民众攀缘卧辙，送数十里。为纪念黄大鹏的功绩，除将他的事迹记录于《平远县志》外，并勒石颂德，建生祠给予祭祀。

勤政爱民、立碑为民的平远县令李邺

李邺，山西榆次人，名进士，清乾隆二十七年（1762）至三十五年（1770）任平远县令，为期9年。他勤政爱民，任劳任怨；尊师敬教，诗书立训；立碑爱民，减轻百姓负担；修筑厉坛（祭祀无人祭祀之墓），捐俸赈恤，做一名大计卓异的好县令。百姓都感谢他，特意为他修了贤侯祠纪念他。

尊师敬教　诗书立训

他惠爱士民，犹喜爱教育，喜爱学生，对书院、私塾师生尤其重视，对他们给予多方的补助。每月的朔、望（初一、十五日）必进私塾、书院，与私塾、书院的老师仔细交谈，与童生、庠生进行认真勉励、循循善诱、有步骤的指导规划，就如同父亲教育其子女一样，读书的子弟对李邺县令都十分崇拜和尊崇，称呼他为父母官。据平远县清代文武学士芳名《采芹录》记载：李邺在平远任职9年来，科举考试中，考中文秀才者72人，考中武秀才者24人，考试成绩均获优良。

立碑为民　减轻负担

他一有空，便喜爱散步，到田野边去，到百姓家中去，去与民众中的父老商谈、了解情况：庄稼的种植情况如何？产量如何？灾难发生的缘由？对付的办法？对民众进行劝导和勉励，与他们一起制定明年和灾后的生产计划。对民众和科派修城之役、纳粮、税契，衙门内的一般书吏、差役，如有索费之弊者，其俱为立碑永禁。乾隆三十一年（1766），他为了禁止城墙修补的弊端而刻制的石碑就是很好的例子。他到任后的第4年，在与民众座谈之时了解到：平远的城垣修补，照一般的旧例是，全县15个乡，按15段来分，遇到坍损，责令承修。于是，官府的小吏和里正、亭长（小官名）等互相勾结、干尽坏事，进行额外索要红包及增派任务。老人、寡妇和孤儿也不放过，其受的苦不能尽说，就像李邺县令在《禁革修派城垣碑记》中说的那样："夫城垣所以卫民，何得又因以扰民？且吾民贫苦堪怜，更忍重困之乎！"于是，他刻下禁革派修城垣的石碑记。碑记刻："从此以后，如果城垣有坍损，工程大的则请项兴筑，工程小的则捐俸修补，决不丝毫扰累吾民，将从前各乡修之例，永行停止。倘若有差保（小官名）指称修城等名目，向各户摊派杂役者，可向县衙告知，以凭法尽法重处，决不姑息，各人应该严格遵循，不得违反。”

他在家门口或走在路上，如有士、农、工、商来投状者，他都随讯随结，案子无留夜的，不一定要等到正常上堂坐班。夜静之时，必清查街市，使得专门出来活动的坏人绝迹。

修筑厉坛　捐俸赈恤

乾隆三十年（1765），全县南迁人数逐年增多，因而移坟建房的事多了，移坟建田、开陂筑圳的事也多了，无人祭祀的坟墓也多了。为了解决这一问题，李邺县令便深入下乡，做好调解工作。还有就是带头捐俸，在城西修筑厉坛，而且解决以后祭祀活动的经费，把它纳入县经费岁支销银开支，每年，祭祀完祖墓后，便由县支钱祭祀厉坛。大家都说，李县令做了件了不起的事，是帮贫民做了件大实事、大好事。

乾隆三十四年（1769），天气干旱，赤地千里，早造无法插下去了，插下去的也无水生长，民众手中无粮。有的粮商及富户，趁机把粮食囤起来，卖高价。因此，民众便外出逃荒讨食，叫苦连天。县令李邺看到这情况后，一是发出广告，规劝有粮食的商人及富户，不要把粮食卖高价，如有粮食，可把粮食煮粥赈恤；二是带头捐俸买粮，煮粥赈济灾民；三是劝老百姓改种红薯、高粱、玉米、粟类等其他作物，度过无粮难关。

他在任期间，通过上级深入的入廉考察、查访，每三年一次的考察、查对，都是结合听取民众及知名人士的意见，报请清代吏部考核官吏，才能出众的称为卓异，每次入廉考察他都获得大计卓异。后提拔为山东曹州司马，老百姓都不肯，都说：“借寇不获。”意思是说：地方挽留官员不得。只好在城西永昌桥畔筑“贤侯祠”祀奉之，并将其生平及事迹记在《平远县志》上，让他流芳千古。

平远县正堂陈太老爷准示的严禁碑

碑石，是刻有文字的石头、石牌，作为纪念或标记。特别在古代，又要讲究长期保存、耐看，又要讲究文字的好坏，对碑石的刻制尤其重要。至今保存完好的碑石，可说是不胜枚举，如修了一段路、建了一间学校、建了一间医院、造了一座桥、建了一座茶亭、建了一座纪念碑……只要你为人民做了件好事、有益的事，或有事要向大家告示，都要立个碑，以示纪念或标记。清乾隆四十九年（1784）三月十二日刻立的平远县正堂（县官名，又名知县、县令）陈仁懋太老爷准示的严禁碑，至今保留了236年，其碑的内容，严禁碑里的禁赏处罚条例，是封建社会的一个缩影，可供我们借鉴。

清乾隆年间，平远县东石乡苎围中苎村（今属泗水镇），到处是又偏又弯的羊肠小道，但路通福建、江西、广东三省四县，流丐不息，聚党成群，干尽偷鸡摸狗之事。这些流丐有人时或过大村时，装乞丐，身穿破衣破服，破帽烂鞋，不洗衣服不洗脸，一身臭烘烘的，一路乞讨要饭，煮都不用煮便有吃食。待没人时或过单家独屋时，便成了盗贼，成为强讨人家的钱、粮、财、物甚至抢夺人家东西的匪徒。有些乞丐偷抢人家的树子、木材，偷人家的油桐、茶子、田禾作物等东西，有些乞丐见笋就挖，连竹子也偷，鸡、鸭、猪、牛六畜也偷也抢，更有些乞丐走到深山，看见荒屋或山民烧炭的山寮、打油的油寮，便强住下来。住在荒屋茅寮里，吃饱了，喝足了，便在山寮里开场聚赌，一边聚赌、一边乞讨、偷盗人家的东西，赌博赌输了便打起架来。你报官吗？离县城又远，等报了官，乞丐又跑到别县去了，老百姓真是苦不堪言。于是大家向当地的保正（相当于现在的村干部）钟景珍讲，要他上到县衙里将情况上报给县太爷，恳请县太爷前来处理。当时的县太爷是陈仁懋，为奉天（今河北省）承德人，拔贡，乾隆四十年（1775）任平远县正堂。他得知情况后，便想苎围中苎村，离县衙太远了，真是鞭长莫及，写张告示吧，一下子便被风吹日头晒坏了，还不为人知便没有用了，还是刻一块石碑，才永久不会变。然后，经过仔细的调查，他认真拟写了碑文，刻好了严禁碑三块并一张合约，于清乾隆四十九年（1784）三月十二日竖立在（今泗水镇）苎围中苎村一带，以所禁、赏的条例告示四方。

为了使碑石有人去看，有人去做，有人去赏罚，有人去执行，他还特意划出有赏条例，做到有赏有罚，赏罚分明。我们先看其碑石的长短，其碑长 87 厘米、宽 56 厘米。碑文阴刻楷书，每字 2 厘米×2 厘米，碑文共 439 字。碑文计有 7 条禁、赏令：一禁（对）花子（乞丐）不许赏粥饭，并荒屋、油寮不准租住，不遵者罚钱三千一百文。一禁贪图想（享）乐串盗接赃者罚钱四千一百文，捉获者赏钱五百文。一禁开场聚赌，罚钱贰千文，捉获者赏钱三百文。一禁盗偷山林竹木以及桐子、茶子、田禾种作等项者罚钱壹千文，捉获者赏钱三百文。一禁盗挖竹笋并盗竹者罚钱五百文，捉获者赏钱三百文。一禁养鸭（损）害（禾）苗者罚钱五百文，恃强者打死鸭子不许交还。一禁捉获私和不通间者与盗（偷）（者）同情（处理）。

以上 7 条禁赏令对严禁乞丐、盗偷者十分有效。乞丐在村里做贼盗偷者，一经查获，由山民捉住，即可罚款处理；如果闹不清、讲不明者，由保正送交县衙关押处理。一下子乞丐的乞讨秩序正规了，再也不敢借讨吃的招牌，行盗偷百姓的财物之实了，更不敢开场聚赌、赌输了就打架了。社会秩序的好转，村民的生产秩序也随之好转。

沧海桑田，寒暑往来，风吹日晒，严禁碑于 1985 年被村民挖出送至平远县博物馆保管。时过境迁，过去的严禁碑石已经成了时代的见证、历史的存在，也可以作为我们去了解封建社会秩序，不忘初心、继续革命的动力。

为民办实事的平远知县卢兆鳌

卢兆鳌，湖南省安仁县人，进士，清嘉庆十八年至二十五年（1813~1820）任平远知县。由于他下车伊始，便平易近人，忙于为民办实事，百姓都称他“卢大爷”，久而久之，连他的真名都忘了。

下车伊始　赈济灾民

卢兆鳌诏任平远知县时，适逢天降暴雨，大水冲毁了不少农田、村庄，眼看就要收成的谷子，被大水冲走了，要官府倡赈、救济了。嘉庆十九年（1814），大闹饥荒，民众流离失所，民不聊生，他便在做好调查、了解民意的基础上，主动带头捐出部分薪俸赈灾。同时，发动社会贤达及富户捐资救灾，搭起竹棚，煮粥施米赈济，免使过多人流浪。至于遇天灾，饿死、冻死无人掩埋承受者，他便于嘉庆二十年（1815）在近城添设义冢3处：一是在邑厉坛侧；一是在教场光明寺侧；一是在灌水塘社坛后。他又自捐一百零二千文，买黄畲乡坪湖村田租7斗，为递年祭扫义冢之费用。此外，他又在河头乡海螺岃增设义冢一处，并谕其本乡绅耆捐费祭扫。为解决老有所养问题，其在县城宝石冈办起养济院，嘉庆二十年（1815），捐廉银240两，交库吏生息，连年佃供6石，永为每月发给孤贫之费。

尊重文教　解决名额考棚桌凳

在历代文化科举制度时期，平远素有“小邹鲁”之称，即文化昌盛之地。初时，平远月衙供给月米的廪生（明清两代称由官府给予膳食的生员）20名，正额之外无月米供给的增广生20名。由于受天灾的袭击，民不聊生。嘉庆十八年（1813），卢兆鳌将情况经呈报学政惠士奇奏章给朝廷获得批准，适当增加平远文武童生入学的名额，这样，参加县试的童生更加踊跃。这样一来，设于县衙内的试室显得非常拥挤，遇到县试时，各童生自备桌凳，点名时携进，十分嘈杂拥挤。卢兆鳌便阖邑捐资，于学宫右偏建教考棚一区，并委托生员杨如山与廪生谢绍桢、林钦明监督管理，完善、设立稳桌号1027号，散桌凳各210张，坐号1042号，共2069号，解决了童生考试的场所问题。

按斤纳税　增加税源

平远东石凤髻山铁矿丰富，为了发展平远炼铁业，增税收，卢兆鳌除了坚持额饷外按斤输税，由运司详请督宪颁发期票给县，填明生斤税款照运；无论本省、外省，一体咨明，总于内地行销，并无妨碍，原期广为流通，饷税无误。他严格执行大宪咨部议复："不准越采，地方官员严行查禁。"大炉，必须矿炭丰足，工多费烦，时停时煽，不无一定。小炉，熔生铁农器，一体按斤纳税，久经奉行，通融办理。在卢兆鳌的严格坚持下，许多人私人开采和冶炼。嘉庆二十二年（1817），平远籍人谢宝庆等经申报运宪和督宪，获得批准后，即开采和冶炼生铁，远销当时全国四大铸造中心之一的佛山，每座炼铁炉每年纳税银 2 两，储于县库，以备赈灾抚恤。

发动群众　组写《县志》

嘉庆二十五年（1820），广东议修省通志，各县需重修县志。接到上级文件后，卢兆鳌即着手组建修志班子。知县卢兆鳌任总修，县儒学欧阳莲为协修，庚午科举人余鹏举等 6 人为分修，廪膳生谢廷杰、林敦元为分校，聘请采访人员 29 人。修志期间，卢兆鳌"劳形案牍，实未尝一二日稍有余闲"。在清雍正八年（1730）知县黄大鹏所修的旧志基础上，去伪存真，各抒闻见，将书分为 5 卷 24 门，乡辖、墟市、衢路则附之"疆域"；险隘则附之"形势"；仓狱则附之"署廨"；户口则附之"田赋"；书院、考棚则附之"学校"；仕籍、封赠则附之"选举"；仙释则附之“寺观”；津梁附“茶亭”；名胜后附“坊塔”。经过数月艰苦努力，依类补叙，把相隔近百年的历史续上，编修成清嘉庆《平远县志》。该书共5卷15万字，其体例完备，资料丰富，词语精粹。1935年3月，由少将旅长严应鱼（平远籍人）出资重刻。清嘉庆《平远县志》是平远县内留下来的旧志，是一部非常珍贵的历史文献，为20世纪90年代初新编《平远县志》提供了大量的历史资料。

卢兆鳌离开平远后，先后升任万州、化州知州，定居广州。他一生为官清廉正直，在平远任上，因家庭人口较多，负担颇重，曾将一女托仁居城南岗坊一户卓姓人家抚养，少年夭折。晚年，卢兆鳌卸任后，回平远仁居岗坊卓姓探亲时，病逝于仁居，葬于仁居店背岗乌芝山。

平远光复

科举时代的平远私塾

平远人与各地客家人一样，崇文重教，当小孩七八岁时，就送他们去“破学”，开始求知求学。“破学”时，首先要拜孔子，再拜教师，接受“忠孝”“尊孔”“尊师”的洗礼，从此踏上“两耳不闻天下事，一心专读圣贤书”的科举之途。为了适应崇文重教之风，各地纷纷办学，乡村中有数十户村民，10 名以上学龄儿童者必办有学馆，也有称“书室”“书院”的，因为学馆不属县学掌管，故通称“私塾”。

私塾大都利用祠堂、旧庙、老屋，也有筹资选择在环境幽静的地方专门兴建的。不少姓族乡绅还筹资在城里兴建称“试馆”的私塾，将学子集中在试馆，聘请名师教习，伺期参加县考、州考。

私塾一般可分为 4 种类型，一是由塾师私人在祠堂、庙宇或自己家中设馆，收费招生入学；二是由村中热心教育人士牵头，邀请全村村民筹资，聘请教师设馆办学；三是由各姓公尝出田租经费设馆，聘请教师，教育宗族内子弟读书；四是乡绅股户聘请教师，在家设馆，教育本户子弟或个别亲朋的子弟读书习礼。每所私塾一名教师教授几个至十几二十个学童，学生年龄差别较大，学习年限不一。

私塾从学制上又分为蒙馆、经馆和二者兼备 3 种：

蒙馆，为人生启蒙学习的馆所，故名。蒙馆招收七八岁至 10 来岁从未上学的小孩。教师一般由读书多年、屡屡应试未考取秀才的谓之“老童生”者担任。蒙馆教材，初读《三字经》《百家姓》，接读《千家诗》《唐诗三百首》《增广贤文》《幼学琼林》、四书五经等读物。蒙馆以识字教学为主，塾师仅点读正文，不加讲解。一方面指导学童熟读背诵；一方面教学童写字，由简至繁，塾师用红砂笔在白纸上写上“上大人，孔乙己，化三千，七十士，尔小生，八九子，可知礼也”22 个字，教学童磨墨，用毛笔描誊，谓之“描红”，继而学抄书。经过三五年，读完上述主要书籍，且能背诵，便可升入经馆。

经馆，招收 10 岁以上、读过蒙馆多年、成绩优秀之学童。经馆塾师一定要具有参加科举考试，考取秀才以上功名资格。因为童生只能教蒙馆，没有资格教经馆。学习上，继续教读四书五经、《朱子治家格言》等经典读物。塾师开始讲解，谓之“开讲”。同时教授《声律启蒙》等诗词、对句知识，教学童学习写诗作对，写文章，分段写八股文章，谓之“开笔”。在经馆就读三五年后，较聪明的学童会做三五百字清通流畅的八股文了，谓之“完篇”，便可准备参加科举的童子试了。

为适应环境和生源情况，蒙馆和经馆亦有混合办者，但塾师一定要县秀才以上学历。塾师一面教蒙馆学童，一面教经馆学童，谓“复式教学”。

塾师的薪酬，一般按学童人数收取。清末时，蒙馆学童每人每年交银1两、白米1斗。经馆塾师的薪酬较蒙馆塾师略高，当然，在富绅家当塾师，薪酬待遇都会更高更好。此外，蒙馆、经馆讲课的房舍、学童读书的座椅、塾师住房，还有塾师日常所需蔬菜、柴草均由学童家长解决。过年过节等喜庆节日，学童家长还要宴请塾师或给塾师送礼，表示对塾师的尊崇和感谢。

自清光绪三十一年（1905）废科举、兴学堂后，至今已有100多年，私塾改办小学，教材、教法、教学环境、条件等都发生了巨大的变化，教育事业飞跃发展。昔日的私塾老屋、祠堂，大多数倒塌或拆建，一些经维修保留较好的私塾，成为科举取士时代莘莘学子苦读求取功名的见证物。

漫话科举考试

从隋唐至明清推行了1300多年的科举考试制度，是中国传统文化的一大奇观。科举制度从清光绪三十一年（1905）废除至今虽然已有100多年，但在人们的日常生活中，不论物质方面还是意识形态方面，科举文化还是无处不在，有些甚至还在借鉴和应用。称文秘人员为秀才，称高考最高分的考生、各行业的先进人物为状元，以及各地的学宫、书院、私塾旧址、石楣杆、功名牌匾、姓氏楹联、族谱、墓碑……都有科举功名的身影。此外，高考时，将考卷上有考生信息的卷头装订起来，以免批卷者徇私舞弊，这种做法还是借鉴创始于唐武女皇、定制于宋太祖、沿袭于明清的“弥封”糊名制。所有这些，可以说明科举制度至今还在产生影响，是科举文化的积淀使然。

但科举考试制度距今年代久远，它源远流长、繁芜庞杂，人们对科举的意识也越来越淡薄，对身边的科举文化也越来越模糊，加上被一些戏剧、电视剧和民间传说以讹传讹，所以很多人对科举考试制度尤其考试形式、功名等一知半解，甚至颠三倒四，一些学校的乡土教材对科举考试方面也说不清、道不明。为了让一些读者了解古代科举考试制度及相关情况，下面介绍离我们最近的清代科举考试。

清代的科举考试分为“童试”“乡试”“会试”“殿试朝考”4 级。

“童试”，是科举最初一级考试。应考者均为经馆（私塾）肄业、10 多岁之儿童，故称童生。“童试”实为“童生试”的简称。如果连考都未取录，直至白发苍苍时，仍称“童生”。“童试”分县试、州试、院试 3 级举行。童生在县学宫经县试合格后，报州参加州府举行的州试，州试合格后的童生集中于州城，参加由省提督学政主考的院试，院试按各县学额并据参考童生的成绩择优录取，录取者称“生员”，俗称“秀才”，为读书人踏上科举大门的第一步。秀才必须到县学继续读书，准备参加乡试考举人。县学读书的部分生员，按朝廷配给名额由公家供给膳食，这些按名额享受公膳的生员叫“廪膳生”，简称“廪生”。

“乡试”，就是省试，每三年一次，在各省省城举行。凡本省

"生员""监生"（在"国子监"肄业者，又称"国学生"或"太学生"）、贡生（含岁贡生、恩贡生、拔贡生、优贡生、副贡生），经科试（由各省"学政"于每届"乡试"前巡回所属举行）合格者均可应试。逢干支纪年的子、卯、午、酉年为正科，如遇皇帝即位或皇室庆典加开一科，谓"恩科"。乡试考期在八月，故称"秋闱"。共考三场，每场考三日，考试合格被录取者谓"中式"，即为"举人"。前五名称"经魁"，其余称"文魁"，第一名称"解元"。

"会试"也是三年一次，每逢辰、戌、丑、未年在京城举行，如遇皇室庆典加开"恩科"。考期初在二月，乾隆时改在三月，故称"春闱"。全国的举人均准应考，共考三场，每场三日。考中者称"贡士"，第一名称"会元"。

"殿试朝考"，"殿试"是在"会试"结束经复试合格后举行，由皇帝对"会试"取录的"贡士"在殿廷上亲发策问的考试，也叫"廷试"。时间一天，结果将考中者分为三甲：第一甲的一、二、三名赐"进士及第"，第二甲若干名赐"进士出身"，第三甲若干名赐"同进士出身"。全榜均取，通称进士，不再有淘汰者，殿试发榜谓传胪大典。进士榜称"甲榜"，用黄纸书写张贴公布，故叫黄甲，也称金榜，中进士称"金榜题名"。

传胪大典后，再举行朝考，大致与殿试略同，此为授职考试，由皇帝测试后将第一甲第一名钦点为"状元"，又称"殿元"，第二名为"榜眼"，第三名为"探花"，第四名即第二甲的第一名为"传胪"，其余若干名为庶吉士，第三甲若干名分别为主事、知县、中书等，再次者，由吏部全选为教官。状元例授翰林院修撰，榜眼、探花授翰林编修，庶吉士送庶常馆继续读书，三年期满，经考试，分别授职，科举考试始全部完成。

科举时代的儒学

科举取士时代，全国的府、州、县各级都分别设有府学、州学、县学，统称为儒学。老城仁居为平远县治所在地，故也有县学，为科举培养和输送优秀考生。

儒学均设在学宫，学宫是规模宏伟的建筑群，主要建筑有孔庙、文昌阁、崇圣祠、明伦堂、儒学署、考棚、棂星门、泮池、状元桥等。按西庙东学的传统，儒学设在孔庙之东。学宫是生员读经明道的场所，也是学子科举考试的考场，又是祭祀孔子先师等圣贤的殿堂，还是教授儒家学说、管理儒学的中心机关，儒学是学宫的重要组成部分。

儒学的学官，即老师：府学置教授 1 员，州学置学政 1 员，县学置教谕 1 员，其正式官衔为儒学正堂，其下均设训导 1 员，实为助教。《清史》职官志三："教授、学政、教谕，掌训迪学校生徒，课艺业勤惰。"学官负责组织讲学、授课、管理生员，制定一套有教学职责、考试制度、奖惩办法等的学规。学官的薪俸由朝廷列入地方财政支拨。

参加儒学读书的学员，必须是参加童子试包括县试、府试和院试 3 个阶段成绩优秀的生员，通称秀才，就是优秀人才之意。考中了秀才只是踏上科举大门的第一步，接着就是在儒学继续攻读，准备参加考举人的乡试。明清时代，考中秀才功名者，就要头戴插有金花、银花的顶冠，身穿纹纨衿，脚踏乌缎远靴，腰束大红绸，谓之“攀红”，由学官率领游孔庙前半月形“泮池”一周，通过状元桥，然后进入孔庙大成殿拜谒“孔子先师”，称“入学”，又称“游泮”。

明朝以前，凡考中秀才者全部分派进入儒学读书，由教官教诲，公家供给膳食。后来考取秀才的人越来越多，公家难以负担，便下达名额加以限制，名额内由公家提供膳食的生员，称廪膳生，简称廪生。廪生必须是成绩较优秀的秀才，以后也由岁试中文章较佳者递补。明朝初年，儒学读书的生员除正额外，准许增加，增加的生员称增广生员，简称增生。增生无月米供给，地位次于廪生。除廪生、增生外，再进入儒学读书者，称附学生员，简称附生，即附于廪生、增生之后也。当然，附生也没有月米供给。《孟子·滕文公上》：“夏曰校、殷曰序，周曰庠，学则三代共之，皆所以明人伦也。”古人以庠序称学校，因此，进入儒学读书的各种生员，又称儒生或庠生。

在儒学读书的诸生，以参加乡试考取举人甚至再进京考试考取功名为目标，“三更灯火五更鸡”，继续攻读四书五经、《幼学琼林》、朱熹《四书集注》《朱子治家格言》等经典，苦练写作八股文章，习诗作对，祈求实现获得功名利禄、出人头地、光祖耀宗的科举梦想。

平远光复

据《现代汉语词典》（1979·商务印书馆）释：光复，即恢复（已亡的国家）；收回（失去的领土）。

1644年清兵攻陷北京建立清王朝后，实行以满族贵族为主体的满汉地主阶级的联合专政，对人民进行残酷的封建剥削和政治压迫，大家越来越不满异族统治，阶级斗争日益尖锐。18世纪中叶后，各地农民起义此起彼伏，连绵不绝。到了20世纪初期，帝国主义加紧了对中国的侵略，清政府腐败无能，全国反帝反封建的斗争持续不断地发生，社会矛盾进一步激化，整个社会动荡不安。光绪三十一年（1905），孙中山、黄兴等人成立中国同盟会，制定“驱除鞑虏，恢复中华，创立民国，平均地权”的政治纲领，提出“民族、民权、民生”三民主义学说，主张以暴力革命推翻清政府，废弃君主专制制度，建立独立富强的资产阶级共和国。这一举措产生了全国性的号召力，推动了资产阶级民主革命运动的迅速发展。革命党人在全国各地组织了多次起义。到了宣统三年辛亥岁八月十九日（1911年10月10日），湖北革命人发动武昌起义（后称辛亥首义），攻克总督衙门，成立湖北军政府，接着汉阳、汉口均告光复。武昌起义获得各省响应，全国革命形势迅猛发展，短短一个多月，全国24省中有14省宣布“独立”光复。同年12月29日，南京召开17省代表大会，成立临时政府，孙中山当选为临时大总统，于1912年元旦宣誓就职，宣告中华民国成立，改用阳历，以是年为中华民国元年。

辛亥革命推翻了统治中国268年的清王朝，结束了在中国存在两千多年的封建帝制。

以武昌革命胜利为契机，广东于同年9月19日宣布光复；汕头于9月20日光复；潮州于9月21日光复；嘉应州（梅州）于9月22日光复。平远许多仁人志士早就秘密参加了同盟会和革命党，做好光复的宣传和准备，在嘉应州民军总部的支持下，于9月26日胜利光复。

据《梅州市志》《平远县志》及朱浩怀编纂的《平远县志续编资料》、冯华德主编的《平远名人传略·林菊秋》记载，平远光复情况：

嘉应州（梅州）光复后，为光复全州，嘉应民军主持人将缴获清军的枪支中，拨出毛瑟枪30支及子弹一批，派专人从松口转运到蕉岭新铺，同时派人到东石通知林菊秋［东石粜米岗人，光绪三十年（1904）赴日入宏文师范速成科肄业，为平远最早之留日学生。1905年回国在本乡筹办铁民学堂。1907年应姚雨平之约，在松口任体育教习，为革命党培训干部。光复后，曾任潮循道尹署教育实业课员，江门盐务查缉所总办及平远公安局长，晚年乡居（1936年去世），并告知嘉应州光复情况，部署光复平远等事宜］。林菊秋一面派人到新铺接运枪弹，一面派人通知各乡同盟会员和革命者。9月25日，林逸南（东石人，清末秀才，光复后曾任澄海、紫金及广西省崇善等县佐治人员）、姚右军（大柘人，曾任广东新军司务长，民国成立后任平远中学体育教员）、姚希尧（大柘人，清童生，小学教员）、颜湘度（热柘人，侨居南洋荷属，曾任平远中学教员）、李实充（坝头人，清童生，小学教员）、余达臣（坝头人）、林中岳（东石人）等骨干成员率领100多人聚集于东石，高擎神、醮会大旗，除从新铺接运回的30支毛瑟枪外，还持有鸟铳、大刀、长矛、钯头等武器，大家情绪高涨，推选林菊秋为民军总指挥，然后做好人员分工，宣布纪律，举行简短的誓师仪式。是晚7时，民军队伍沿石砌驿道经三段岃、畲脑、梯云岭直奔县城（仁居）。

午夜3时，民军抵达县城。大家不顾一路疲劳，首先包围了位于城外的关帝庙，促使驻防在内的30多名清巡防营官兵归顺投降，由归顺的官兵叫开老东门，使民军顺利进入城内。26日拂晓，民军再次整队分工，林逸南、姚右军各率50多人，分别进攻南门、东门，林菊秋率部分民军在城内与欲乘轿外逃的县令宜其标相遇，大家一拥而上，割去其发辫，勒令其回县衙交出印信、册籍。

26日上午平远光复。各乡民军闻讯齐集县城召开大会，成立平远军政府，由姚右军任总指挥，林菊秋为副总指挥。指挥部指派李实充任各城门的攻防指挥，由林中岳率一队民军驻防老东门，颜湘度率一队民军驻守西、南门，还组织巡逻队，负责维持城内治安。县令宜其标是满族旗人，为官还算公正廉明，大家对其尚有好感，故光复后一段时间内，好些事情还由他处理，光复后第二年（1912）3月才离开平远县城，各界群众还欢送他至城南马鼻岗，互道珍重而别。

民军指挥部在秩序稳定后，便商议县政各项事宜。一是改县令为民政长（以后又改称知事），大家公推国民革命军第四军、一军军法处长姚宗舜（大柘官田上人，清光绪丁酉岁拔贡，曾赴马来亚协助姚德胜经营锡矿，光复后任平远县民政长，民国二年卸任后，出任潮汕盐场知事，广西省那马、迁江两县知事，1932年去世）任民政长；二是按广东省22日布告规定，废除宣统年号，用黄帝纪年（1912年才正式通令改用公历）；三是所有男人在限期内必须剪除发辫。平远光复未发一枪，顺利完成，至民国成立，全县人民欢欣鼓舞，安居乐业。而邻近各县在光复中则出现一些摩擦和争斗，因此，平远被省军政府赐予模范县称号。

文物古迹

源于明代的平远冶铁业

“讲起平远也唔输，五指石上结帝都。东石有座尖山嶂，还有五座炼铁炉。”

这是流传于明清时代的一首平远民谣，群众把邑人谢镇北在差干“五指石上结帝都”，拥立南明隆武帝矢志抗清，以及尖山嶂有丰富的铁矿和 5 座炼铁炉引以为豪。

煽炉炼铁　鼻祖大坝炉

明嘉靖四十一年（1562），平远尖山嶂一带，依靠可直接入炉的富铁矿开始炼铁。据康熙二十三年（1864）刻《平远县志·食货》记载，平远土人依山结炉、煽炉冶铁铸锅，县内乡民采矿冶铁、铸锅已有 100 多年历史，从未间断。清代，平远手工业冶铁已粗具规模，史志记载，从乾隆元年（1736）至嘉庆二十年（1815），经政府批准开设的炼铁炉就有 5 座，其中以大坝炉为最，另还有溢铁炉1座。

大坝炉位于仁镇磜头村。清雍正年间，由江西寻乌林氏兴办，冶铁致富后，告返故里。乾隆元年（1736），由八尺镇排下村萧新发集资承买，厂名为“林萧盛”。大坝炉炉高13米，内径1.2米，容积8立方米，以人力操作的封闭式地下鼓风，以炼铁为主，铁矿雇人从东石铁山嶂开采挑来，另外，从本地河里淘乌铁砂为原料。木炭就地收购，挑运者每天不下千人，每年秋冬开炉，司炉人员近20人，每年可生产生铁近千吨。生铁销往江西、江苏、浙江等省及本省潮汕、佛山地区。每年向政府交纳炉税银80两，产品被冠以“官铁”之名。

因炼铁经商，炉商有利，又资助了国课，所以，在生产和运输过程中发生的问题，官府均予以解决。乾隆二十七年（1762），由督宪颁发输税旗票，至此，则生铁无论运输至省内外均运行无阻。嘉庆十五年（1810），因江西长宁（寻乌）县钟常平越界夺矿石事引起纠纷，铁商上控，经各大宪咨部议复，明令不准越采，并饬地方官员严行查禁，给冶铁业予很大的支持。还有因生铁外运问题，炉商谢宝庆于嘉庆二十二年（1817）上禀督宪，准铸生铁告运佛山，又得批复，平远鼓煽生铁，由运司详情督颁发期票给县，填明斤两，税款照运，无论本省外省，并无妨碍。从而，扩大了生铁销路，使平远炼铁业得以进一步发展。

由于大坝炉炼铁厂的兴起，带动了东石青山、泗水尖山背、中行横水、仁居香花畲等处铁厂的炼铁业，还铸造了锅头、煱锣、犁头、犁壁等生活生产用具。

炼铁有利　铁业复收生产

19世纪60年代开始，中国向外国进口铁和铁制品数量急剧增加，本国的手工业炼铁受到严重冲击，平远的手工业炼铁随之衰落。

民国初期，手工业炼铁复苏，民国十三年（1924）由仁居丘仲贞等人集资在仁居镇木溪村兴办妙备炼铁厂，后因资金不足而停办。民国二十八年（1939）继由严应鱼经营，并在仁居镇麻楼村香花畲设立分厂。妙备炼铁厂生产灰口铁；香花畲铁厂则炼生铁，又铸锅头、犁头、犁壁等。大坝炉铁厂和香花畲铁厂维持生产至1953年，妙备炉铁厂于民国三十七年（1948）停产。

新中国成立后　生产日飞猛进至转制

新中国成立后，一切从头开始，1950年由县人民政府接管妙备炼铁厂，组建为“平远人民铁工厂”。它是新中国成立后平远县第一家国营工厂，也是广东省第一家国营炼铁厂。1954年，搬入由广东省工业厅在东石凉庭沙排岃兴建的广东省平远钢铁厂。1958年下放给平远县，改名为平远县钢铁厂。该厂占地面积120公顷，建筑面积2.65万平方米，1990年全厂有职工899人，年末固定资产净值1100.4万元，主要产品有生铁水泥、磁铁矿石。平远钢铁厂投产后，东石公社利用华宝铸锅厂厂址复办畲脑铸锅厂，继续生产深㕣锅、口八锅、口六锅、九耳小锅及铁煱锣，销往汕头、赣南、梅县、兴宁等地。

1985年工厂创利润126万元，成为梅州市15家“百万厂”

之一。1988 年，产铁 1.3 万吨，水泥 5.16 万吨，全年利润 211.52 万元。改革开放后，由于矿山水土流失等问题，平远县钢铁厂逐步放权转制，而今钢铁厂已成为历史，供人们回忆和参观。

平远的常平仓史话

《平远县志·署廨附仓狱并各乡社仓》（清嘉庆二十五年）载：常平仓，原名预备仓。在县治西，正厅三间，仓廒（即仓库）东西各一间，前为大门三间。嘉靖四十五年（1566）知县魏世熙建。万历六年（1578）知县刘孕祚重建。原额谷 12878 石 9 斗 2 升（注：1 石折合 75 公斤）。

何谓常平仓

何谓常平仓？得从“平粜”思想说起。“平粜”思想又称“平籴”思想，是中国封建社会中政府规定运用粮食收购（籴）或抛售（粜）以稳定粮食价格的一种政策思想。

“平粜”二字，最早出自春秋时期越国的范蠡。据《史记·货殖列传》载：范蠡说，“夫粜，二十病农，九十病末，末病则财不出，农病则草不辟矣。上不过八十，下不过三十，则农末俱利，平粜其物，关市不乏，治国之道也。”

“平籴”的主张是战国时魏文侯李悝首先提出来的。据《汉书·食货志》载：李悝主张的平籴法，分上中下熟，大熟则上籴三而舍一（即在籴粮 400 石中籴 300 石）；中熟则籴二；下熟则余一，使民适足，价平则止。小饥则发小熟之所敛；中饥则发中熟之所敛；大饥则发大熟之所敛，而粜之，故虽遇饥馑水旱，籴不贵而民不散，取有余以补不足也。

到了西汉宣帝时，有个叫耿寿昌的大臣根据平粜思想，建议朝廷在边郡皆筑仓，谷贱时增价而籴，谷贵时减价而粜，以稳定市场价格，调剂粮食供应，所筑仓曰常平仓。常平之名起于此，后汉明帝改曰常满仓。晋时又曰常平仓。唐朝设置常平署，令掌仓粮管钥出纳粜籴。凡天下仓廪和籴者，为常平仓，正租为正仓，别税为义仓。“平粜”法延伸为“常平仓”法，这种常平仓制逐渐从边郡推广到内地，一直沿袭到宋、元、明、清、民国之后，始终是中国封建时期的重要经济政策之一。

平远常平仓

平远建县于明嘉靖四十一年（1562），建县后的第 4 年便兴建常平仓。并随着人口的逐步增加而增建仓库，扩大仓容，在西门内建新仓（仓廒 10 座，门内左厢房 1 间，右厢房 2 间）。明崇祯十二年（1639），知县胡有英又在后龙岗右侧建裕武仓，以储备更多的粮食，使群众荒月时籴而不贵，丰收时粜而不贱，由此平抑了谷物市场价格，稳定和发展了农业经济，为南迁来平远的客民创造了良好的定居环境。

清光绪二十六年（1900），旅马来西亚侨领姚德胜回乡省亲，适遇家乡荒歉之年，灾民遍途，便捐出巨款，在全县 15 个乡和大柘墟设立太平仓，购粮 3000 余石，或平价卖出，或施予赈济，免得乡亲离乡背井，外出逃荒，受到大家的赞扬。

管好社仓

在兴建和管理好常平仓的同时，清雍正元年（1723），知县钟吕奉旨在各乡劝蠲社仓共15座，全县共有社谷4579石7斗2升6合2勺。社仓，即义仓。义仓起由悠久，在隋文帝时，长孙平请令，民间每年秋收后，各户均出粟麦一石，储之闾巷，以备凶年，名曰义仓，后一直沿袭。劝蠲，即鼓励和减免。为鼓励义仓储粮，可减免赋税。平远各乡社义仓，一直沿袭至1949年，且规模逐渐增大，储粮增多。各义仓由乡绅推选诚实负责的管理员1~2名管理，还成立理事会负责监督和核查账目。荒月时群众可向义仓借谷，稻谷收割时还谷于义仓，收取极低的息谷，用于维修义仓及支付管理人员报酬，对解决贫困群众度荒起到重要的作用。

古桥梁

《平远县志·文物古迹·古建筑》（1979~2000）载：平远县境至2000年保存完好又较大型的古代桥梁有10座，其中明代古桥梁有7座，位于仁居的就有驾虹桥、青云桥、永昌桥、大济桥、三济桥5座。

驾虹桥

驾虹桥在仁居镇井下村吴屋侧，建于明万历二十五年（1597），邑人袁晏建。南北走向，跨仁居河，全长47.5米，宽6

米，高7.5米，占地290平方米。桥身用花岗岩规格石砌建，两端各15级石阶，桥墩呈笔尖状，两跨半圆拱。

青云桥

青云桥位于仁镇东门外，明隆庆六年（1572）知县滕表章始建，万历元年（1573）竣工。

明崇祯十六年（1643）夏洪水冲毁重建。南北走向，跨仁居河，清康熙三年（1664）重修时，镶嵌“青云桥”碑于桥栏杆中间。清嘉庆二十四年（1819）知县卢兆鳌重修。民国十七年（1928），再次被洪水冲垮，由县长林公顿倡修。2001年，县人民政府拨款加宽桥面，重修两边的石栏杆。该桥长41米，宽5.5米，高5米，桥身用花岗岩规格石块砌筑，桥墩呈笔尖状，四孔跨江，两边建有石栏杆。

驾虹桥与青云桥均在仁居东门外仁居河上，两桥相距不远，呈平行架势，每逢晨曦夕照或雨霁烟霄之际，仿佛两道彩虹横贯两岸，与山光水色相互辉映，被誉为“双桥虹驾”，列为平远老城附郭八景之一。1985年被列为平远县重点文物保护单位。

永昌桥

永昌桥在仁居镇西郊，建于明万历三十七年（1609）。康熙三年（1664），知县刘骏名重修。跨仁居河，两孔，桥身用规格花岗岩石块砌建，桥墩呈笔状。长37.2米，宽3.7米，高12米。桥西有贤侯祠和北帝庙，贤侯祠内祀乾隆二十七年（1762）知县李郸，被拆；北帝庙内供奉北极玄天真武大帝，故又称真武庙，因而又有人称永昌桥为真武桥。

大济桥

大济桥位于仁居镇邹坊村磜下，建于明万历三十八年（1610），由邑庠生袁冲翰建。大济桥东西走向，单孔跨磜头至部坊的河面，桥一端有引桥，桥长30.8米，宽3.5米，桥身用花岗岩石砌建。大济桥是连接粤赣古驿道、盐道的重要桥梁之一。

三济桥

三济桥位于仁居镇六吉村水口，建于明万历年间。东西走向，横跨六吉河。桥长31.5米，宽3.7米，高5.9米，两孔跨江，桥身以花岗岩石块砌筑，桥两端各有三级石阶。

粤赣古道上的明代古建筑——大济桥

在粤赣边陲的平远县仁居镇磜下邹坊河上，横跨一座叫“大济桥”的石拱桥。桥两端连接着一条石砌古道，古道蜿蜒向南北延伸，它是粤东北通往江西赣南各县的咽喉，是客家人向南入粤的通衢大道，是粤赣两地盐上米下的驿道，又是朝廷官府传递邮件、文书的驿道，还是科举时代举子们进京赴考的主要通道。所以，它在当地历史上的政治、经济、商贸、军事、文化各项活动中，都具十分重要的地位。大济桥，单孔石拱，长30.8米，宽3.5米，高6.5米，用花岗岩规格石砌建，建筑工艺精湛。清嘉庆二十五年（1820）版《平远县志·名胜·津梁》载：“大济桥，在邹坊磜下，万历三十八年（1610）年邑庠袁冲翰建。”下邹坊河上游，河床落差大，河水湍急，古道上原架有木桥，常被洪水冲毁，每逢雨季，木桥被冲，行人马队不是要涉水就是要绕道，过往行人个个叫苦连天。明朝万历年间，有位叫袁冲翰的童生，赴州府参加院试，经过磜下，突遇狂风暴雨，山洪暴发，河水猛涨，河水离木桥只四五寸了，随时都有可能被冲垮。袁冲翰仰望苍天，虔诚地祈祷许愿：“老苍天保佑自己安全过桥，准时赴考获取功名，定将捐资建造石桥。”然后，快步跑过已漫水的木桥，刚好跑过，木桥就被洪水冲塌。后来，他参加州府的院试，果真考中了秀才，并入县学继续读书，成为县庠生。他遵守诺言，于万历三十八年（1610）捐建了这座石拱桥。当地乡绅和过往行人都赞不绝口，感谢袁冲翰大恩大德对大家的周济，从此，再也不用担心下大雨无桥过了，便将桥命名为“大济桥”。

大桥竣工时还有个有趣的传说，按照传统的习俗，大桥建成举行庆典时，首先要由德高望重、子孙满堂的长者引领乡绅、百姓通过。但庆典那天，等了又等，选定的长者不知什么原因迟迟未到，眼看时辰已到，大家心里都焦急万分。这时，只见几个挑着货担的挑夫，赶过来大呼：“让我们先过桥，我们要赶路上万载（江西省万载）县!”众人一听，都认为万载是个好兆头，万载乃千秋万载也，便敲锣打鼓，燃放鞭炮，欢天喜地簇拥着几个挑夫通过崭新的大济桥。

斗转星移，昔日古道上，大桥畔车水马龙的喧嚣繁华景象一去不复返，历经 400 多年风雨沧桑的大济桥却依然坚固无比，成为客家历史发展的见证，也成为我们研究明代古建筑的珍贵遗产。

尊崇文化的见证物——字纸库

平远人尊重文化、崇文重教历史悠久。在仁居镇上远村，至今还保存一座建于明末专门焚烧字纸的字纸库。

明嘉靖四十一年（1562）置平远县，第一任知县王化大兴土木，在兴建城垣、衙署、学宫、书院、明伦堂等建筑的同时，在各乡村建造字纸库，向众儒生和民众宣扬儒家学说及伦理道德，教化百姓尊崇孔圣人，尊崇创文字的仓颉。文字是圣贤心血，天地精华，要敬惜世间一切书籍和写过字的纸，不能随意丢弃践踏字纸，不能在典籍上乱画，也不能把书作为枕头、垫坐，更不能将字纸当手纸擦屁股，否则，就是对圣贤的大不敬，就是玷污文化，就会认不出字，读不识书，成为没有文化的睁眼瞎。读书人在书桌边都要置放字纸篓，将废纸丢入篓内。对街边路旁的字纸也要拾起，废纸收集起来，统一送到字纸库焚烧。然后，将字纸灰送入河溪或埋至清静的山林。为了教化百姓敬惜字纸，尊崇文化，还编印各类劝善书，其中至今还流传的一首《敬惜字纸歌》："世间字纸藏经同，见者须当付火中。再置清静长流水，保尔福禄永无穷。"在长期的广泛教化渲染下，敬惜字纸、尊重文化成为妇孺皆知、人人自觉行动的文化民俗。

随着岁月推移，时代进步，人们的科学意识逐步增强，至民国初期，统一收集字纸到字纸库焚烧的民俗逐渐淡化，字纸库也陆续被拆毁，仅存的上远字纸库成为尊崇文化、崇文重教的见证物，也是客家民俗和建筑艺术的珍贵遗产。

太平军 4 次攻占古城

据文史资料记载：清道光三十年（1850），洪秀全（祖籍梅县）与杨秀清、石达开、韦昌辉等人，在广西桂平县金田村起兵，以驱逐胡虏、毁灭神偶、拜上帝会为号名，改国号为“太平天国”，男人皆恢复明朝发型。太平军由广西出发占武昌，顺长江而下，攻占南京，改称天京。洪秀全称天王。入京不久，由内讧至自相残杀。翼王石达开于咸丰七年（1857）率军由安徽、江西进占东南各省，后侍王李世贤、康王汪海洋亦先后率兵入粤。清廷派左宗棠为闽、浙总督，统剿江南太平军。同治三年（1864）六月，天京被清军曾国荃部攻破，天王洪秀全死。太平军被清军追杀得四处奔窜，因缺粮饷，成为流寇，到处烧杀抢掠。平远亦未幸免。咸丰十年至同治四年（1860~1865）6 年间，太平军 4 次进犯骚扰古城，民众惨遭祸害，称太平军为“长毛贼”。纷纷奔逃避难，谓之“走长毛”。传说，麟石背有一可容几百人的大坑涧，“走长毛”时，许多人带看钱粮软细躲进坑涧。不料有人带了条狗，看见山下太平军烧房抢掠，狂吠起来，招致暴露，太平军为抢财物，将藏于坑涧的人全部杀掉，顿时血水成河，一里多外的程义峰河水也被染红。以后这里一直被人称为“万人坑”。

太平军 4 次进犯古城，据史料记载，第一次最为惨烈。咸丰十年（1860）十月初四，太平军石达开旧部从赣之安远入粤进攻平远，守军在城上架设火炮并用长矛大刀与攻城之太平军血战，因太平军不断增援，守军寡不敌众，城陷被占，太平军进城四处掳掠。同年十月二十七日，清巡抚耆龄派都司长青、方耀等，率兵勇会同总督劳崇光所派嘉应州及潮州镇兵勇，组成围剿大队，自十月二十七日至十一月二十五日，每每环攻、歼毙守城太平军无数。一直至十二月初四，清军发起强攻，太平军伤亡俱增，加上粮尽力竭，终于抵挡不住，弃城从东门奔逃，被清军追杀数十里，缴获火炮刀枪一批，被斩首 320 余级，俘获 40 多名。太平军占据两月的古城被清军收复。

第二次被太平军攻占时为同治三年（1864）八月三十日，侍王李世贤军从赣之安远、寻乌南下，至九月初四收复，为时 5 天。

第三次被太平军攻占时为同治四年（1865）五月十八日，来王陆顺德、天将林正扬部自福建永定被清军杀败后，退入蕉岭转攻平远，至六月初二收复，为时 40 多天（该年闰五月）。

第四次太平军攻占古城时为同治四年（1865）八月初九，康王汪海洋、平东王何明亮、佑王李远继、偕王谭礼元、奉王黄明厚、天将胡永祥等五王一天将分三路而来，人数最多，来势最猛，地方受祸害最惨。太平军围城数日遭守城清军顽强抵抗，后面又有清军提督高联陞、黄少春、道员康国器等部追击，加上个个饥饿难忍、精疲力尽，故围城数日终未攻进城内，最后向大柘、超竹方向溃退。

客家地区的古山寨

在客家人南迁的历史长河中，人们饱受战乱和匪祸之苦，时至今天，客家地区一些险峻的山上，仍然保留着一座座古老的山寨或山寨遗址，就是见证。

这些古老山寨，在冷兵器时期的屯兵作战和百姓躲避“兵祸”“匪祸”中，都起过重要的作用。

众多的古山寨中，有历代战争时期官兵或义军建造的屯兵寨，如兴建于南宋祥兴二年（1279）的丰顺县埔寨镇桐子坑古山寨镇；明末清初，抗清志士谢志良在平远县差干镇建的五指石兵寨；还有清咸丰九年（1859）太平天国翼王石达开的义子石镇吉在兴宁县建造的马鞭岭营寨等。但大多数的山寨却是客家人为避难而合力筹资筑建的，如建于明清时五华县安流镇半径村的青龙寨；建于清咸丰、同治年间（太平天国后期）平远县仁居镇的鹅石寨、宝珠寨、花苑寨、杨梅石寨、南山寨、蓝杞寨、新娘寨、长兴寨、冯家寨，上举镇的红岩寨，八尺镇的高堂寨、虎踞寨、磨石寨、梅龙寨，大柘镇的石龙寨等。

古山寨都选建在山高林密、石壁陡峭又有水源的山顶或山腰上。以坚硬的花岗岩石块砌筑寨墙，寨墙一般高两三米，墙基宽2米以上，寨墙设有许多瞭望孔，俯视寨外，一目了然。一寨至少设置两个寨门，寨门外必有一段弯曲陡峭的石级，想要攻进寨门，险上加难。寨门上方还建有寨楼，供哨兵驻守，全天候监视寨外动向。用厚实的硬木板制作坚固的寨门，关闭寨门后，还用硬木柱横在石门框上加固。寨墙像铁桶一样，把整座山寨围将起来，乡勇团丁们手持大刀、长矛、木棒等兵器守在古寨高墙上，居高临下，易守难攻，具“一夫当关，万夫莫开”之势。

山寨内建有若干幢砖瓦房或木板房，设有议事厅、住房、厨房，还有储藏室，储备足够的粮食、干菜、油盐和柴草，以供避难或兵防时使用。较大的山寨内还开垦有菜地、旱地，供种植蔬菜、番薯、茶叶、水果。有些山寨还利用山寨里的优美环境办起私塾、书院，以免学子荒废学业，如平远县仁居鹅石寨上就办有“凤山书院”。也有些山寨内建有小寺庙，供人们烧香拜佛，祈祷平安。为抵御土匪和外敌的攻击抢掠，各山寨均集资打造了长矛、大刀、火炮，准备了檑木石块等器械，开辟练兵场、习武室，把青壮年组织起来，雇请武林高手，教习武术，日夜轮流巡逻放哨，随时准备打击来犯之敌，保护大家的生命财产安全。战乱平息或匪患过后，除少数人留守山寨管理，其余人全部离寨回村。一旦得悉兵祸、匪患消息，大家又带上粮食、日用品云集山寨躲避。

随着时间的推移，时代的进步，特别是冷兵器时代的结束，古山寨逐步失去原有功能。而且由于建筑年代久远，长年风雨剥蚀，无人修管，大多只剩断垣残壁，荒草萋萋，成为客家历史发展的一段记忆和见证。

由于山寨一般都建在峻峭的山岭上，风景秀美，所以一些保留较好的山寨，经人们修葺开发成旅游区，如平远的五指石兵寨和石龙寨、花苑寨、鹅石寨等，供人们观光旅游，凭吊昔日刀光剑影的古战场，让人们追思客家人南迁的艰辛历史。1993 年 9

月，广西电视台《天国梦》电视剧组，由广东省文化厅推介，慕名到平远县八尺镇高堂寨拍摄群众修筑和利用山寨防范外侵的情节，充分发挥和展现客家古老山寨厚重的历史文化积淀。

明清时代的碾布石

2013年2月，在平远县仁居镇木溪村建于明万历四十四年（1616）的妙备庵遗址，发现一块明清时代的碾布石，该石为凹形，用青色优质花岗岩打造，底部宽6厘来，平整光滑，上部两端距离93厘米，厚25厘米，重约200斤。

清嘉庆二十五年（1820）版《平远县志·生业》载："居民重本轻末，耕耘绩纺，昼夜操作……"就是说，该县居民重农轻商，每天以耕耘土地、纺纱织布维持生计。在明清两朝闭关锁国时代，山区人民艰苦创业，垦山造田种植粮食，解决食饭问题，种植棉花、苎麻，纺纱绩线，手工织造粗土白布、蚊帐布，同时建造染坊，利用项山盛产的薯莨、五倍子、板蓝根等植物为染料，把粗土白布染成黑布、蓝布，解决穿衣和日常用布问题，力求过好自给自足的生活。

在绩纺染织粗布的工序中，碾布是其中的重要一环。碾布的目的是将布匹的接口、线头碾结实，把浸染、上浆、晾干后发生皱褶的粗布、蚊帐布碾平，使布面平整、光滑。碾布的工具主要有三件，一块平滑大石板、卷布轴和一块凹形的碾布石，碾布时，将已染色、上浆的布匹卷在布轴上，形成布筒，把布简放置在平整光滑的大石板上，然后把凹形的碾布石抬上，压在布轴上。操作人的两脚分别踩在碾布石的两角，手扶住墙壁或专门设置的吊杆上，两脚左右轮流均匀地用劲，使布轴在碾布石和石板之间来回滚动，直至布匹结实、平整、光滑为止。

清朝末年，清政府实行洋务运动，引进国外纺织机械，学习西方纺织技术，发展民族纺织业，同时，随着通商口岸的开放，清政府允许洋商在中国经商和投资设厂，大量的机织布、洋布充斥市场，落后的手工纺织业逐步淘汰，曾经为手工绩纺染织发挥重大贡献的碾布石也随之退出历史舞台，其称谓、作用及操作方法已鲜为人知，大多被敲碎作建筑材料。经历了百年沧桑，为数稀罕的碾布石弥足珍贵。它既是研究客家手工纺织业的珍贵遗产，也是客家人艰苦创业的见证。

平远再现明清以前碾布石

继2013年政协平远县文史科在该县仁居镇木溪“妙备庵”遗址发现明清时期的碾布石，揭开明清以前平远山区的手工纺织史后（《梅州日报》于2014年1月15日报道），2015年11月，该县泗水镇大神坝再次发现一块较上次稍小的碾布石。

为什么在山高林密、过去交通非常困难的山沟里会保存有这些碾布石呢？笔者走访前辈，并查阅相关史志，从中寻找答案。原来，平远县历来山多田少，客家先民南迁至此，垦山造田，艰苦创业。为了解决温饱，先民们首先在有限的田地里种上粮食，以解决果腹问题。同时，用一部分田种棉纺纱，手工织布，解决衣着问题。但平远的北半县因气候、土质等问题，种植的棉花长势差、产量低，大家便想方设法种植苎麻，用苎麻绩线织布，代替棉花。另外，还上山采割野生葛藤，利用葛藤的纤维加工成葛麻，用葛麻绩线，织成葛布，俗称“夏布”。因而，全县的纺织业形成“南棉北麻”的格局。这一格局可以从沿用至今的地名中证实。如：南半县大柘镇的“棉二村”“棉坑里”，石正镇石正村的“棉地里”“棉羊村”，北半县八尺镇角坑村的“苎坑里”，上举镇畲脑村的“苎子窝”。2009 年版《平远县地名志》载：宋元时期，泗水镇上磜至文贵，一河两岸村民种苎麻纺织为生，故小河上游称“上苎”，中游（今大神坝）称“中苎”，下游（今文贵村）称“下苎”。以采葛绩纺为地名的有泗水镇文贵村的“葛窝里”、东石镇白岭的“葛藤窝”等，与纺织业有关的地名还有差干镇三达的“染布岗”、东石镇锡水的“染房下”等。不论棉织、苎麻织或葛藤织，织成粗布，再经上浆、晾干，最后都要经碾布石把布面碾结实，碾光滑严整，才算成品布。所以，当时各地都就地取材，选用优质石材打造碾布石。

随着清末清政府实行洋务运动，引进国外的纺织机械和纺织技术，发展民族工业，加上沿海各通商口岸的开放，大量的机织布、洋布占领了国内市场，落后的手工纺织业被冲击直至淘汰。在手工纺织业中发挥过巨大作用，确保手工织造的棉布、苎麻布和葛布质量过硬而立过功勋的碾布石，也随之被冷落，甚至被人遗忘。接着，大部分的碾布石又被人们敲碎作一般建筑材料。如今，这些为数稀罕有幸保存在山区的碾布石，成为研究客家手工纺织业兴衰的珍贵素材，更是客家祖先艰苦创业的重要见证。

明代摩崖石刻

古城东面有座海拔812米的小尖山，小尖山山麓环绕着贯穿粤东、赣南的古驿道（现仍保留梯子岗一段驿道，其余改建为公路），还有明朝万历年间知县李允懋兴建的东湖和程李二公祠（均已荒弃和拆毁）。小尖山奇峰耸拔，青翠妩媚，就像一支巨笔，直指穹苍；又像一尊美丽的女神，矗立在碧波荡漾东湖湖畔，所以，大家又把小尖山称为“东湖笔”。

在每年山花烂漫的季节，红的、紫的小杜鹃，白的百合花，还有建筑精致的亭阁，与湖水相辉映，分外壮美。登上小船，轻悠地拨动划桨，尽情地享受山清水秀的美景，其乐融融。登上东湖笔，极目远眺，远近的山峰千姿百态郁郁葱葱，古城就像嵌在稻海中的一颗宝石，耀眼夺目，大家将美景称为“东湖石濑”，并列为平远县城“附郭八景”之一。达官贵人、商贾士绅、文人墨客争相到此游览。2006年2月，有位村民到东湖笔巡山，在离山峰不远处两块对峙的大石上，发现明代摩崖石刻。右边大石刻有正楷体“须到”两字，每字长宽约40×50厘米，落款刻“李允懋书”4字；左边大石刻有“万历庚申昜月九日莆田李允懋勉叔、南海韩启运圣期、平湖王月□宾国卿、福清周文□兴汉□德、平远徐鹏翔鲲□化、曾鹏□若泰同到”49字。

据清嘉庆二十五年（1820）平远知县卢兆鳌主编的《平远县志》载：李允懋，字勉叔，号三浦，福建莆田人，明万历四十三年（1615）至天启元年（1621）任平远县知县。他尊崇南齐处士程旼之高风，在任期间公正廉明，关心百姓疾苦，整肃吏风，革除恶俗，重文教，兴旅游。明万历四十七年（1619），李允懋在县城之东小尖山下建程处士祠，又在祠下方造田蓄水，取名东湖，湖旁兴建小亭。李知县常在公余之时，带上几位风雅之士游东湖登尖山。吟诗作对，流连忘返。

依石刻所载：明万历庚申年（1620）农历九月初九，知县李允懋邀约教谕韩启运［广东南海人，明万历四十七年（1619）任平远县教谕］及徐鹏翔（平远人，岁贡生）等6人一同登小尖山游览，赞叹此处风景优美，并在石上题刻“须到”两字，意在强调必须到此一游。正楷体“须到”两字苍劲有力，虽经386年的风雨沧桑，除署名个别字由于风化剥落造成字迹不清或缺损外，大部分字体依然清晰可辨。据卢兆鳌主编《平远县志》和朱浩怀主编《平远县志续编资料》载：李允懋在东湖附近山上还刻有“百粤高人”和“梯云岭”等石刻，但未有发现，可能是20世纪30年代修筑公路时所毁。

东湖笔的明代摩崖石刻是平远县迄今为止发现石刻中年代最久远的石刻，是珍贵的历史文物。虽然东湖湮没，程李二公祠无存，但东湖笔生态胜景依然斑斓，我们要保护和利用明代石刻，恢复和开发生态旅游，供人们游览和欣赏。

古驿道　衢路　茶亭

从古代到公路开通发展前，人们出门靠步行，货物买卖靠肩挑马驮，只有达官贵人和乡绅或出嫁的新娘才能雇轿夫抬代步的年代，仁居古镇都是粤东地区通往京城和北方各省的咽喉。潮州、嘉应各州县要向朝廷呈报奏章、传报信息，朝廷要下达圣旨，都要靠穿越仁居古镇的驿道。特别是明嘉靖四十一年（1562）平远置县、县治设在仁居后，历任知县不断完善和修筑驿道、驿站。清嘉庆二十五年（1820）知县卢兆鳌总编的《平远县志》就有记载："三段岭，岭背处稍见平衍，行人多息肩有其处，县令王化即其地创三元观，前为接官亭，后设邮铺十数所，置传焉（注：即驿站），又令肄者鬻饮食，以便行路。"由此可见，当时官府多么重视驿道、驿站建设，直至驿站人员的生活，也说明仁居古镇所处地理位置的重要。

驿道也自然地成为行人的衢路，运输货物的商道。明清时期，平远稀少的人口仅靠落后的传统农业和作坊式手工业，全县的年财政税收难于维持官府的日常开支。经呈报朝廷，清乾隆十三年（1748），朝廷准许平远埠引进的盐销往江西赣州之长宁、会昌、瑞金、石城、雩都、兴国、宁都7州县，以增加平远的财税收入。为此，潮汕的食盐、海味与江西的大米、黄豆相互交流，形成俗话说的盐上米下的局势。从潮汕经韩江水路航运至梅县、蕉岭新铺、福建武平的下坝及本县坝头的食盐、海味，转由肩挑、马驮经驿道发运至赣南各地。而赣南各地的大米、黄豆则肩挑至上述各埠转运下潮梅各县。每天，成群结队的挑夫、马帮络绎不绝地往返于闽、粤、赣古道上。古道的喧闹、繁忙，促进了仁居古镇的商业、客栈、餐饮各业的兴旺和经济的发展，仁居古镇成为于闽、粤、赣三省边界的集市贸易、文化交流的中心。

历代官府除了修筑驿道外，还教化百姓施桥修路，经过世代祖先的努力，逐步形成贯通各乡村、墟场和居民点的衢路交通网络。县志资料载："驿道、衢路，均为可容两人并肩之行人道，路面多砌以石块或鹅卵石。每隔数里或数十里，建有坚固之茶亭，以供行人憩息、避风雨，复有善心男女捐出田产，以其生息，为茶亭内煮茶待客之需。河流阻隔之处，必有木桥或石拱桥或渡船，所有道路、桥梁、渡船，皆附近居民本传统之慈善观念出钱出力。历若干年代之修建维护。故茶亭内、路旁、渡头多勒碑记其事，并列出出力出钱者芳名，请名人作序。"

随着驿道、衢路的修筑兴建，其配套的茶亭亦随之兴建。百姓视建茶亭为行善积德之善举，纷纷捐资出力，选址兴建茶亭，并冠以美称，如集善亭、甘露亭、五福亭、望梅亭、三通亭、暂息亭等。一般茶亭内有人施茶水，还有不少茶亭有老人设摊摆卖，贩卖茶烟、酒水、糕点、仙人粄等。行人、挑夫歇脚憩息于茶亭，还把留言、山歌、打油诗等用火炭涂写于茶亭墙壁。

如旧时望梅亭的挑夫写的山歌：

日日挑担上江西，几多辛苦么人知。

上岃就像牛拖扼，下岗好比蹬干虲（干虲：臭虫）。

在佛子高茶亭内也写有一首山歌：

上岃唔得来嬲肩，茶亭门口望青山。

还爱十里正到得，捡倒脚钱过年关。

这些山歌是劳动人民的生活写照，生动又贴切，反映了挑担人的辛苦和无奈。

行人中，也不乏达官贵人和文人墨客，这些人歇脚于茶亭，看看秀丽的风光山色，往往诗兴油然而生，情不自禁地题诗作对。如明朝福建省总兵俞大猷在上远来薰亭（又称来甘亭）歇脚时，诗兴大发，题诗二首，其一为《来薰亭初成》：

亭构苍松下，薜萝锁翠深。
远山青挹秀，小径绿摇阴。
明月来高署，薰风入古琴。
官闲真吏稳，把酒一高吟。

还有邑人署南雄、始兴县教谕林如勋登梯云岭时亦题《绝蹬云梯》诗一首：

蹑屐登临兴转幽，松声泉籁雨飕飕。
到头竟欲凌霄去，记得梯云二字不？

茶亭成为劳动人民的留言处，成为人们宣泄感情、描绘情景的诗歌栏，经久不衰，被人们美称为茶亭文化。

当今，公路建设方兴未艾，交通四通八达，古驿道、鬫路逐步被改造，取代的是平坦的水泥公路，茶亭大多也被拆毁，剩下的也已被人们遗忘。但只要看看那被荒草淹没的一块块被昔日脚掌、马蹄磨蚀得既光滑又凹陷的石板，那孤单凄凉的破茶亭，还有那古老的客栈、商铺、石板街，眼前就会展现当年盐上米下、人来马往的繁忙景象，就会令人回顾起当年祖先们汗流浃背艰苦谋生、艰苦创业的情景。

聚族而居的宗祠文化

古城人和所有的客家人一样，崇尚聚族而居，同宗同族聚居一地，形成宗族。每个宗族建有一个或多个祠堂，祠堂内奉祀着历代祖先的神位，供族人岁时祭祀，以怀报祖德，敦亲睦族，慎终追远。族人在族规族法的规范内，从事经济、文化及伦理思想教育等活动，传承祖德，发扬光大。老城城乡遍布各姓祠堂，是客家宗祠文化的表现。

每个姓氏的祠堂都象征着这个姓氏的祖先，象征着宗族的组织。宗族首领（辈分较高、年岁较长，在族中有威望的父兄）在祠堂组织族人举行祭祖和集会活动，商讨和决议族中重大事情，遵循儒家忠、孝、仁、义、礼、智、信的伦理道德，制定本族的族规族法，规范族人的行为。宗族首领负有依据伦理道德敬老慈幼、调处纠纷、兴办福利文教事业、为宗族济贫解困之责。族中如有为非作歹、恃强欺弱或违背伦理道德伤风败俗者，将依族规族法严酷惩治，有时比国法还严厉，所以，祠堂又是宗族首领代表祖先执行族权、族法的场所。

祠堂有祠田祠产，又称为尝田尝产，各姓祖尝多寡不一，其收益由宗族首领掌管，除用于宗祠、祖墓春秋两祭或一年、三年一祭开支外，各姓均崇文重教，设立奖学金鼓励学子读书。明清时期，凡入学、中举、中进士者均可得定额之奖学金。民国以后，改为考取中学、高中、大学读书之奖学金。一些宗族在每年冬至或春节前夕，按族中人丁数和其他结构情况，宰杀一定数量的生猪，然后按身份结构分配猪肉，60 岁以上老人分给老人肉，在校学生分给功名肉，每个男丁分给丁子肉，以示尊老及奖励族中子弟努力读书，鼓励多生育男丁繁荣家族。族人凡疾病等天灾人祸造成贫困者，可从尝田尝产收益中得到救济或贷借。此外，尝田尝产收益还用于祖祠祖墓修缮、兴办学校、修桥筑路等公益开支。

祠堂建筑一般为传统的二堂二横，较大型的为三堂二横，有的还加围龙，横屋、围龙为族人居住。祠堂的大门上方挂有“×氏宗祠”的匾额或石刻，左右张贴姓氏门联，悬挂郡望大红灯笼，讲究的祠堂大门前还置有石狮或石鼓。上堂正中为神龛，神龛内安放祖先的神牌，神龛上端挂姓氏堂号匾额，两侧供族人新添丁者张贴告祖名单。厅堂左右的楹柱上张贴一两副堂联。祠堂门联的内容是陈述本家族郡望及历史上本姓显赫人物的丰功伟绩。祠堂内的堂联的内容主要是铺陈本家族血脉源流及迁徙过程，寻根溯源，连带赞颂先祖的光辉业绩，数典纪祖，它是祠门联的阐释、扩展和接续。祠门联和堂联是宗祠文化的产物，其文化内涵极为丰富。堂联是与堂号密切相关的家族文化的一种反映，从堂联、堂号中可以知道这个姓氏的历史渊源，家族历史名人及其丰功伟绩，既炫耀门庭又缅怀祖德。

明清时期，族中子弟凡取得贡生以上功名者，还在祠堂前竖立木质或石质的楣杆，以光宗耀祖。

综上所述，祠堂是宗祠文化的核心，它包含宗族生活、宗族组织、宗族法规、宗族经济、宗族伦理思想、宗族民俗及宗族文化教育等方面。

古城仁居是全县的政治、经济、文化、商贸中心，所以，各姓除在乡村聚居地建有祠堂外，大多在古城建有祠堂，供族人祭祀祖宗，亦作驻城办事处，设有住房，可供进城办事、经商及学子临时住宿。古城各姓祠堂计有杨家祠（南门岗大坪脚下）、黄家祠（南门岗）、刘家祠（下沙坝前）、涂家祠（刘家祠左侧）、陈家祠（南门城头背）、吴家祠（长兴街）、卓家祠（乌石岗今肉菜市场背）、温家祠（乌石岗今肉菜市场背）、王家祠（东阁)、曾家祠（仁居中学背及后山岗)、韩家祠（后山岗)、万五韩公祠（官塘唇)、李家祠（后山岗)、谢家祠（官塘唇)、黎家祠（长安街)、严家祠（西门街)、林家祠（仁里街)、张家祠（林家祠背)、萧家祠（官塘唇)、余家祠（乌石岗街)、徐家祠（乌石岗下)、冯氏祖堂（城南店背岗)，还有建在西门街原市场口的 14 姓（严、袁、全、邹、葛、薛、游、古、万、徐、李、黎、朱、周）祖祠。

晚清和民国时期，建在古城的一些祠堂被用来办学校，也有些被用来兴办公共福利事业。如清宣统三年（1911)，平远县电报局成立，局址设在张家祠。民国十九年（1930)，红四军来平远组织农民运动，成立苏维埃政府，平远县革命委员会、赤卫大队部都设在林家祠。民国二十八年（1939）三月，平远县国民政府在刘家祠创立附城女子小学校；同年，在陈家祠设立平远县医院。民国二十四年（1935）成立平远县救济院，租用吴家祠为院址。民国三十七年（1948）平远县国民政府教育科在刘家祠设立县幼儿园。

新中国成立初，百废待兴，人民政府利用各姓祠堂为址设立机关，兴办公益事业。在谢家祠设立平远县公安局，刘家祠设立粮食局，李家祠为县粮食仓库。在陈家祠设立平远县供销社办公室，先后在吴家祠、杨家祠设立中医联诊所和卫生院，卓家祠设立中药材收购部。一些联宗兴建的祠堂被定为公产，分给了无房户居住，陈家祠和吴家祠被拆建和改建，刘家祠和 14 姓祖祠被拆毁。中共十一届三中全会召开后，祠堂又恢复了祭祀活动。

省府机关迁古城

据原广州黄埔区政协委员、时任平远县长的秦庆钧先生回忆：

抗日战争爆发后，国民党军队节节败退。1938 年 10 月 21 日，广州弃守，广东省政府退缩于连县、曲江。1945 年 1 月 23 日，曲江沦陷，幸好省政府及所属已于 1 月 20 日全部迁至龙川。闲散人员及家属直接过来平远。日寇步步逼近，不久，龙川亦告紧张。1945 年 5 月，省政府所属全部人员均迁至平远，平远遂成为广东省临时省会。

为解决办公场地和住地，县乡政府动员民众尽量腾挪出空闲及存贮杂物的房屋出租给疏散来平者。省政府及各厅处在大柘姚德胜故居芝兰书室办公，省府主席李汉魂驻平远中学图书馆，其他各机关及人员则散处坝头、东石等地。中央银行、中国银行、交通银行、农民银行及实业公司等经济财贸单位则迁至县城仁居，还有省高等法院、检察处以及部分学校和政府职员、家属亦散居于附城各地（高等法院在井下陈大兴堂，院长史廷程驻该地；广东省检察处驻县府；省抚恤处驻井下丘怡兴屋；省银行设在青云桥头，副行长曾晓峰驻该地。中央银行、中国银行、交通银行、农民银行分驻卓、林、谢等家祠，中央金库设于青云桥银行地下室）。

省临时省会迁进古城，使寂寞山城顿时热闹起来，馄饨馆、面包店、餐饮业林立，岗坊村梋树下办起露天茶座，轿车首次在山城亮相，促进了小城的商业、服务、交通各业发展，山城畸形繁荣了一阵。1945 年 8 月 14 日，日本天皇无条件投降后，1945 年 9 月底，省政府所属机关及全部人员陆续搬迁回广州，历时 5 月有余。

广东金库曾在平远古城

在平远老县城仁居镇的东门河畔，明代“青云”古桥旁，有一幢中西合璧式的三层楼房。它就是抗日战争时期，广东省中央银行、中国银行、交通银行、农民银行及韶关分行的金库旧址，2010 年被列为广东省文物保护单位。

为什么当时多家银行金库会搬迁到这座粤、闽、赣三省边陲崇山峻岭之中的偏僻小山城呢？这里有一段可悲的历史。

据当时任平远县县长秦庆钧写的《抗日战争最后阶段广东省政府迁到平远的史料》（《平远文史》第二辑，1987）一文和有关资料记载：1938 年，侵华日寇猖狂进犯，大片国土沦陷。是年 10 月 12 日，日寇在广东大亚湾登陆，随即其机械化部队向广州逼近。广东省国民政府仓皇撤退至连县，有保安司令部亦退驻于曲江、韶关，省会广州弃守。10 月 21 日广州沦陷。1937 年 1 月，李汉魂就任广东省政府主席后，认为连县交通不便，施政困难，遂于 2 月迁至曲江之黄冈办公。

1939 年 6 月，日寇又从汕头登陆，攻占汕头，潮揭各县亦被占领，大批难民涌向梅州、赣南躲避战乱。1944 年 5 月，入侵湘北的日寇向湘南推进，国民党军队则节节败退，8 月湘南衡阳沦陷。日寇循粤汉铁路南进，企图打通全线。在这严峻形势下，播迁于曲江的省府机关不得不又东迁至龙川，其所属机关人员则分别陆续迁往和平、犁咀、平远等地。

1944 年 12 月，曲江沦陷，潮汕之日寇亦开始北犯，及于物丰顺县之汤坑，龙川亦受威胁。期间，李汉魂两次到平远视察，决定把省府东迁至平远。因为平远地处粤、闽、赣三省边陲，群山迭峰，在战略上可攻可守，万一顶不住，还可以退往赣南或福建武夷山。至 1945 年 5 月 5 日，省府所属机关全部搬迁至平远，寂寞的山城顿时熙来攘往，畸形繁荣起来。

省府机关分散安排在平远的大柘、坝头、东石等乡村。省高等法院、检察院、抚恤处及政府职员家属安置在县城仁居。同时，省中央、中国、交通、农民四大银行，韶关分行及实业公司等经贸单位，亦安置在县城仁居。由于多家金融单位在仁居，故特征用仁居东门街一幢叫“芹楼”的楼房作临时金库。“芹楼”是邑人黎子芹于民国二十五年（1936）兴建的民宅。经改造，改建地下贮金室（至今保存完好），地下贮金室面积约五六十平方米。钢筋混凝土的墙体厚度为 0.7 米，分内外两层，内层为钢筋混凝土，中间夹沙，外层由实心砖块打造。35 厘米厚的保险铁门，安装两个形状奇特，带有护苫的保险锁。将广州辗转运来的金条、银圆、美钞、港币等储藏于地下贮金室。金库坚固的墙体，固若金汤的地下贮金室，加上荷枪实弹的重兵把守，可谓万无一失。一直至 1945 年 8 月 14 日日本无条件投降。抗日战争胜利后，从当年 9 月底开始，省府机关人员、物资及金银钞票等才陆续迁运广州。从 1945 年 5 月至 9 月底，平远为战时临时省会共计时间5个月。

新中国成立后，人民政府在金库大楼设立中国人民银行平远支行仁居营业所至1998年。金库大楼成为抗日战争后期平远曾为广东省临时省会的见证。2002年，该楼由平远旅游局购得，修整为金库博物馆，供人们参观和追思，让人们记住抗日战争时期政局飘摇、社会动荡、民众流离失所那段悲惨历史。

县政府钟楼：平远古城地标建筑

平远县仁居镇是平远老县城，自明嘉靖四十一年（1562）至1952年，历时390年为平远县治所在地。老城区多为明清时代建筑，房屋低矮，街道狭窄，直至民国时期，虽然多次对城区进行改道扩建，但格局和建筑风格依旧，所有的店铺还是砖木结构的两层骑楼式瓦房。

民国三十四年（1945），时任平远县县长的丘学训筹措资金，雇请潮联建筑公司，将县政府的仪门改建为三层标准钟楼，钟楼以建筑风格独特、气势雄伟而成为县城的地标建筑。

平远县政府钟楼，底层左右分别为传达室、收发室；二楼为值班室；三楼置放一大时钟；顶端竖旗杆。大门呈半圆拱门，门楣正中书写“平远县政府”，右边小字为“中华民国三十四年五月”，左边落款“县长丘学训”。每天早晨，县政府所属全体人员集中钟楼前广场，举行升旗仪式。钟楼大门左右有警察值班站岗。

当时钟表还不普及，对普通百姓来说，时钟是奢侈品，只有机关、学校及富绅们才能购买价格昂贵的钟表。自从县政府建了钟楼，城区市民仰首、耳闻便可知道几时几分，方便极了。为了让更多百姓享受这样的方便，当政者还指定值班人员负责鸣炮告时，即每天上午 12 时，在钟楼前广场准时连放三响铁镦炮，每隔 1 分钟放一炮，这雷鸣般的响声，数里外都可以听到，大家听到三声连响的炮声就知道是上午 12 点了。田间野外劳作的人便着手收工回家。建钟楼，鸣炮告时的举措，百姓连连称善。

此举延续至平远解放而终止。接着，县治南迁，钟楼被拆，鸣炮告时成为人们的记忆。2013 年，政协平远县文史资料编委会与中共平远县委老干部局共同征集老照片，编印出版《平远老照片》时，征集到当年平远照相馆沈步云师傅于 1948 年 4 月拍下的“平远县政府”钟楼照片，又唤起人们对往事的遐想。

楣杆：客家人崇文重教的文化现象

在客家乡村的一些祠堂老屋门坪一侧，矗立着直指苍穹、威武庄重的石楣杆，或楣杆倒塌后剩下的一对对石夹，它们向人们暗示科举取士时代考中功名、光宗耀祖的热闹场景，它们是当年激励和彰显学子勤奋读文、参加科举考试考取功名的见证物，也是客家人崇文重教的一种文化现象。

在科举取士时代，为了表彰科举考试获得功名者，凡考中进士的，除了在祠堂大门或厅堂高悬“进士”匾额，还在祠堂或祖屋门口竖立楣杆，既表彰考取功名者，又炫耀宗族的门楣。后来，取得贡生以上功名者，甚至连例贡生（捐贡），也被朝廷恩准竖立桅杆。

桅杆有木桅、石桅两种。木桅就是竖立两块 2 米多高的长方形扁石条作石夹，石夹上下分别凿有菱形石孔，作连接闩榫固定桅杆之用。石夹两侧分别刻上某年某月吉旦，何等功名某人立。石夹中间竖一条石夹以下方、石夹以上圆、8 米以上长笔直挺大杉木为桅杆。制作桅杆的大杉木，选定专用福祥地的杉木。木桅经长年风雨剥蚀，容易腐烂倒塌，经官府核准后可更换。

至现代保存完好的桅杆全为石桅杆。石桅杆用优质花岗岩精心打造，工艺独特、精湛。座基与木桅座基一样，用两块长方形扁石条为石夹，分别凿菱形石孔，用两支石闩榫固定中间的石桅杆，石夹两侧同样分别刻上某年某月吉旦，何等功名某人立。中间桅杆石总高度为 12~18 米，一般分 4 段，段与段之间用漏斗形石匣嵌接，石匣四周分别刻“文、星、高、照”4 字，桅杆石石夹以下为正四方体；石夹以上为圆柱体，由下而上由大至小。底段圆柱通身有“黄龙缠柱”“鲤跳龙门”等各式浮雕，惟妙惟肖，栩栩如生。

一个宗族、家族考取功名的人越多，祠堂祖屋门口竖立的桅杆也就越多。桅杆是一个家族的族表，它既彰显家族的荣誉，又激励学子刻苦努力，在科举考试中摘取更多更高的功名。参加科举考试夺取功名，成为广大学子毕生追求的理想目标。

平远县仁居镇南龙中坪村的石桅杆，竖于清咸丰八年（1858），桅高 15 米，分 4 段，第一段通身浮雕，一条黄龙自上而下缠绕桅杆。还雕有一只奋勇向上的蟾蜍，形态逼真。石夹两侧分别刻“大清咸丰八年戊午仲冬吉旦”“旨奉恩拔贡元韩辉忠立”。

客家人助学奖学的公尝儒资

客家人崇文重教，民国以前，每年各姓族都会从公尝中划拨儒资，资助困难学子入学，奖励品学兼优的学子，激励族人送子弟读书，读好书，光宗耀祖。

客家先民从中原辗转迁徙，在荒芜山区披荆斩棘，垦山垒田，艰苦创业。为了事业后继有人，并能世代繁衍传承，到了年老给儿孙们分田地财产时，都留下一份田地、山林、财产，作为公田、公山、公产。嘱咐儿孙们，这些公有田地财产不准卖，只准租，代代相沿成习，逐步积累成具有一定经济实力的公有尝产，这就是公尝的由来。

每姓的公尝都推选专人管理，对收支、用途、借贷等方面都制定有管理章程。公尝的收入主要用于春秋两季祭祀历代祖先；修缮祠堂、祖屋、祖坟；修建桥、路、茶亭、水利等公益事业。此外，遇灾年粮食歉收或荒月、重大疾病等困难的族人，可以从公尝中低息借贷。

为鼓励和资助族中学子读好书，参加科举考试，考取功名，多出人才，光耀门庭，各姓都会从公尝中划拨一部分资金作为儒资。儒资的用途：一是购买或兴建屋舍作私塾、学校，聘请老师教育本族学子读书；二是每年春节前杀猪祭祖时，每位读书的学子均可以分得一二斤的“功名肉”，予以鼓励；三是凡考中秀才以上功名的，可享受公尝支付不等的“儒资谷”。同时，儒资中列支在祠堂设宴庆贺；有条件竖楣杆、挂匾额的，资助其竖楣杆、挂匾额。民国时期，由公尝儒资中全额或半额支付学费，资助族中学子读高中、大学，直至毕业的也屡见不鲜。对成绩优秀、考上重点高中、名牌大学的学子，公尝也会给予奖励。

新中国成立后，随着土地、山林公有化，各姓公尝也随之解体。公尝划拨儒资，资助、奖励学子读书的举措，是客家人崇文重教的具体表现，也是客家人耕读传家的优良传统的体现。

庙堂古今

明伦堂

历代封建统治者都以儒家的伦常、伦理来教化儒生、官宦和百姓。故凡县治所在地均建有“明伦堂”，一般设在“教谕署”附近，是宣传儒家学说、伦常、伦理的场所。史书载：每月朔（初一）、望（十五），知县和教谕都要在“明伦堂”对僚属和儒生诲之诗书礼仪、伦理道德。又据清知县卢兆鳌编《平远县志》载：“每岁正月望、十月朔，长官为主延宾至‘明伦堂’，举行乡饮酒礼，遴访各乡里年高有德之人为乡饮大宾，至‘明伦堂’参加乡饮酒礼，经费的县库支拨。”由此可见，“明伦堂”与近代之“礼堂”作用等同。

古城“明伦堂”建在孔庙左（今仁居中学内），始建时间无记载，清顺治十六年（1659）由知县葛笃彝、署教谕吴鸿磐重建，嘉庆六年（1801）恩贡丘廷芳倡修。

“明伦堂”坐北朝南，木石结构，绿瓦红墙，假两层仿宫殿式营建。堂前正面斗拱棚檐的门梢上，悬挂“明伦堂”匾额。正堂斗拱天棚中央画文王八卦图。整座建筑雕梁画栋，油门漆柱，厅堂雅致、肃穆庄严。堂前石阶下，通道直达儒学门。与通道相平行的左右走廊红墙上，书写有每字高 2 米、宽 1.4 米的“忠、孝、廉、节”4 个黑色大字，高度概括儒家学说的精华，以示众人。为严肃儒家学规，乾隆四十六年（1781）在明伦堂大门内，还立有儒学规条的石碑。

为使众儒生和百姓学有榜样，在明伦堂的后座设立“崇圣祠”。祠内祀肇圣王木金父、俗圣王祈父、治圣王防叔、昌圣王伯夏、启圣王梁纥。东西两侧配飨先贤：颜无繇、孔鲤（东位西向）和曾点、孟孔氏（西位东向），以及从祀先儒等。

民国十五年（1926），中国国民党平远县党部正式成立，党部设于明伦堂。民国二十五年（1936），县党部奉令创办《平远公报》（1945 年改名《平远民报》），报社社址附设明伦堂。新中国成立后，曾改建为县粮食局粮仓。1976 年，改办公社木器厂，现已被拆毁，改建为仁居中学校舍。

孔　庙

我国历代均崇儒重教，尊崇孔子为“至圣先师”。凡县城都建有孔庙，学子入学时，要先拜孔子，后拜先生。

平远的孔庙建于明嘉靖四十二年（1563），由知县王化始建，清初遭兵焚毁。清顺治十二年（1655），知县赵复昌重建。

平远孔庙位于古城仁居新东门内（现仁居中学田家炳教学大

楼址），坐北向南，石木结构，红墙黄瓦，画栋雕梁，油门漆柱，宫殿式造型，甚为雄伟壮观。

孔庙正殿为大成殿，假楼阁。楼阁正南向，檐下悬挂“大成殿”金字匾额一块，华丽庄严。正殿内设孔子神龛，置“至圣先师孔子之神位”牌。龛前放有大理石鼎炉一座。殿内左右两侧分设复圣颜子、述圣子思子（居左）、宗圣曾子、亚圣孟子（居右）4座神龛，立牌供祀。殿顶中央是雕龙画凤菠萝式天花顶，以4支石脚木圆柱支撑。天花顶正中是文王八卦图。正殿东西南北分别高悬皇帝御书匾额各一块，北面悬挂的是康熙二十三年甲子岁（1684）御书“万世师表”匾额，南面悬挂的是嘉庆四年己未岁（1799）御书“圣集大成”匾额，东面悬挂的是雍正四年丙午岁（1726）御书“生民未有”匾额，西面悬挂的是乾隆三年戊午岁（1738）御书“与天地参”匾额。大成殿正门设5副双扇穿花屏风，屏风前广场为祀坛，中间置大理石青炉一座，周围竖石栏杆，祀坛止卜方斜立石刻“九龙盘”丹墀。

大成殿左右两道卷门顶上，悬挂“东序”“两序”木牌各一块。“东序”置有：闵子损、冉子雍、端木子赐、仲子由、卜子商、有子若6位先贤牌位。“西序”置有：冉子耕、宰子予、冉子术、言子偃、颛孙子师、朱子熹6位先贤牌位。

东序下端为“东庑”，里面设有39位先贤和23位先儒牌位。“西序”下端为“西庑”，里面设有38位先贤和23位先儒牌位。

大成殿迎面为“戟门”。门之左是“名宦祠”，供建县以来有显著政绩的8位名宦牌位。门之右是“乡贤祠”，供县内8位著名的儒人处士牌位。“戟门”前有一半月形“泮池”，中有石拱

“状元桥”一座，池周围竖华丽的石栏杆。

“泮池”前是“棂星门”，竖 4 支大石方柱，连结状似牌场，雄伟巍峨。下边是广场，迎面是照墙。广场左右各有一石门，名为“礼门”“义路”。

明清时期，每逢考期，在孔庙设考棚，号内学子前来应试。民国时期，为中学堂附属校舍。20 世纪 60 年代后，改为仁居中学教室及学生宿舍。据史载：1929 年 11 月 13 日至 15 日，朱德率红四军到平远时，宿于孔庙文昌阁。1930 年 5 月 14 日至 31 日，林彪、彭祜、谢唯俊率红四军到平远组织农运时，政治部设在中学堂，政治部主任谢唯俊亦宿于孔庙。

20 世纪六七十年代，历时 400 多年沧桑的孔庙被毁，现仅存“泮池”和“状元桥”，供人追忆孔庙遗风。1998 年，由大埔乡贤田家炳捐助，在孔庙遗址上兴建起一座田家炳教学大楼。

城隍庙

传说，城隍是惩恶扬善，为善者增岁、恶者折寿，保一方平安之神灵。故历代凡县治以上的城市，均建有城隍庙，供奉城隍爷，四时祭祀。

平远城隍庙位于古城衙署背的后山岗，坐北朝南，平房建筑，土木结构，朱门漆柱，金碧辉煌。庙始建于嘉靖四十二年（1563），由首任知县王化创建。后经历代知县乡绅多次修葺扩建，增设神位，成为古城民众求神祈福、举办大型祭祀活动的中心。

城隍庙门口为广场，左右照壁设东西辕门，正面建有戏台，凡节日及大型祭祀活动时，均在戏台演木偶戏。

庙门正顶悬挂“城隍庙”直牌匾一块。门内一通道直通大殿，通道东西走廊安放“六曹”泥塑神像，左门角有泥塑马一匹及牵马哥像一尊，栩栩如生。正中大殿，4 根大红漆柱支着斗拱式天花顶，飞檐高耸，气势森严。一尊高 4 米多的城隍爷塑像，头戴官帽，身披绣花红袍，足蹬黑色大靴，目光炯炯，坐于中央。左边站着手拿大笔、算盘的把笔判官，右边站着手持绳索、镣铐的日、夜游神 4 尊泥塑像，整个大殿威武逼人。

殿门顶悬挂“自问心”横匾一块，左右楹柱有一副长联。

上联：问汝生平，所干何事：劫人财，坑人命，争夺人田地，奸淫人妇女，是不是？睁睁眼睛，看世上多少恶焰凶烽，曾饶过那个；

下联：来我这里，有冤必报：倾尔家，荡尔产，灭绝尔子孙，短折尔寿算，怕不怕？摸摸心头，想从前那些诡计阴谋，还用得着么？

传说此联是江西兴国县进士李祖光所撰。对联以城隍爷的口气告诫人们，要行善积德，切莫作恶害人，否则将受神的严惩。据说，凡做过亏心事的人，特别是为非作歹者，在威武森严的城隍爷面前，看到这副对联，都会不寒而栗。

殿前置大鼎炉一尊。大殿后为寝殿，安放城隍爷、城隍娘木雕像各一尊。每当大型祭祀活动时，都会用特制的木轿将城隍爷木雕像抬出巡游。大殿之左庑殿供放文天祥、陆秀夫、张世杰 3 位相公木雕坐像，大殿之右庑殿供放十八罗汉、二十四诸天佛像。寝殿右侧设佛堂和僧房，住庙祝、和尚。

城隍庙毁于20世纪50年代初，一部分基址被群众改建民房。近年，善男信女在大殿基址复建庙堂，设城隍爷位，烧香祈祷。

关帝庙

历代封建统治者均极力推崇三国时期的关羽。关羽在世时，汉献帝就封他为“汉寿亭侯”。从关羽死后700多年的宋朝开始，对他屡加封赠。明朝万历二十四年，皇帝追封关羽为“护国大帝”，把他誉为武的“夫子”（武圣），与文的孔夫子（文圣）并称，在全国各地立庙奉祀。

老城的关帝庙在东门青云桥头，乌石岗街口。庙于明朝万历九年（1581）由知县滕表章建，清朝康熙六年（1667）知县刘骏名修葺，清朝嘉庆十七年（1812）署平镇营都司王重建。

关帝庙坐东朝西，木石结构，青瓦红墙，飞檐斗拱，铺砖石檐，油门漆柱，宽敞明亮。分前堂、大殿、后殿三大主体。大门门楣正中，高悬“关帝庙”直匾额，拾石级而上，进大门入前堂，前堂为香房、客厅和庙祝住处。越屏风、过天井便是气势轩伟的大殿，两边朱红的楹柱上书写一副高度赞赏和推崇关羽的对联。

精忠冲日月

义气贯乾坤

大殿中央端坐着4米多高的关羽彩色泥塑像，身披绿色锦绣大袍，足蹬乌油大靴，朱颜赭面，凤眼蚕眉，一部美须飘散胸前，神采奕奕。左边站着的手托大印的彩塑是关羽的义子关平；右边站着的彩塑是浓眉大眼、满脸胡须、头戴军斗笠、手持青龙偃月刀的周仓。坐像前正中置放一大香鼎及烛台，整座大殿森严肃穆。

清雍正三年（1725），时任平远知县的陆祖望奉文封关帝三代，立光昭公、裕昌公、成忠公，并祀庙内后殿。民国三十二年（1943）秦庆钧任县长时，将东石东岳宫内的岳飞木雕像移至庙内合祀。

兴建关帝庙时，在前堂左侧，原塑有关帝的坐骑——赤兔马，它满身朱赤，两眼炯炯有神，四腿跃跃欲试，栩栩如生。关于这匹马塑有一段传奇故事：相传一年冬天，久旱不雨，老城附近草木干枯，很少青草绿叶。而在东石的田野却长着一片片绿油油的麦苗，但不知是谁家的牲畜总是在夜里出来啃吃麦苗，村民们看着自己辛勤浇灌的麦苗被糟蹋都非常心疼。为了找个究竟，好跟畜主理论索赔，一天夜里，村民李老汉和儿子耐心地隐蔽守护麦田。午夜时分，只见一匹高头大马来到麦田，大口大口啃着鲜嫩的麦苗。李老汉叫儿子不要吭声，看它吃饱后回谁家。不久，这匹马啃光了一大片麦苗，马肚子也撑得鼓鼓的，一转身优哉游哉地上了三段岃、过了畲脑村，李老汉父子紧追不舍，一直跟到县城青云桥头的关帝庙面前，一眨眼，大马就不知去向。父子俩到处寻找直到天亮。这时，关帝庙的庙祝开庙门了，他们向庙祝说明缘由，并走进庙里想祈求关帝爷保佑，回头一看父子都大吃一惊，啃麦苗的就是这头塑马。李老汉大胆地往大马身上一摸，浑身还被汗水湿透了呢。但它却是一匹泥塑的马，怎么能跑到东石去吃麦苗？大家都觉得非常奇怪。父子俩燃香点烛，打躬作揖，在关帝爷跟前虔诚祈祷，说明原委，祈求关帝爷明察秋毫，如果是赤兔马所为，就请关帝爷多加管束，不要让它糟蹋百姓的庄稼……说着说着，只听到“哔咔哔咔”马塑在爆裂，泥块一块一块往地下剥落，在场的人都惊诧莫名，父子俩更是诚惶诚恐，连连叩头告饶。庙祝说，这是关帝爷闻过则改，在鞭挞惩罚自己心爱的坐骑。传说，后来关帝爷还托梦给庙祝，把塑马砸了，以后再也没有重塑。1950 年初，笔者和几个小伙伴去关帝庙玩，还看到过墙壁上的马塑遗痕。这一故事的流传，更增添了关帝爷的神秘色彩，人们更加尊崇关帝，庙里的香火更加旺盛。

新中国成立后，关帝庙内神像废，装修为仁居卫生院。20 世纪 80 年代，卫生院迁至原子青女子学校校址，关帝庙的大、后殿被拆建为卫生院职工宿舍，仅保留待修的大门和前堂。

客家地区的关帝文化

在客家地区，人们崇拜关帝，敬仰关帝的忠勇信义精神。各州、府、县城所在地甚至乡村都为关帝建祠立庙，不少人还在厅堂、店铺设置关帝神位，对关帝焚香点独，顶礼膜拜。每逢过年过节更是隆重，大家配备牲醴果品、香烛衣纸，到关帝祠（庙）虔诚祭祀。每年“祭江”“打醮”等庙会活动时，还用神轿把关帝老爷的神像请出来，大家高擎彩旗，敲锣打鼓，燃放鞭炮，抬着关帝到各街道、乡村巡游，祈求关帝老爷保佑。

关帝，即关圣大帝，又称关圣帝君，俗称关公。真名叫关羽，字云长。《三国演义》书中描述，他和刘备、张飞三人是结拜兄弟。他独特的性格和传奇色彩的人生，备受民间百姓的敬仰与崇拜，也屡受历代封建统治者的嘉许褒扬。自宋朝以来，关羽被历代皇帝屡加封赠的谥号共有 10 多个。由“显烈王”“崇惠公”“武安王”“壮缪义勇王”，直至“护国大帝”。至清代，更尊关羽为“关圣帝君”“武圣”，与文圣孔子并称，被捧为人神之首，关帝庙祀遍天下。关帝庙里用许多对联来称颂他的功德，如旧时平远关帝庙对联：“精忠冲日月，义气贯乾坤。”

堂前楹柱联：“目中仅二人，大哥三弟；心头惟两事，灭魏吞吴。”此联为清翰林庄友恭撰。

梅县关帝庙对联：“匹马斩颜良，河北英雄皆丧胆；单刀赴鲁肃，江南士卒尽寒心。”

传说此联为宋湘所作。

封建统治者推崇关羽，因其为国捐躯的忠勇神威；民间百姓推崇关羽，因其坚贞不二的豪侠义气。统治者要的是关羽的“忠君”；百姓要的是关羽的“义气”。所以，过去的绿林好汉、江湖帮会在拜把子、结兄弟时，都要在关帝神像前焚香膜拜，共同立誓：“有难同当，有福同享，未能同年同月同日生，但愿同年同月同日死……”

在商场上，做生意讲究的是义气和诚信，只有相互守信用、讲义气，才能生意兴隆，财源广进。大家推崇关帝的义气，把关帝视为财神，在店铺设关帝神位，享受香火和年节祭祀。

总之，人们认为关帝是忠义的化身，其神通广大，所以在祈吉驱邪、消灾除病、出门求安、金兰结义时，都虔诚祭拜关帝，祈求关帝保佑，大家相信关帝老爷的神威和灵应。推崇敬仰关羽的关帝文化在客家地区根深蒂固地代代相传。

北帝庙

逞披发仗剑威风，仙佛焉耳矣；
有伏虎降龙手段，龟蛇云乎哉。

这是昔时古城西北帝庙庙门的一对楹联。据资料载，这是北宋大诗人苏轼为广州真武庙所撰联，后被各地传抄书写。北帝庙供奉的是北极玄天真武大帝，俗称真武大帝，是神话传说中的北方之神，系道家崇祀对象。城西永昌桥头的古城北帝庙，建于明万历四十七年（1619），原庙为上下厅，上厅正中置放高丈余真武大帝塑像，正如苏轼联之描绘，真武帝披着长发，英武神气，紧握宝剑，正气凛然，显现威震一方的威风雄姿。其脚踏龟蛇，又向人昭示，真武帝神通广大，有降龙伏虎的本领，乃龟蛇一类灵物的化身。塑像栩栩如生，两眼炯炯有神，昔时，善男信女纷纷前往叩拜进香，向真武大帝祈求驱邪逐疫保平安。久而久之，北帝庙被人们直称真武庙，甚至把庙旁的永昌桥也称为真武桥了。

县志载：民国十七年戊辰岁（1928），古城发生历史罕见的洪灾，许多房屋、农田、桥、路被冲毁，兴建了309年的北帝庙亦未幸免，被夷为平地。1932年，修筑仁柘公路（大畲坳至大柘）时，原庙地一部分被用作路基。1993年，一些善男信女倡议并集资在原部分庙址重建北帝庙，并把庙名就定为真武庙。2000

年，县宗教局批准并挂牌，真武庙为平远道教活动单位。

程李二公祠

程李二公祠就是邑人纪念程旼处士和明代平远知县李允懋的合祀之祠。

据有关史料载：程旼，大家尊崇他，称他程处士（古时人们将有才德而隐居不愿为官的人称之处士），东晋司马德文元熙二年（419）八月出生，祖居河南义阳郡（今河南省灵宝县南40里）。因“五胡乱华”和“永嘉之乱”，程旼全家和部分族人避难南迁。至刘宋明帝泰始三年（466），程旼家族经赣南迁至南海义安郡属坝头（今广东平远县坝头）官窝村定居。

程旼经历东晋，南朝之宋、齐、梁共4朝16帝，至南朝肖渊天监十七年（518）辞世，享年99寿。墓葬程源村（今平远坝头程北）大榕树下，螃蟹形。他为人朴质无华，性嗜诗书，不慕荣达，乡邻遇有不平之事，他总是晓之以理、动之以情，为之辩明曲直是非，以德化人，众人无不敬服。后人久慕其风尚，景仰其德行。乡、村、江、河皆以其姓化为名，乡曰程乡，源曰程源，江曰程江，县曰程乡县。宋代徐庚有诗《咏程乡》赞云：

程旼当年一匹夫，不操三尺制群愚。

片言能使人心服，万古江山与姓俱。

为了纪念和缅怀程旼，后人除以程氏命名县、乡、村、江、河外，在程旼的居住地和县治等处，还兴建程公祠、程公会，在程乡县（今梅县）衙驿前街新码头竖一石牌坊，立有“程处士碑记”。清宣统元年（1909）六月，以“景仰贤人”之意纪念程旼，在平远坝头设立景贤公学（今坝头中学前身）。广东旧《通志》把程旼列为广东古八贤之一。明万历四十七年（1619），时任平远知县的李允懋在县城（仁居）之东的小尖山下兴建程处士祠，并在祠下方筑坝垦湖，潴石径流水入湖，取名“东湖”。湖旁兴建小亭，置小舟数条，在山上石壁刻上“百粤高人”赞叹程旼，另外还刻有“梯云岭”“须到”等摩崖石刻。这里群山拱翠，峭壁耸峙，湖水碧流荡漾，众多文人墨客争相到此瞻仰程处士，游览湖光山色。明巡按御史王命璿（福建晋江人）还特为程处士祠捐俸银30金，置祭田40亩，垦42亩，作为每年春秋二仲祭祀之用。同时为之立碑，描写《程处士碑记》（此碑记还载入清嘉庆二十五年印《平远县志》）。后来“东湖石濑”被誉为平远县城附郭八景之一。

程处士祠为石木结构瓦房，背而紧靠小尖山，上堂置程处士牌位，右侧立程处士碑记。正面为照墙，左侧建门楼，门联曰：

东土江流名士影；

湖光春系旅人心。

程处士祠建成和东湖工程完工后，李允懋作《程处士祠》诗二首：

江河程世系，人与水俱长。

表正如陈实，畏垒若彦方。

烟流颓宅在，草宿故茔香。

千载怀高士，神交夜永康。

东湖佳趣足，何必美西湖？
一水天生镜，千山地肺郛。
风清无虎啸，春暖有莺呼。
处士祠堂在，可方和靖乎？

翰林李士淳为祠亦作五言诗：

我生处士里，酌水知源长。
往事成千古，高名噪一方。
祠堂新卜筑，俎豆旧馨香。
无阻相思意，东湖水正泱。

许多地方士绅、文人墨客和达官贵人游览东湖程处士祠后，以景仰之情题诗作对，不乏名作流传至今。

李允懋，字勉叔，号三浦，福建莆田县举人。明万历十三年至天启元年（1615～1621）任平远知县，在任6载中，他尊崇程处士之高风，办事公正廉明，关心百姓疾苦，整肃吏风，革除恶俗，重视文化教育。每月初一，他谒拜孔子先师者，便到明伦堂向生员训以礼仪文章，并以小学诲人。他还竭尽其力续修邑志，真是惠政沁人心腑，抚民廉能有声。百姓为仰其功绩，万历四十七年冬在东湖程处士祠内立其牌位，与程处士合祀，更名为“程李二公祠”。清康熙二十五年（1686），知县在城内文庙右侧署新建程处士祠，至嘉庆十七年（1812）又由邑绅移建文昌阁内。东湖“程李二公祠”改曰“李公祠”。乾隆四十八年（1783）邑绅曾捐资重修，并立规：“祠下一带杉木凡邑人登科甲者，在此取材竖桅（楣杆）。”后祠遭兵毁，至民国三十一年（1942）县长缪任仁牵头筹款重修。新中国成立后，曾作麻楼村青年耕山队住地，耕山队停办后，祠失修而毁，东湖亦复为稻田，风光不再。

社稷坛

古时，上至京城下至州、县甚至乡、村，都建有社稷坛，其区别只在于建筑规模的大小和质量的豪华与简陋。

社坛，就是历代官宦、百姓祭祀社稷之坛。社，就是社神，也就是土地神，人们还别称他为社官；稷，就是稷神，即五谷神。为什么用社代表土地、稷代表五谷呢？据《白虎通义》载："……人非土不立，非谷不食。土地广博，不可遍敬也；五谷众多，不可一一祭也。做封土立社，示有土地，稷，五谷之长，故立稷而祭也。"我国古代地貌学的观点，把土地规分为山林、川泽、丘陵、坟衍、厚湿五类，称为五土，而社常是五土的总称。所以，人们说社时就可以代表稷，社稷也可简称为社，祭社就是对社稷的祭祀。古代还把社稷作为国家的代称。祭祀社就是表现人们对养育自己的乡土、国土的感激之情，祈盼年年五谷丰登、岁岁有余。

清嘉庆二十五年卢兆鳌主编的《平远县志》卷之二《祀典·坛庙》载：县社稷坛在乌石岗演武亭后，知县李允懋［明万历四十三年（1615）至天启元年（1621）任］修葺。清嘉庆六年（1801）知县马思圣捐俸重修。又卷之一《田赋·经费》载：春秋二季致祭神祇社稷坛，共额支地丁银 18 两 5 钱 8 分 4 厘。据县志上述有关记载和调查，平远古城的社稷坛在乌石岗（今红四军纪念馆右侧），建筑于明代平远建县初，其建筑规模不大，是一个4条石柱支撑起的坛屋，屋脊中间置一朱红色宝葫芦。

坛屋正上方设社稷神神位之石碑，碑位前设石质供桌及石香炉一尊。每年春秋二季择吉日祭祀，祭祀所需经费由知县统筹，纳入县财政经费开支计划。据说，祭祀仪式由知县主祭，祭祀前三天，知县及所有参加祭祀的人都要斋戒沐浴，以示虔诚。祭祀当日，鼓乐喧天，彩旗招展，鞭炮齐鸣，官宦、乡绅、百姓云集社稷坛，为社稷神进香献酒、上供三牲醴品，知县诵读祭文，大家怀着虔诚之心拜祭社稷神，祈求四季平安，风调雨顺，五谷丰登。

辛亥革命胜利后，由于经费等诸多因素，集中祭祀社稷神习俗逐渐冷淡直至停止，到了20世纪60年代，社稷坛因扩建体育场而被拆毁。

会庆庵

在畲溪村柘溪角东隅的龙就山麓，苍松翠柏，风景秀丽，两条小溪蜿蜒幽静地环抱着一座庵堂。庵内上堂供奉着如来、观音诸佛像，佛像下正中竖着一块小木牌，刻写着“宋会圆会朗开山祖师之位”。这就是本县历史悠久的会庆庵。

“盲有平远县，先有会庆庵。”这是当地流传至今的一句俚语，意思是说会庆庵建于平远置县前。据说，平远县第一任知县王化曾率众同僚到庵进香朝拜，并施于18石租谷的田产为庵产，供会庆庵购灯油、香火及日常开支。昔日晨钟暮鼓，香火鼎盛。

会庆庵究竟建于何时，未见史书记载，但从流传的俚语及佛像前供奉的其开山祖师牌位，起码可溯源到明朝甚至宋末元初。由于建筑年代久远及时代变迁，原庵宅已塌毁，现在的庵宅是民国时期重修的，庵的右侧有一至今保留完好的长 1.2 米、宽 0.8 米整块褐色花岗岩凿成的石水池。在现有庵堂左右的荒宅中，还置放刻有“龙鹫山”的石匾、石门框、石檐阶等，此外，庵侧还有历代僧尼的坟冢。这些遗迹是会庆庵建筑年代久远的见证。

会庆庵除了其历史悠久出名外，庵前溪涧还有一种奇特的红色小螃蟹。一般螃蟹是淡黄色或青黑色，为什么这里的螃蟹呈红色呢？这里头有个神奇的传说：很久以前，一只小螃蟹在会庆庵的厨房水池边慢慢地爬，爬上了灶台，又慢慢地爬到敬佛的供品上，刚好被走进厨房的尼姑看到。她唯恐弄脏供品，赶忙伸手捉开螃蟹，不料，被螃蟹紧紧钳住，尼姑顺手一摔，无意中把小螃蟹摔进热锅里，一下子就把螃蟹烤红了。佛家是忌杀生的，尼姑连声说，罪过！罪过！并急忙把螃蟹捉起放至溪涧清泉中，虔诚地念咒祈祷并忏悔。念着念着，螃蟹竟然死而复苏，带着呈红色的躯壳，慢慢地爬向溪涧草丛中。从此，小红蟹便在这里世代繁衍，成为会庆庵的奇观，也为会庆庵佛祖的灵验披上了神秘的色彩，吸引了许多游人前往观看和善男信女进香拜佛。

先农祠

先农祠，就是纪念和祭祀神农氏的地方。

在远古时代，有个姜姓部落首领叫神农氏，他看到人们每天靠采摘野果、捕猎野兽充饥，病了也无什么可治，他便每天翻山越岭，口尝百草。长年累月，他亲口尝了365种植物，终于尝出了稻、麦、黍（小米）、稷（高粱）、菽（豆），他把这些种子带回部落，分给大家种植，从此便有了五谷。他还尝出许多草药，为大家治病。有好几次，他尝到毒草，连话也说不出来，险些丢了性命，幸得用采来的灵芝解毒，才起死回生。神农氏以自我牺牲的精神为人类尝出了五谷、尝出了草药，人民千秋万代尊崇他、景仰他，尊他为“五谷大帝”。历代的京城设有先农坛，省、州、县及乡、村也设有先农庙或先农祠，从历代皇帝到百姓都虔诚地祭祀纪念他。

据清嘉庆二十五年（1820）卢兆鳌编印的《平远县志》卷之二《祀典·坛庙》、卷之一《田赋·经费》记载：（平远县城的）先农祠在城南（今城南小学），始建于清雍正五年（1727），原建一厅二间，鹅卵石水灰墙，质地坚固，屋脊置朱红色宝葫芦，厅正方设神龛供神农氏五谷大帝之神位，神龛前置石凿大香炉，门口为草坪，周围筑围墙及门楼。由县岁额支银4两5钱9分6厘作祭祀经费，列入年度县财政经费支出计划，还购置祠前水田4.9亩、牛只、农具等，作为“立春”劝耕活动之场地、使用的耕牛和农工具，所产出的粮食为增添祭祀活动和平时的管理经费。嘉庆六年（1801），知县马思圣捐俸重修，左右各扩建一厅一间，分别供放十八罗汉、二十四诸天佛像。

每年春秋两季，由知县组织地方绅士及百姓祭祀纪念神农氏，祈求风调雨顺、五谷丰登。其中春祭特别热闹隆重，因为春祭选在每年的“立春”日，这天，同时举行县官“劝耕”活动。“立春”这日，先农祠内外旌旗飘扬，鼓乐喧天，人潮如涌，供桌上摆满“三牲”、果品、娘酒、糕点等供品，由知县老爷主祭，朗读祭文，大家燃点香烛，虔诚地拜祭神农氏，祈求庇佑丰产丰收。

祭拜仪式结束后，大家转到祠前水田周围，举行“劝耕”活动。所谓“劝耕”，就是由知县老爷劝告百姓，今日已是“立春”，一年之计在于春，百姓们要业精于勤，争取五谷丰收。这时，水田早已放水，同时准备好了牛和木犁，牛头正中分别披挂着红绸扎制的大红花。随着三声震天铁炮响过，司仪高呼“风调雨顺，国泰民安，五登丰登”，宣告“劝耕”活动开始。知县老爷作约定俗成的简短劝告讲话后，脱下朝靴，挽起裤子，亲自下田挥鞭吆喝，扶犁耕作一圈，接着由各社选送的驶牛手，按序轮流下田执犁耕地一圈。在锣鼓喧天、鞭炮齐鸣的热闹气氛中，劝耕活动结束。参加祭祀活动的所有人都怀着虔诚之心，祈盼新的一年猪肥牛壮、五谷丰登。秋祭的仪式一样，只少了劝耕活动，祭祀神农氏的习俗一直沿袭至清光绪年间。

光绪三十二年（1906），康梁变法，废科举，改学制，修正学堂章程，全国纷纷创办学堂。当时，秀才冯集荣（字少谦，城南村店背岗上新屋人）首先在先农祠创办小学堂。接着，又和冯宗荫（城南村店背岗紫桂堂人）一起，报请平远知县同意，并做好群众思想工作，将神农氏神位搬迁到石夹子做一小坛安放（至今犹存），将十八罗汉、二十四诸天佛像搬到城隍庙安放，将小学命名为“三育小学”（取德、智、体三育之意）。就读学生42人，年龄参差不齐，设甲、乙两班。左边厅堂设孔子神位，学生入学时，先拜孔子，后拜先生。民国二十三年（1934），二、三社（后改二、三保）即现在城南、飞龙两村，联合扩建学校，经费由各公尝及热心绅士、群众集资，在原先农祠前新建二间教室、三间住房、一间厨房，与上厅对称。厨房前挖掘水井，供学校师生用水。左右两边建走廊，正中原神农氏神位厅为礼堂，中厅为甬道，同时建学校门楼，改名为联保国民三育小学，学制1~4年初级小学，学生不上百人。

新中国成立后，教育事业发展很快，生源大增。20世纪60年代改校名为城南小学，1969~1971年曾办附设初中班，教师7人，入学人数160人。1985年开始，先农祠旧址陆续拆建，由政府拨款，当地干部、群众及港、澳、台同胞捐资等形式，共筹资16万元，建起二层钢筋混凝土结构教学楼。昔日先农祠，成为培育国家建设人才的摇篮。

双凤庵与平峨古洞

自古名山多古刹。被誉为老城八景之一“凤山积翠”的凤山山腰，左右各有一座建于清朝时期的古庵，左边曰双凤庵，右边曰平峨古洞。太平天国时期，两庵先后都筑有石墙山寨，供人们躲避战乱，所以，按筑寨先后称双凤庵为新寨，平峨古洞为老寨。

出老城，经城南、飞龙两村约四五里地，便到了凤山脚下，山脚原有座空心茶亭，供行人憩息。茶亭门联曰：“空门堪托足，坐下来何分你我；大道在前头，行上去自见高低”。另一门联是一副叠字联：“空空洞洞面面凉凉爽爽；自自在在人人笑笑嘻嘻”。两副门联贴合景物，通俗，自然活泼，读起来朗朗上口，耐人寻味。虽然茶亭已毁，但两副对联仍在群众中流传。

穿过茶亭，一条大道蜿蜒向山上延伸，半路又左右分开，沿“之”字形石级直抵两山寨。两古庵就坐落在绿树掩映的山寨之中。两庵均正对项山，面朝平远县衙，背靠宛如展翅飞翔的凤山，誉为彩凤朝署。站在山门，举目望去，远山含黛，薄雾迷蒙，群山拱首，护卫着县城，鳞次栉比的各式建筑错落有致，风光绮丽，景色宜人。

两庵均供奉观音菩萨。两庵中间山寨墙边，还有座供奉护国大帝（关帝）的小神坛。双凤庵背又还设有求雨公王坛，每日晨钟暮鼓梵音阵阵，各方善男信女络绎前往进香朝拜，叩首求签，如遇神期，更是热闹。

两庵地处“凤山积翠”胜景中，环境幽雅，吸引许多文人墨客前来游览。特别是盛夏和重阳，大家集约前往两庵登高避暑，吟诗作对，写下许多名联佳作，而且对联多嵌鹅石、凤山及平峨古洞之名。凤山原名鹅石，所以双凤庵的山寨门联曰：“鹅换一笼羲之字；石成五日岷川图”。双凤庵门联曰：“双空佛地；凤岭禅宫”。平峨古洞门联：“平治修齐，古胜相成弘大道；峨巍应立，洞天别具仰江山”。清末秀才韩星拱由飞龙村民邀请在双凤庵讲学多年。平峨古洞左侧兴建有“凤山书院”，其门联曰：“经文五卷；教化百姓”。凤山书院是城南村店背岗冯氏祖尝出资兴建的私塾，利用凤山幽静的环境，雇请教师教育族中学子读书。昔日的凤山，一边是梵音缭绕，一边是琅琅书声，众儒生在老师的教导下，习文习礼，有诗云：

师生讲席沐春风，双凤飞来自在空。

桃李满山增景色，青春谁识化天工。

20 世纪 50 年代初，在破除迷信的风潮中，两庵相继被拆。70 年代初，双凤庵址改建飞龙茶场，周围山地广种良种名茶。1998 年，善男信女集资重修双凤庵。2002 年，退休干部丘桂根、李金茂、王耀福、陈添庆、王国仁等牵头集资 1 万多元建山门、修寨墙，栽花种树。丘桂根先生还为崇德门、双凤庵大门、钟楼、鼓楼撰对联，其中崇德门联曰：“崇山有道通天竺；德行无尘过寨门”。重修后的双凤庵更加华丽美观，幽靓雅致，为“凤山积翠”添姿增彩，吸引更多游人和信士前往游览和膜拜，还被县政府命名为“凤燕旅游区”。

麟峰寺（慈济庵）

昔时，老城西北的莲花塘，有座建于明末清初的麟峰寺（原名慈济庵），在苍松翠柏环抱、奇花异草簇拥之中，静静的仁居河在阳光的辉映下，波光粼粼，宛如一条银链环绕在寺前，环境清幽，风光如画。

麟峰寺建筑规模古朴典雅，气势非凡。走进寺门，两旁肃立着威严的四大金刚，红脸的、白脸的、蓝脸的、青脸的，个个头戴金冠，身披铠甲，脚蹬虎头战靴，手里拿着擒妖宝物。大殿正中，在高大的绛红色的“佛光普照”丝绸帐中，大慈大悲南海观音菩萨慈祥端庄地坐在莲花宝座上，还有几尊小菩萨站立在两旁。偏殿还供奉着十八罗汉、弥勒佛和伽蓝菩萨等佛像，整座麟峰寺晨钟暮鼓，梵音缭绕，肃穆庄严。

麟峰寺渊源久远，环境幽雅，传说诸神有求必应，保佑一方，十分灵验，所以香火鼎盛。不但本县境，还有兴梅各县，远至潮汕及毗邻的赣、闽等地也不少人前来烧香膜拜，善男信女络绎不绝。抗日战争时期，该寺在时任平远县县长秦庆钧的允诺和支持下，还建醮超度抗战阵亡将士，轰动全县。

1944 年春节，正值抗日战争最后阶段，形势非常紧张，民众都十分忧伤，老城在县长秦庆钧的精心安排下，不但没有实行冬防戒严，而且允许舞龙狮、打莲灯、船灯等民间娱乐，极大地增强了节日气氛，缓释了民众的紧张恐惧情绪。春节过后，各地善男信女要求在麟峰寺建醮，超度先人，超度潮汕为避日寇逃难饿死的亡灵，保佑水陆平安，起名为“水陆平安醮”。秦县长接报告后，便深入走访调查，入寺视察了解建醮超度是怎么回事。得知建醮形式是依照传统的盂兰盘，延请僧侣诵经七昼夜，并举行放生等传统惯例，纯粹是一种宗教仪式，便欣然答应，并建议把“水陆平安醮”改为“追悼抗战阵亡将士，预祝胜利斋醮”。坛正中供一抗战阵亡将士牌位，其左侧为黄梅兴将军牌位，右侧为姚子青将军牌位，其他附荐光灵则放低一位，大家表示满意，照办不误。

建醮前数天，秦县长还用大红纸端书《妙法莲花经观世音菩萨普门品》中一段偈语：“……众生被困厄，无量苦迫生，观音妙智力，能救世间苦……俱灭神通力广修和方便，十分诸国士，无刹不现身……”又写诗一首：

衔命弥陀辞极乐，娑婆世界作慈航。

杨枝乞洒大千界，兵气销为日月光。

寺主以之贴在寺门显眼处，诸善信见县长还是倡导建醮，一传十，十传百，各地善男信女络绎而来，一时铙钹箫鼓之声与梵音相唱和，人头涌动，寺前卖小吃的摊档多了，十分热闹。

麟峰寺在新中国成立后逐步冷清，1958 年被拆建为公社集体猪场，1986 年又被改建为莲花塘稀土矿办公楼和职工宿舍，直至现在仍为竹木企业厂址。

贞烈祠

在封建社会时代，因夫死而不愿被辱而殉身的妇女，称之为烈妇。清《平远县志·计夫人传》称：计烈妇，广西马平（今广西省柳江县）人。平远知县王化妻。明嘉靖年间，山贼流寇梁安、梁靖、梁宁及陈绍禄、林朝曦等由福建邵武至江西万安、泰和等县流劫，杀掠宪副（副御使）汪一中、巡抚刘茂及佥事王应时，三省（粤、赣、闽）骚动，经官兵进剿并招抚平息不久又复叛。

王化奉旨在粤、赣、闽边界设置平远县治，并任首任知县，县治初具规模。匪贼梁国相、梁宁、梁统、梁绎等在泗水梅子畲、东坑子聚众700多人，烧杀劫掠，同时与葛鼎荣等匪寇会同过江西、福建为患。知县王化见县治初建，城垣未固，便让妻儿寄住江西会昌县，然后率军士在黄沙、石子岭与匪贼大战，复捣仙花洞，擒斩匪首梁海等数十人，并将匪贼围困。梁相国得知王化的妻儿寄住会昌，便派遣匪贼到会昌城，散布王化被贼人杀死的谣言。王化妻计夫人闻知，即沐浴更衣，向天祷告："夫为国死，吾义不忍独生。"于是，指着6岁的儿子哭泣道："天呀，愿保一息延王氏血脉。"说罢，将儿投入仆人怀中，磨利发簪，刺喉而死。消息传来，王化大怒，会同训导王珊督促乡兵包围贼巢，并组织和指挥巡检、哨官等分兵奋力拦截围剿，擒获贼首梁相国、梁道仁、梁道统等百余人，斩贼首梁统等6人，余贼纷纷乞降，保卫了平远及边界的安宁。

都御使吴百朋特此奏请朝廷，给予知县王化以平贼有功晋升奖励，授官本府同知、广东按案司副使，并请立王化妻计氏贞烈祠。

吴百朋在奏表中赞扬王化、计氏夫忠妇烈。王化有敌忾之忠，计氏有死难之节。计氏闻夫"遇害"，遂杀身成仁，一死从容，其气之烈可贯天日，其情之惨可泣鬼神。夫死不避难，臣之义也；从一而终，妇之贞也。

嘉靖四十三年（1564），朝廷颁诏封赠计氏为贞烈夫人，并在平远县城（仁居）兴建计氏贞烈祠。百姓对知县王化不畏艰难开创新县奋力平寇、安定一方的举措极为尊崇，故亦建有王公祠，与计夫人一起春秋奉祀。

据清《平远县志·祀典·坛庙》载：贞烈祠，在城隍庙西北，祀明季计夫人。夫人为知县王化妻，嘉靖四十三年奉文鼎建。万历四十三年（1615）知县李允懋重建。王公（即王化）祠，后因祠圯，乃于贞烈祠内添设王公牌位。嘉庆四年（1799）知县万希煜捐俸重修。

随着岁月推移、时代的变迁，几百年的风雨沧桑，贞烈祠早已崩塌无存。留下的只是志书的记载，让人们去回顾当年的历史遗痕。

雍正年间建的先农坛

平远县仁居镇五福村下坝有座建于清雍正年间的先农坛，坛高 1 米、宽 2 米、深 0. 8 米，石板盖顶，顶端置宝葫芦，圆拱门，正中花岗岩石碑镌刻“先农大帝”神位，碑前置石质香炉，外表以朱红色粉刷。先农坛造型匀称、庄重玲珑，历尽近 300 年的风雨沧桑，仍挺着斑驳的身躯，默默地护佑着客家田畴。

先农坛里供奉的先农大帝，就是华夏太古三皇之一的神农炎帝。《搜神记》载：“神农以赭鞭鞭百草，尽知其凭毒寒温之性，臭味所主，以播五谷，故天下号‘神农’也。”他尝遍百草，教人辨识药物，撰写了我国古代最早的著作《神农本草经》。教人种五谷，豢养家畜。发明农具木制品，还教人打井汲水，给作物灌溉，确保作物丰收。因为他发明了医药，又肇兴农事，而被世人尊崇为“药王”“五谷大帝”“先农大帝”“神农大帝”，视其为保佑农业丰收、人民健康的守护神。

先农大帝不但受到广大民众的膜拜，历代统治者也极为推崇。清雍正四年（1726），雍正皇帝颁诏，令全国各地设先农坛，不但京城设先农坛，府、州、县及乡村也应设坛祭祀。规定由府、州、县各级官吏主持祭祀及农事活动仪式。祭祀活动经费列入各级年度财政支出预算。于是，各地纷纷行动，兴建先农坛或先农祠，拜神农，祈丰收，盼平安。清嘉庆二十五年版《平远县志·祀典·坛庙》载："先农祠，在城南，雍正五年奉文创建。嘉庆六年，知县马思圣捐俸重修，祠前置田四亩九分，并牛只、田具等项。""县每年列支银四两五钱九分六厘，祠田收入为增添祭祀活动和管理经费。"

每年春秋两季，由知县主持，组织乡绅、民众隆重祭祀先农大帝，供奉牲醴果品，燃香点烛，焚烧衣纸，鼓乐齐鸣，诵读祭文。在知县的带领下，大家都虔诚地向先农大帝顶礼膜拜，祈求风调雨顺、国泰民安、五谷丰登、人民健康。在每年"立春"日的春祭后，知县还要举行劝耕仪式，先由知县作劝耕讲话，劝勉大家要不违农时，精耕细作，取得作物好收成。然后知县脱下靴、袜，亲自挥鞭赶牛，下田扶犁耕耘一圈。各乡村的先农坛，由本地乡绅牵头，组织民众祭祀。

清末，废科举，办学堂，许多地方先农祠的先农大帝被移迁，房屋用来办学堂，祭祀活动逐渐简化。此外，辛亥革命成功，中华民国成立，劝耕仪式也随之废止，但乡间的先农坛依然还在，祭祀先农大帝的民俗也一直还在延续。这一民俗反映了客家人对神农炎帝的追思与崇敬，也表现了客家人在与大自然抗争时，对收成、健康、平安的祈求与愿望。

俞公祠

据清嘉庆二十五年（1820）印《平远县志》卷之二《祀典·坛庙》载：俞公祠在乌石岗，祀总兵俞大猷，嘉靖甲子年（1564）知县王化建，乾隆四十五年（1780）邑绅捐资重修。

俞大猷何许人？为何知县王化要为他立祠？人民群众又为什么会纪念他？

据《明史》俞大猷传：俞大猷，生于明弘治十六年（1503），卒于万历八年（1580）。明朝抗倭名将，福建晋阳（今晋江）人，自幼好读书，习兵法。从伍不久，便任福建武平所守备，驻扎在武平中山城。其历任参将、总兵。历事三朝，前后40余年。其用兵，先计后战，不贪近功。其为将则廉，一心奉公。从南到北转战数千里，大小百余战，斩杀倭寇数以千计。解救难民数以万计，忠诚为国，老而弥笃。

元朝末年至明朝中期的200年间，日本九州一带的封建诸侯，经常纠集武士、商人和海盗，少则数百人，多则几千人，甚至上万人，到中国东南沿海地区进行野蛮的屠杀和劫掠。大家称这伙强盗为“倭寇”。嘉靖三十一年（1552），倭寇大肆侵扰浙江东部地区。明廷命俞大猷为参将，在宁波、台州等地抗击倭寇，他率兵海上焚烧倭船50余艘。不久，他升任苏、松副总兵，在江苏大湖等地焚烧和击沉倭船近百艘，斩杀倭寇无数。嘉靖三十五年（1556），他任浙江总兵官，在浙江西部和江苏苏州等地大败倭寇，在舟山群岛一带先后杀倭寇四五千人。倭寇被迫逃亡海上，但不久又纠集南犯福建、广东。嘉靖三十八年（1559），倭寇窜扰广东大埔。次年（1560），倭寇入犯广东潮阳、揭阳、饶平。是年8月，又窜扰大埔县三河、莒村、双坑、枫朗等地，到处烧杀掳掠。这时，任福建总兵的俞大猷又奉旨南下，与著名民族英雄戚继光指挥的戚家军在福建、广东合力扫荡倭寇。

明朝嘉靖年间，除了倭寇的侵扰劫掠外，在闽、粤、赣边界又频频发生农民起义，一些盗匪亦趁乱而起。嘉靖三十九年（1560），大埔的郑八、肖晚、罗袍、赖赐和饶平的张琏聚众起义，建立"飞龙国"，纠集10万人马，攻打福建的汀州（今长汀县）、漳州（今漳州市），再进攻连城（今连城县）及江西的宁都、瑞金，攻陷了福建的云宵县、海卫和南靖县等地。嘉靖四十年（1561），武平的梁宁及广东程乡的林朝曦、陈绍禄等聚众六七千人，攻打福建的邵武及江西的抚州、虔州（今赣州市）、万安县和泰和县等地，杀江西副使汪一中、巡检刘茂、都佥事王应，接着又进击广东程乡、兴宁、龙川等县，声势浩大，震动南方三省。长期的外患内乱，社会动荡，民不聊生，奏报传至明廷，嘉靖皇帝连忙召集大臣商议。一面调集官兵进剿，神威营副总兵驻扎广东程乡林子营（即今平远古城仁居），统辖各府、州军兵；一面规划以豪居都（今平远仁居）为基础，割周边县地新设平远县治，以加强边界管辖。此外，为巩固三省边界治安，嘉靖四十一年（1562），明廷命俞大猷为广东总兵，统官兵20万，与福建巡抚谭纶所率官兵在边界合力清剿"盗寇"。俞大猷军纪严明，不骚扰百姓，对义军尽量采取招抚政策，减少杀戮，受到渴望安定和平的群众的欢迎和赞赏。他驻军平远时，还作有《吊计夫人》《来薰亭初成》等诗，刊载于《平远县志》。

为纪念和表彰俞大猷抗倭平寇，维护地方社会治安的功绩，平远第一任知县王化在县治建成后的第三年（1564）便兴建了“俞公祠”，供放“俞大猷总兵禄位”，并亲自为俞公祠撰写对联：“抗倭平寇，保国护民”。还亲撰一首《过俞公祠》诗：

不杀谁能建此功，先生区画少人同。
豪分百里春风动，迅扫三边秋草茸。
云砌玉台疑月照，鸟翻花树带烟笼。
朝留千古美名在，提醒凡夫一梦中。

由县统筹祭祀经费，一直沿袭至清朝和民国时期。

民国二十年（1931），广东军陈济棠部某营驻防平远县城（仁居）时，为开辟训练、体育场地，黄德毅营长率部将俞公祠拆毁移至乌石岗尾，并将原有学生球场一起扩建为县城东郊体育运动场。

鲜为人知的“十四姓祖祠”

古往今来，全国各地均一姓一祠，但在古城仁居西门街，却有一鲜为人知的“十四姓祖祠”，可谓奇特。

据考查，明崇祯末年（1638～1644），朝廷腐败，战火连绵，流寇四起，民不聊生，百姓纷纷转徙流离。赣之临川的嘉鹿村、梅溪村、超源坳、西排堡和积善乡等地的平民，携儿带女，向粤南迁。其中有严、袁、全、邹、葛、薛、游、古、万、徐、李、黎、朱13姓亲邻，陆续迁至平远县城仁居镇安家落户，创业繁衍。时局安定后，各姓义老聚首倡议，为思木本水源，须建祠祀祖。但因姓小人单，加上落户不久，寻地困难，无法建造一姓一祠，遂决定共建一祠合祀祖先。当地麻楼村的弱族周姓父老获悉此事，将城内西门街一店基相赠，并将周姓祖先入祠合祀。就这样，14 姓裔孙合力共建一座称“效义堂”的香火亭，每届冬至，各族裔孙相聚一堂，偕同祭祖，热闹非常。

民国十四年（1925）十一月，国民革命军在第二次东征时，薛岳团长奉命率部来到平远县城，追击陈炯明叛军翁腾辉旅获胜后，薛得悉祖先在平入祠，曾亲临效义堂，虔诚拜谒，可谓孝思不匮。

后几经修缮，改亭建祠，祠名“十四姓祖祠”，门联曰：“效诚联族姓；义气大宗祊”。堂联曰：“临川垂泽，粤峤流芳，十四姓远道偕来，祖德宗功同不朽！效义名堂，建祠合祀，亿万年馨香共祝，水源木本庆长绵！”

随着岁月推移，14 姓中，有的繁衍较快，另建祠堂，有的因种种原因继续迁徙。“十四姓祖祠”渐渐冷落，建祠 320 多年后的 20 世纪 60 年代终因失修被毁。“十四姓祖祠”的兴衰，是客家祖先艰辛迁徙和思宗念祖传统美德的见证。

旨旌孝子严寅宾

在古城东门学宫（今仁居中学）前侧，有一坐北朝南、建于清朝康熙五十九年（1720）的牌坊（“文革”时被拆毁），它是知县李樟奉皇诏给资而建的，旨在褒扬岁贡生、化州学正严寅宾，在父病丧后结茅庐于墓左侧，守孝 3 年，未曾在舒适、清静的地方睡觉，每天啜的是粥汤，吃的是蔬菜，以荐孝举。

牌坊的建筑材料为上乘花岗岩石，由 4 座“工”字柱基，承负着 4 根方柱，中为正门，左右为副门。正门高 12 米、宽 4 米；副门高 10 米、宽 3 米。正门顶中央，缀有“圣旨”牌和龙凤呈祥图，下端镌“严纯孝坊”4 字。左右门顶雕刻着二十四孝人物图像；正副门顶端以石檐覆盖，状如楼阁，雕刻精工雅致，造型巍峨壮观。

严孝子，名寅宾，字其，号同川，仁居城南麟石下人。性纯孝，博学能文，18 岁，经州、县考试录取为生员（秀才）；19 岁，官给廪饩，称为食饩（廪生）。其生平善事父母，与兄弟友爱，一丝一粟不为私，所置田园房舍与兄弟平分。其聘至浙江教训诸子 3 年，与江苏、浙江名士琢磨、切磋，学业益进，又任化州学正，敕赐儒林郎。其除做好本身工作外，还做到能帮即帮，如雍正九年（1731），即雍正皇帝登基的 9 年，诏谕天下修志，以成大清会典。其奉修志乃跃然高兴，他为《平远县志》写下了跋。汇呈上宪，传至百姓，莫不称善。

其一生孝顺父母，其父 90 余岁逝世，舍去所有钱财，实行大殓，然后结庐墓左，朝夕哭奠，行人莫不堕泪。3 年未尝窥寝，面墨色，发数尺。著有《罔极篇》，字字皆血泪。继康熙五十九年（1720），诏旌其门，给资建坊。岁己酉（1729），邑令黄大鹏往视故庐，为“严孝子庐墓处”立碑，至今犹存。

客家山区的妈祖海神

平远县仁居镇东门驾虹桥畔的天后宫，是周边镇村善男信女膜拜“海神”妈祖的圣地。逢年过节和初一、十五，香客们都会前往焚香点烛，虔诚祈福。每年妈祖娘娘诞日和升天的纪念庙会，更是热闹隆重。天后宫里供奉的妈祖，是福建莆田人，为五代闽王时都巡检林愿之第六女，生于宋元祐间。传说，她出生时异香弥漫，10多天香气不散，出生后一个多月未啼哭一声，其父为其取名林默。她生而灵异，死后为神，常显灵于海上，救助遇难的渔民和商人。人们称她女神，在其故居地湄州为她塑像建庙，举行崇祀。由于妈祖神威显赫，有求必应，所以，凡沿江河海的地方均建其庙，供奉妈祖。历代统治者为了祈求水运平安顺利，也对其大力褒扬，因而，妈祖屡获朝廷敕封，元世祖封其“天妃”，清康熙皇帝封其“天后”。从此，“天后”四海传扬，成为深受民众崇敬的海上救难女神。

平远县仁居镇既不近大海，又没有大江大河，是典型的深山区，为什么会有祀奉海神的天后宫呢？

据《平远县志》清嘉庆二十五年（1820）版《凿石通河碑记》载：明嘉靖四十一年（1562）设立平远县，县治设于粤、闽、赣边的崇山峻岭之中的仁居，交通状况十分落后，只有崎岖陡峭的山间小道，商品货物全靠肩挑背扛。县城所在地的仁居河，河道曲折迂回，乱石阻滞，使古代最先进的交通工具——小木船、小木排也无法通行。历代知县为改变落后的交通状况而冥思苦想，还是束手无策。直到建县 20 年后的明万历十年（1582），第七任知县黄郁桂带领一班幕僚，沿河一路勘察，制订改造凿石通河方案，并将方案和可行性呈文上报潮州府（当时未设嘉应州，平运隶属潮州府），不久得到核准和拨款。知县黄郁桂又带头捐俸并亲自指挥，当地百姓也纷纷为这一善举捐资献工。大家同心协力，夜以继日，用原始简单的铁锤、钢钎等工具，从仁居东门青云桥至石窟会镰子渡，凿大峰、剑门二滩，铲平水道。从明万历十一年（1583）正月，至翌年三月，历时 400 多天，凿、撬顽石、礁石无数，凿修河漕滩头，疏通河道共 25100 余丈。竣工时，府州官员前来道贺，与县吏同乘官船，民众亦争乘轻舟，兴高采烈试新河。仁居河上舟楫往来如织，从此，货物可用小木船运输至差干、武平下坝，入三河，直达潮州。

为了祈求航运平安、顺畅，人们自然想到了海神妈祖，便建造天后宫，迎奉妈祖天后娘娘，虔诚祭祀，祈求保佑。传说，妈祖天后娘娘十分灵验，每次出船，遇到风险，只要向天后娘娘祈祷，都能化险为夷。

虽然后来由于人口逐渐增多，大量开垦农田，截筑堤堰引水灌田，致使河水流量不足而废止通船，但海神妈祖——天后娘娘已经融进了客家文化，成为山区人民崇信的客家保护神得于世代延续。这一传承，是客家人从实用功利出发，对各种文化兼容并蓄的表现。

仙人叔婆：平远仁居的客家女神

平远县仁居镇驾虹桥畔的天后宫内，除供奉天后妈祖女神外，还供奉着一尊叫“仙人叔婆”的客家女神。明末至今，一直受到民众的虔诚崇祀，被誉为当地地方神，常年香火鼎盛。

说起这位女神，可有一段神奇的来历。据说，女神原是今蕉岭县蕉赖（蕉南）村郭念四郎的四女儿，出生于元朝至正二十二年（1363）农历五月初四。这天，满天彩霞，异香弥漫，一群五色小鸟聚于郭家门前桃树争鸣。小女婴生下来就眉清目秀，红润的小嘴唇，好像两片常露的花瓣，啼声洪亮。邻里纷纷前来道贺，念四郎心中甚喜，为小女取名妙玲。

小妙玲从小天资聪颖，温柔孝顺，经常跟着父亲习文写字，对什么都充满兴趣与好奇。

光阴荏苒，转瞬小妙玲长成亭亭玉立的大姑娘，上门提亲的人络绎不绝，真可谓门庭若市。妙玲 18 岁那年，郭念四郎夫妇左挑右选，选中瓜州徐姓一个厚道老实的青年，择定秋后完婚。农历七月二十三，徐家的迎亲队伍，擎着高灯彩旗，抬着花轿、彩礼，乐队一路吹吹打打，早早来到郭家大门口。一阵鞭炮响后，只见新娘子妙玲走了出来，站在石檐阶上，对众人说：“刚才玉皇大帝赐我吃了仙果，并敕封我为‘法妙仙母’，现在我已成为仙人，所以不能与凡人成婚了，请父母、亲朋及徐家见谅。”接着又说：“但是我成仙后，一定不会忘记乡亲，乡亲们如果有什么灾难，可呼我仙号，我便会前来帮大家排难解忧。”说完，便腾空而起，乘一朵祥云而去。在场众人连忙虔诚叩拜，目送妙玲成仙升天，徐家的迎亲队伍只好打道回府。

郭妙玲成仙的消息不胫而走，一下子传遍整个梅州。为了祈求“法妙仙母”保佑，郭、徐两家都择日选址建造“法妙仙母宫”，供奉“敕封法妙仙母之神位”牌位，郭姓尊称“法妙仙母”为“仙人姑婆”，徐姓尊称“法妙仙母”为“仙人叔婆”，两姓都视“法妙仙母”为本姓保护神。

明末，一支徐姓裔孙辗转迁徙至今平远仁居的乌石岗、下增等地定居，同时建造“法妙仙母宫”，供奉仙人叔婆。因为仙人叔婆灵验，庇佑徐家人口昌盛繁衍，所以，别姓人也纷纷前往焚香膜拜。特别是妇女、儿童对仙人叔婆崇敬有加，因为古时缺医少药的年代，妇女、儿童在生育、疾病方面都更想获得神祇的庇佑，许多妇女还让小孩安个姓郭的名号，祈求小孩能健康成长。久而久之，郭姓人的仙人姑婆、徐姓人的仙人叔婆，便成了各姓人都崇祀的客家女神了，每年仙人叔婆的华诞和升天成仙日，都会隆重举行祭祀祈福活动，几百年来，传承不断，延续至今。

人们对女神的崇祀信仰，充分反映客家人从实用功利出发，对神祇的期盼与祈求。

三相公庙

三相公庙是邑人纪念南宋末年文天祥、陆秀夫、张世杰三位宰相的庙宇。

文天祥，江西吉水（今吉安）人，字宋端，号文山，宋理宗时与胞弟文天璧同登进士，被理宗钦点为状元，官至江西安抚使。宋德祐元年（1275年），蒙古强骑南下，直逼南宋首都临安（今浙江杭州），文天祥应诏勤王，保卫首都。他临危受命，决心以身许国，变卖了家产充作军需，在家乡招募万余勇士挥军赴临安，出任兵部侍郎，防守平江府（今江苏省吴县），转战常州（今江苏省武进县），担负保卫国家、抵御外族入侵的重任。虽将士英勇顽强，无奈孤军难抵强敌，德祐二年，临安沦陷，恭帝与太后被元军俘去。为收拾残局，文天祥以大无畏的民族气节赴元营议和，议和不成反被元将伯颜扣押。押解途经江苏镇江时，文天祥设法逃出，辗转逃至温州。德祐二年（1276），文天祥与众将士在福州拥立益王赵昰（端宗）即帝位，改年号景炎。端宗任文天祥为右丞相、信国公，诏为枢密使，同时任陆秀夫为直学士、签书枢密院士，任张世杰为副枢密使。改福州为福安府，列为行都，以福州、漳厦为根据地，招兵囤粮，徐图再起，匡扶宋室正统。

文天祥率部转战福建、江西、广东，收复失地，声势大振。景炎二年（1277），文天祥在今福建省武平、上杭、永定，江西省的会昌、安远、寻乌、瑞金、石城、雩都及广东省的平远、蕉岭、梅县、兴宁、五华、大埔、惠州、潮州、海丰、陆丰等地招募兵员，护军筹饷，号召民众团结一致抵御外族、匡复宋室，受到大家的拥护支持。民众纷纷参加义军勤王，在梅县松口单卓姓家族就有800子弟参加义军，勤王义师越来越壮大，狠狠打击了元军气焰。

景炎三年（1278）农历十二月二十日，文天祥屯兵于广东海丰县城北二里的五坡岭，文武百官及众将士正在吃午饭，突然被元军骑兵包围，宋军措手不及，慌忙应战，突围时文天祥被元军俘去。元将企图利用他招降张世杰等人，他严词拒绝，宁死不屈。当押解船驶过零丁洋时，他作诗曰：

辛苦遭逢起一经，千戈寥落四周星。
山河破碎风抛絮，身世飘零雨打萍。
惶恐滩头说惶恐，零丁洋里叹零丁。
人生自古谁无死，留取丹心照汗青。

祥兴元年（1279）农历十月初一，文天祥被押解至北京，囚禁达3年，始终不屈，怀浩然正气，每天在狱中读书写字，正告世人："吾养吾浩然之气，浩然者，天气之正气也。"元将张宏范崇敬其忠义云天，奏请元世祖将其释放。元世祖恐百姓拥文丞相为旗帜，反对和颠覆元朝，派宰相孛罗对文天祥威逼利诱劝降。文天祥气节不改，视死如归，写下千古绝唱《正气歌》，并剪下长发寄交家人，以示永诀。至元十九年（1282）十二月文天祥在北京柴市就义。

陆秀夫，江苏省盐城人，字君实，举进士，累官吏部侍郎。

张世杰，河北省范阳人，由小校累官至保康节度使，平江知府。

元军南侵时，陆秀夫、张世杰两人应诏勤王，陆秀夫出任刑部尚书，稳定朝廷应变，张世杰则被朝廷委为都督，率兵入驻首都临安。临安失守后，两人与文天祥及其他文臣武将拥立益王赵昰在福州即帝。端宗任陆秀夫为直学士，张世杰为枢密副使，与文天祥共秉政。在元兵强大攻势下，文天祥转战在闽、粤、赣边募兵筹粮、壮大勤王力量，陆秀夫则保护端宗由海路向广东南澳、吴川转移，张世杰留在福建沿海阻击元军的追赶。

景炎三年（1278），文天祥在广东海丰五坡岭被元军俘去后，陆秀夫、张世杰等众将士保护端宗逃至硇洲岛（今广东吴川县南一岛屿）。其时，正值隆冬季节，风大浪高，许多船只翻沉，端宗惊吓成疾，次年四月，11 岁的端宗病死在硇洲岛上。端宗死后，大家又拥立 8 岁的广王赵昺为帝，改年号为祥兴。广王封陆秀夫为左丞相，张世杰为越国公，移师崖门山（今广东新会县南海中的岛屿）。崖门山两山对峙如门故名，地势险要。将士们入山伐木，在岛上造行都、建军营，与元兵对抗。但崖门山是个孤岛，元将张宏范由湖南直下，纠合李恒从广州奔袭，80 余万元军包围崖门山。陆秀夫、张世杰组织 20 余万守军和 20 余万民兵，英勇抵抗，南宋官兵个个英勇顽强，但由于腹背受敌，终于寡不敌众。祥兴二年（1278）二月，张世杰部被张宏范击溃，乘小舟突围西走，至今阴江县海陵岛时，遭遇强风覆舟溺海而殉国。陆秀夫身上多处负伤，不愿宋帝被俘，于祥兴二年（1278）农历二月初六，背负幼帝赵昺，手抱皇朝玉玺跳入银洲湖内殉国。朝中文武百官、陆秀夫全家及众军士亦相继蹈海，壮烈殉国，无一人降元。至此，宋朝告亡，元朝统治中国。

文天祥、陆秀夫、张世杰三位南宋宰相，为反抗蒙古族入侵，精忠护国，为恢复汉室不屈不挠，英勇献身，深受人们的崇敬与颂赞，被誉为民族英雄，被黎民百姓视若神明，以各种方式景仰纪念他们，使他们的高风亮节精神流传千古。在北京、浙江温州、福建福州、江西赣州、吉安等地建有文丞相祠或文公祠等供人祭祀。在广东海丰县五坡岭文天祥遇难被俘地建有“方饭亭”，亭内石碑刻有文天祥半身像，阶下立刻有其事迹的石碑，两边石柱刻有一楹联：“热血腔中只有宋；孤忠岭外更何人?”与方饭亭同时建的还有“表忠祠”，正殿置文天祥、陆秀夫、张世杰三位相公塑像，其牌坊石亦有一楹联：“五坡岭继五丈原；森森丞相一祠堂”。在新会县崖门山岛建有“大忠祠”，中有祠联：“宇宙万年无此事；春秋一例仿诸公”。在梅州市建有“文公庙”，百花洲旁的一座桥命名为“状元桥”。兴宁市的旧八景之一称“丞相文峰”，该县西郊当年文天祥驻军时每晨五更向北朝拜，思怀宋王朝地命者为“朝天围”。长乐县（五华）夏阜马石滩建有“三忠祠”。在平远县城（仁居）建有“三位相公庙”。在泗水梅子畲有相国卦竹，旧《县志》称：在梅子畲，宋末丞相文天祥，经过时摘竹叶啮指滴血占卦，至今血痕犹存，俗称满山红；文天祥坐过的石，蚊蚋不敢近，称为“君子石”；热柘文天祥经过的地方称“相过坑”。人们除建祠庙举行祭祀活动外，历代文人墨客还撰写了不少脍炙人口的颂扬诗篇。

据清嘉庆二十五年印《平远县志》载：二相公庙在县城新仓侧（未载建筑年代），为砖木结构上下堂式，占地面积 100 多平方米，庙门联：“正气垂宇宙；丹心冠古今”。庙的正厅置三位相公像，中间为文天祥，身穿黄袍；左边为陆秀夫，身穿红袍；右边为张世杰，身穿绿袍。三神像端坐在木质大师椅上，肃穆威武。正方两侧福联：“亿尊神抗敌御侮忠负报国光青史；怀英哲除凶攘寇节烈成仁仰高风”。位前摆设一张特大画花油漆神桌，摆放香炉烛台及祭品。庙前空地建有演戏楼棚，每年农历三月初三、六月初六及十月十六日，为三位相公的寿诞日。是日，鼓乐喧天，鞭炮齐鸣，众人在三相公像前摆上三牲果品，燃香点烛，虔诚地顶礼膜拜，并请来木偶戏或汉剧戏班，在庙门戏楼演出，人涌如潮，热闹非常。此外，每年祭江、打醮等大型酬神活动，都必请三相公，还抬着三相公神像在各街巷、乡村巡游。

民国十五、十六年（1926、1927）间，平远县教育科为筹办教育经费，将相公庙拍卖，把三相公神像迁移至城隍庙右殿供人们祭祀景仰。如今虽然庙宇、神像不存，但在仁居镇的六吉、木溪、邹坊等村仍然年年举行祭祀三相公的活动，三相公的爱国的民族精神仍然激励着后人。

迎相公纪念民族英雄

每年农历的三月初三、六月初六和十月十六日，古城仁居镇的六吉、邹坊、木溪等村都要举办既隆重又热闹的迎相公酬神活动，旨在纪念被誉为民族英雄的南宋文天祥、陆秀夫、张世杰三位宰相，缅怀和彰显他们的忠贞正气和民族精神。这一迎神活动自明朝初年一直沿袭至今已有600多年，成为当地的传统民俗。

一年三次的迎神活动也就是三相公的祝寿典礼，因为相传这三天是三位相公的寿诞期。每次迎神活动前，全村进行大扫除，从屋内屋外到大小村道都要打扫得干干净净。同时准备好牲醴，购置龙香宝烛、纸衣袍、纸高冠、纸大靴、金银锭帛，还有鞭炮、礼花等祭品。此处还要雇请吹鼓手、民乐队和司仪的礼生数名。

迎神祭礼的一切准备工作均由礼主牵头组织，礼主是轮流担任的。数户为一组，全村分成若干组，酬神祭祀时，在三相公坛前采用“圣诰”抽签的形式确定下一轮的祀主。酬神祭祀后，就把三相公的神像等迎至新祀主厅堂安放，至下次酬神祭祀时又产生新一轮祀主，如此循环往复。

迎神祭祀当天上午，村民们还有各村来的亲戚朋友、善男信女等云集祀主屋场，即安放三相公神像的厅堂。只见案桌上摆满牲醴果品，大家燃香点烛，顶礼膜拜，由礼生分别读省牲、献熟和祝寿祭文。在礼生的主持下，参加祭祀的人，个个虔诚地祈祷相公爷保佑消灾获福，谋事遂心，四季平安。祝寿典礼后，便是抽签产生下一轮祀主，大家都把能求得相公爷特准，当上祀主首事作为非常荣宠之事。一经确定，新祀主便跑回家用大红纸写上“三元莅荫”的横额贴在大门楣上，表示虔诚光彩。并马上布置三相公坛位，按照厅堂大小写张贴楹联：“我祖荣旋应时序；尊神返座适民心”或“缅尊神抗敌御侮忠贞报国垂青史；怀祖德创业鸿图贻谋燕冀仰高风”，虔诚地做好一切准备，迎接三相公登坛。

午饭后，举行相公爷出巡到新祀主家登坛的游行盛典，大家再次燃香点烛向三相公叩拜。接着，燃放鞭炮、敲锣打鼓、吹奏八音民乐、高擎彩旗，簇拥着三相公神像在村中巡游，巡游队伍所到之处，人人合掌鞠躬，以示虔诚崇拜。整个村庄到处熙熙攘攘，人如潮涌，呈现一片欢乐、祥和的节日景象。大家一直把三相公神像迎送至新祀主家登坛后，活动便告圆满结束。

为什么迎相公这一民俗在这几个村能一直沿袭几百年？

据史料载：南宋末年，强悍的蒙古族元兵渡江南侵，南宋朝廷危如累卵。文天祥、陆秀夫、张世杰三宰相临危受命，担负起保国护民、抵御外族入侵的重任。在蒙古骑兵的强大攻势下，三位相公先后护卫着宋帝赵昰和赵昺，转战在浙、闽、赣、粤4省，收复失地，募兵扩军，徐图匡复宋室。南宋将士在三相公的统领下，与元军展开艰苦卓绝的斗争，但终因寡不敌众以失败而告终。文天祥写下“人生自古谁无死，留取丹心照汗青”的千古绝唱，直至被俘坚贞不屈英勇就义。陆秀夫、张世杰及全部勤王义军威武不屈以身殉国，无一人投降。他们面对敌人威逼利诱气节不改的爱国的民族主义精神受到人们的无限尊崇，赞誉他们为民族英雄。南宋亡后，人民在元朝的残酷统治下更加怀念他们，以各种方式祭祀纪念他们。

此外，《平远县志》（1993年出版）载：“南宋末年，宋文信国公起兵勤王，路过现平远县境（原为程乡县），招兵扈驾，原籍青壮男丁几乎全部从军。”传说，当时文天祥率勤王师从闽入粤，再向赣南发展，曾经在今仁居的邹坊、六吉、木溪等村经过，许多青壮年参加了勤王师。《梅州市志》（1999年出版）大事记：“宋景炎二年（1277）文天祥两次由福建汀漳入梅州，征召勤王义师。是年3月，勤王师收复梅县，经梅县松口时，受当地群众热烈欢迎，自愿参加勤王者，仅卓姓就达800多人，军威大振。”与元军作战时，从军者大部分战死。宋亡后，幸存者亦不敢回乡，流落异地。所以，现在供奉的三相公神像后，还画有许多南宋勤王将士，大家在纪念、祭祀三相公的同时，也一并祭祀为抵御外族入侵参加义军而为国捐躯的祖先们，正如三位相公神坛前张贴的另一副对联所说：“我祖德泽荣家谱；尊神伟绩炳人寰”。因此，这一民俗具有强盛的生命力，能经久不衰地沿袭至今。

岁时习俗

12个月的民俗歌谣

正月唔得过。农历正月，家家户户团团圆圆欢度春节、元宵。正月初一一交子时，大家便燃放鞭炮接财神。起床后，大家见面说吉利话，互相拜年。初一这天，全家"吃斋"（吃素）。除夕晚饭后，就要清洗炊具及碗、筷、勺、盆，把鱼肉鸡鸭等荤菜收藏起来。吃斋来由，一说吃掉一年的灾难（斋与灾谐音）。还一说是过去有一老翁，虽然生有二子七孙，但大年三十晚上却饿了一餐，气得出家当和尚。儿孙们悔恨莫及，为记取不孝的教训，大年初一戒荤吃斋，一直沿袭至今。其实，除夕夜吃了大鱼大肉，第二天吃吃素菜，对肠胃是有益的。吃完早饭人们相互串门、拜年，舞龙、舞狮、舞船灯的从初一开始到元宵节上门到各家各户拜年，大家则包给"利是"，到处喜气洋洋，锣鼓喧天。年初二，妇人"转外家"（回娘家）。初三为"穷鬼日""生虫日"，忌出门做客，忌进菜园，大家进行大扫除。初四至元宵节，仍为新年，可继续探亲访友。初五俗称“出年架”，外出经商、工作的陆续出门，俗话说：“火烧门神纸，各各寻生理（找生活），细个（指小孩）挟猪屎，大个（指成年人）做生理（一般指经商）。”年初七，各家都要吃“七样菜”，七样菜就是芹菜、蒜、葱、芫荽、韭菜、鱼、猪肉，七样菜要同时煮，全家都要吃；意取菜名谐音，芹菜的芹谐“勤”，葱谐“聪”，芫荽的芫谐“缘”，韭菜的韭谐“久”，鱼谐“余”，肉为富足，吃了七样菜，祈望人人勤快、会算、聪明、有缘、长久、有余、富足。正月十五是元宵节，老城的新、老东门及西门、南门，还有康衢街、仁里街（谷墟）等处，搭灯棚，悬挂豪华大型走马灯，各姓老屋也由生了男孩的（谐添丁）出资购置走马灯挂于上厅；城南岗坊每年元宵还烧烟架，城里城外，游人如织，鼓乐喧天，爆竹声如同欢乐祥和的协奏曲。一直至正月十六、十七，节日活动及各项应酬才告一段落。一个正月，大家忙于喜庆活动和亲友互访，似乎做了好多好事，腊月腌制的腊肉、香肠、猪肝、豆腐、煎粄、黄粄等“年料”大部分都已吃完，但看看日历却还是正月，所以，往往感到正月特别长久，特别难过。

二月有醮墓。清明节前，各家各户纷纷出门拜祭祖坟。同时，由主持祖尝的族绅，从祖尝田租中筹出经费，购置香烛衣纸和牲醴等，择日或沿袭规定之日，组织族人祭扫众祖墓，沿途雇鼓乐队吹吹打打，热闹非常。中午，大家在墓地附近野炊，称之为“打醮墓”。

三月有清明。清明节祭祀祖先活动结束后参加“义祭”活动。然后人们出外采青，把苎叶、艾、白头翁、使君子及何首乌等洗净去骨煮烂，和适当的糯米粉、粘米粉，用碓舂成胶状，再做成手指条状或舌状的药粄，蒸、煮由人，吃药粄有祛湿健肠胃之功效。

四月有夏过。在立夏节，人们趁农事稍空，买些肉食，或炒米粉、炒面等，丰俭由人，“春鸡、夏狗”，有些人还杀狗或买狗肉吃，名曰“过夏”。在四月，小麦也成熟了，可以割麦磨粄了，故又有说：“四月有麦磨。”

五月有端阳。在端阳（即端午）节，各家各户的大、小门旁都挂插菖蒲、艾枝和葛藤，屋前屋后大扫除后，喷洒雄黄酒，以驱虫逐疫。除宰杀鸡鸭、买肉酿豆腐外，还用糯米浸泡枧水后，用竹叶包裹成羊角形粽子，放置在盛有布惊树灰水的铁锅中煮得烂熟而吃。此外，傍晚人人都用菖蒲、痱子草、艾草等煮水沐浴，谓之兰浴或药浴，据说对预防生痱子和皮肤病有特效。

六月又尝新。到了六月，早稻陆续成熟，俗话说：“小暑小吃，大暑大吃。”新谷登仓，大家又可品尝新米饭，沽酒买肉，共庆丰收。

七月半。七月十五是中元节，俗称“七月半”，大家趁“双夏”过后休整走亲访友，从七月初七开始，有的过初七、十二、十三、十四、十五、十七、廿二、廿八，届时准备丰富的食品，邀请亲朋作客。在老城则组织以迎神集会，祈祷接福除灾为内容的“祭江”活动，家家户户宰杀牲畜，磨豆腐，迎接来看热闹的亲戚朋友。

八月半。八月十五为中秋节，俗称八月半。是夜，大家在门坪摆上案桌，放上月饼、水果，边品茶，边饮酒赏月。还有人搞

“请菜篮姐”“请桌神”等迷信游戏。有些地方还操办酒席款待来访亲友。

九月重阳。九月九日是重阳节，人们结伴到县内名胜凤山、项山、尖山、五指石、南台山等处登高，中小学生则由学校统一组织登高旅游。九月重阳节，因为中造糯谷已经收割，所以许多地方在节日打糍粑，以庆丰收，有些地方还操办酒席，招待亲友，称为过重阳。

十月朝。“朝”读作（zhāo），意早晨。在十月，晚稻已基本收割完毕，一些地方杀鸡鸭、买鱼肉、做豆腐，接待亲朋好友，俗称过十月朝。这个月，以村为单位，或几个村合并举办建醮、渡孤活动，演傀儡戏或请大戏（汉剧）班演出，热闹非常。

十一月有冬至。“冬至唔过唔寒”，这个季节，气温下降，一些地方在冬至日杀羊祭祖，称之祭冬至。而多数人用糯米酒炙羊肉吃，以滋补身体。俗云“冬至羊，夏至狗”（冬至吃羊，夏至吃狗），意为此时食此物对身体最有补益。在冬至节，各家各户都要用清冽甘甜的山泉水或井水浸泡糯米，然后用碓踏成糯米粉，用来做糯米粄或汤丸吃。同时还要用纯净的糯米多蒸酿年酒，有“冬至酒，留到明年九月九”之说。

十二月又过年。十二月就是腊月，大家又忙于腌制腊肉、香肠、猪肝等，购买节日用物和“年料”。十二月二十日开始进行室内外大扫除，清洗家中所有用具。廿三日，置办牲醴祭祀灶神。年二十五日“入年架”，家家户户做米程、麻程，炸米粄。年二十八、二十九，杀鸡、杀鸭，筹办菜肴。除夕日，贴春联、门神，悬挂大红灯笼，准备三牲供品、香纸蜡烛，拜神、敬祖宗，大放鞭炮，谓之“辞岁”。下午，全家老幼必须沐浴（俗传除夕不洗澡，来生会变牛），更换新衣服、新鞋帽。除夕夜，合家吃团圆饭，菜肴特别丰盛。晚饭后，长辈给小孩发“压岁钱”，一家人共叙天伦之乐，多通宵不眠，俗称“守岁”。从除夕傍晚开始至正月初二连续三晚，在厅堂、厨房及所有住房均点上油灯直至天明，称之为“点年光”，取意在新的一年红光普照，兴旺发达。

平远过年习俗

春节是一年中最大、最隆重的传统节日，俗称“过年”。古城过年民俗与各地大致相同，外出各地的亲人都尽可能提前回家与家人团聚，欢度春节。

自冬至起，家家户户就开始蒸糯米酒。腊月中旬起，准备过年食品，如做“米程”“麻程”“炸油馃”“炸云片”。年二十三日，在厨房敬灶神。年二十五日称“入年架”，屋内屋外大扫除、大清洗，接着做黄粄，磨豆腐，做煎粄，炸花生米，炸黄豆，炸豆腐。年二十八九，杀鸡、宰鸭、买肉，筹办菜肴。除夕日，贴门神、姓氏楹联，挂大红姓氏灯笼。在厅堂挂、放先祖像，布置祭祀祖先用的烛台、香炉及案桌。全家大小早早洗澡换新衣裤、新鞋帽（俗传除夕不洗澡会变牛），然后挑上“三牲”供品，在厅堂焚香点烛、烧衣纸、敬祭祖宗，长辈趁机给晚辈讲述本姓渊源、祖宗艰苦创业之美德，教育大家饮水思源，报本返祖。然后，大放鞭炮，谓之“辞岁”。除夕晚餐，合家吃团圆饭，合家守岁，共叙天伦，长辈给小孩发压岁钱，家家在厨房、间房点灯，室内外彻夜灯火通明，谓“点年光”（从年三十点至初二；初三谓老鼠行嫁，不点灯；初四、初五接着点至初六结束）。

大年初一零时，家家户户开大门，燃放鞭炮，谓新年伊始，开门大吉，迎接喜神、财神。年初一，整天全家食“斋”（不食肉食），寓意吃掉一年的灾难（斋与灾谐音）。其实，一是节俭肉食开支；二是除夕吃了大餐，初一换换清素的口味。早饭后，大家互相拜年，说吉利话，舞龙舞狮队到各村各屋拜年，主家以鞭炮相迎，并给红包感谢。

年初二，妇女回娘家，俗称“转外家”。初三称“穷鬼日”“生虫日”，是日禁入菜地、菜园，以避蔬菜生虫；各户将垃圾倒在大路口焚烧，称“送穷鬼”。初三不外出。初四继续探亲访友。初五谓“出年架”，表示年已过，大家开始新一年的工作，俗话说，年到初五六，无酒又无肉。各农户也开始筹备春种春耕，外出回乡过年的乡亲陆续返回单位，正所谓“火烧门神纸，各各寻生理”。

改革开放后，随着生产发展，物质丰富，人民生活水平的提高，过年的食物结构向新鲜、营养、环保、无公害转化。同时，人们科学意识不断提高，一些落后的民俗也逐步被摒弃，但合家团聚、饮水思源、敬祖睦宗的传统年俗依然在代代延续。

腊月廿三敬灶神

腊月廿三，古城和其他客家地区一样，一直传承着敬灶神的民俗。

灶神，民间俗称灶王、灶君、灶王爷，也称“东厨司命”。

关于“敬灶神”，还有个民俗故事。

传说唐代有个姓张、名单、字子郭的人，他娶妻丁香，丁香孝顺公婆，勤劳节俭，与邻里和睦。后来张单外出经商发了财，移情别恋妓女海棠，回家休了丁香。丁香嫁给贫穷老太婆打柴的儿子。海棠好吃懒做，失火烧光了家产，丢下张单改嫁了。张单只好流浪讨饭。腊月廿三，他到丁香家讨饭，被认出后羞愧难当，一头钻进灶门里憋死了。因为他是玉皇大帝的本家（都姓张），所以玉皇封他为灶王。灶神管人家的饭食，保护一家人的安康、团圆，还监察家家户户的“善恶功过”，上天向玉皇大帝禀报，玉皇据此决定人的寿限，所以灶神被称为“东厨司命”。

大家希望灶王爷保佑全家平安，又怕他到玉皇那儿告状，所以，从宋代便形成“媚灶”的习俗，希望他“上天言好事，下界保平安”。

腊月廿三，家家户户大扫除后，郑重其事地在厨房点燃香烛，供上三牲（鸡、鱼、猪肉）、糕点，还特意供上麦芽糖、娘酒，意把灶神的牙粘住，并让他喝醉，在玉皇面前“功过”都别说了。

随着朝代的进步，这一传统民俗逐渐被人遗忘了，只是腊月二十开始，屋内到屋外全面大扫除，准备过春节的习俗还一直沿袭下来。

话说爆竹桃符、春联门神

“爆竹声中一岁除，春风送暖入屠苏。千门万户曈曈日，总把新桃换旧符。”这是宋代诗人王安石一首七绝《元日》。诗人用28个字，精辟地概括出春节时广为流行的放爆竹，饮屠苏酒，挂桃符，贴春联、门神的民俗活动。这些是全国性的民间习俗，也是古城仁居客家人传承中原遗风的民俗。

现时的“爆竹”是用纸裹着火药制成的鞭炮。大年初一凌晨，各家各户都纷纷燃放鞭炮，迎接和欢庆新年的到来。噼噼啪啪的鞭炮声此起彼伏，烘托织染着节日热闹的气氛。在古代，燃放的却是真正的爆竹。《神异记》载：“以竹着火中，火哔啪有声，而山魈惊惮，后人遂象其形，以火药为之。”由此可见，古人燃烧原竹使其发出巨响以驱逐山魈。由于“爆竹”过于烦琐原始，后人就发明了鞭炮，并广泛流传，用于时令节庆、婚庆祭祀等活动，放鞭炮逐步成为各项民俗活动不可缺少的内容。

除夕及春节期间，大家都会饮屠苏酒。唐代医药学家孙思邈于除夕夜里入药、令浸井中，元旦取水置酒，饮之不染疠疫，名曰“屠苏酒”。饮“屠苏酒”习俗因药方复杂、制作时间长，故只有部分地区还在延续。

什么是桃符呢？据《淮南子》一书说：桃符是一块一寸宽、七八寸长的桃木板做的。在桃木板上写神荼、郁垒两神名，或画上这两个神像，称为桃符。将桃符悬挂在大门两旁，左神荼、右郁垒，以压邪鬼。传说，神荼、郁垒是专门监察“鬼”行动的神，人们就把他们请来镇邪驱鬼。

到了700多年前的五代，桃符有了新的发展。蜀后主孟昶写下“新年纳余庆，嘉节号长春”，这是我国第一副春联。从此，春联逐渐从驱鬼辟邪的桃符中脱出来，并逐步写成吉年佳语，文句也讲究工整、对仗，演变成现在的春联，成为表达愿望、赞颂新春到来的一种独特表达方式而世代传承。

宋代“春联”还是称“桃符”，有王安石诗为证，但联语不限于写在桃符上，推用在楹柱上，后人称之为楹联。

到了明代，“桃符”才真正称为“春联”。明代文人陈云瞻著《簪云楼杂话》一书载：“春联之设，自明太祖始，明太祖帝都金陵（南京），除夕忽传旨：公卿士庶家，门口须加春联一幅，帝微行出观。”朱元璋不仅亲自微服出游观赏春联，还亲笔题写春联。帝王提倡，春联日盛，终于形成靡行全国的一种风俗。

至于门神，历史上有两对流传最广的门神。一对为神荼、郁垒，另一对是秦叔宝与尉迟恭。神荼、郁垒本是驱鬼之神，任门神之职，那是理所当然的事。秦叔宝、尉迟恭为门神却有段故事。相传，一次唐太宗受到厉鬼的干扰，日夜不得安宁，不要说白天上朝议事，就是晚上也不能安寝。后来，叫秦叔宝、尉迟恭两员大将前来镇守宫殿，整座宫殿一下子便显得平静了，特别是两将在皇上寝室一站，厉鬼便不敢声息。但总不能让两将日夜在宫殿守候吧，于是唐太宗便令人把两将的形象画在宫门上，鬼祟看见两将画像也不敢出现捣乱。从此，秦叔宝、尉迟恭就成了新的门神，而且深受人们的尊崇和喜爱。每年春节，人们就在大门上贴上门神，期望门神驱邪逐鬼，保佑四季平安行好运。

贴姓氏联，挂先祖像，思根溯源扬祖德

在客家地区，每年春节，家家户户都在大门悬挂姓氏、郡望灯笼，张贴姓氏楹联，在厅堂挂、放先祖画像或照片，既渲染节日喜庆气氛，又弘扬祖德，炫耀门庭，激励后人思根溯源，敬祖睦宗，不数典忘祖。这是客家人世代传承的传统美俗。

姓氏楹联包括堂号、门第、门联、祠联，它是姓氏文化的重要内容。它记述了本姓的历史渊源，始祖的籍贯、封号和生平，还有科举功名情况，歌颂了具有代表性的人、事和功勋业绩，是教育后人遵循祖训、弘扬祖德，遵守社会公德、职业道德和家庭美德的箴言。看姓氏楹联，客家人强烈的寻根意识和弘扬祖德、耕读传家的优良传统跃然纸上。品读和研究姓氏楹联，可以有效地增强民族凝聚力，激励本姓族人缅怀先贤、和谐团结、奋发向上。

一副姓氏联，就是一个姓氏故事。只要一看对联，就知此家何姓，从何处迁来，有什么典故，知道此姓有哪些最值得彰显和骄傲的人和事。“四知门第，弘农世家”是颂扬东汉弘家华阴（今陕西）人杨震为官清廉、严于律己的事迹。他升迁荆州刺史、东莱太守时，上任路过昌邑县，县令王密夜携黄金 10 斤相赠，杨婉言拒收，王密说：“暮夜无知者。”杨震说：“天知、地知、你知、我知，何谓无知者。”王密惭愧而走。杨氏家族遂把“四知”作为本姓典故堂号，并把“四知世泽”或“清白门第”作为代表杨氏家族的精神，嵌入本姓堂联中，用杨震“暮夜却金”的高尚情操激励后人，发扬光大，廉洁自律。“九龙世第，十德

家声”是常见的林姓氏联，讲述的是战国时赵相林皋，生九子皆贤，其以古代君子的10种美德（仁、智、义、礼、乐、忠、信、天、地、德）为立身之本，并以“十德”教子成才的故事，勉励后人以德为本，严于教子。林姓的门第为“双桂第”，说的是唐代福建莆田的林蕴、林藻兄弟俩同科登进士及第，比喻两人同科及第（古人以折桂喻科举及第），林姓便以“双桂”为门第，以此为荣，启迪后人奋发读书。

各姓一般都以祖先的居住地为堂号，如王姓的“太原堂”、陈姓的“颍川堂”、李姓的“陇西堂”、刘姓的“彭城堂”、冯姓的“始平堂”……一地不可能只住一姓，故一郡地有多姓的堂号，如打“太原堂”的就有10多姓，打“天水堂”的也有8姓之多。此外，也有以祖先的德行、著述盛迹为堂号的，如曾姓的“三省堂”、谢姓的“宝树堂”、张姓的“金鉴堂”等。

春节期间，大家还在各自的厅堂挂、放先祖的画像或照片，让晚辈们顶礼膜拜。明清时代，还没有照相馆，只有民间画师，为了把长辈的慈容留作纪念，大家便请画师用国画颜料或炭画粉为他们写生画肖像。国外照相机和照相技术引进后，便改画像为照相。有些人还把画像或照片送到瓷像馆，烧制成瓷像，并制作精美相框装饰。

各姓长辈都利用春节家人团聚之机，向晚辈们讲述姓氏楹联、堂号、门第的缘由、典故，讲述先祖南迁创业的经历，讲述近祖的生平业绩，教育和激励大家念祖思宗，弘扬祖德，奋发图强。因为年年延续这一美俗，才使客家人的优良传统文化得以世代相传。

金狮龙灯闹新春

古城人的舞金狮是表现人与猛兽持斗的舞蹈，大体与其他客家地区的舞狮活动相同。相传是反映唐僧师徒去西天取经，途经狮驼国，见瘟疫盛行，横尸遍野，师徒无计可施。幸好遇见观音菩萨，赐给唐僧长命草一撮和破葵扇一把，要他们逗引后山沉睡千年的雄狮，绕山一周，病魔可除。唐僧师徒依计而行，果然奏效。因此，狮子成了镇邪魔、吉祥如意的象征，所以在表演前要先到各户登门参拜，以驱邪魔保平安。

金狮由两人操舞，头尾各一人，舞头者一手持狮头内横档，一手托嘴下巴，踏着锣鼓节拍摆狮头和控制嘴巴张合。狮头内还可以用线操纵眼球转动。操狮尾者一般为较矮小又灵活者，弓身拱背，顶着狮被摆动尾巴，配合狮头做好每一动作。弄狮者 1 至 4 人，戴着假面具（称“鬼面壳”），扮沙和尚和孙猴子。沙和尚一手执破葵扇，一手拿一把万年青草（又称“长命草”），脖子上还挂着用红绳系着的两个小三角形红布沙袋。舞狮过程有引逗、拜山、出山、参狮、睡狮、扇狮、逗狮、镇狮、驯服等情节，穿插一些趣味、诙谐的动作。每场历时约 25 分钟，表演时用锣、鼓、钹等伴奏，节奏明快，气氛热烈。金狮分文、武两种，文狮长于表演，多一些趣味性情节；武狮重技巧，有跳跃、叠人、飞桌等惊险动作。有些狮队还带有武术表演，如拳术、矛、刀、剑等表演。古城各乡、村都组织舞狮队，一般在春节至元宵期间和重大节日隆重集会时表演。

龙灯舞——仁居古城流传的龙灯有 2 种，布龙、香火龙，以布龙为主。再配上龙珠等亦由 1 人持舞。游行时一般有 4 盏圆灯作前导，有打击乐器如鼓、锣、钹、铛伴奏。

龙的骨架均用竹篾扎制，每节长约 0.7 米，每节之间距约 1 米。布龙用布包联各节，并在表面画有龙鳞，缀上装饰物等；香火龙用稻草扎在竹篾架上，在稻草表面密密地插上条香，舞前点燃香火，一般在夜晚时表演。2009 年 3 月 3 日，香火龙列入平远县第二批县级非物质文化遗产代表性名录。仁居镇的曾善仁、黎传礼被列为香火龙的传承人。

舞船灯庆新春

每逢春节和元宵，古城的街头、乡村除了舞龙、舞狮外，人们还舞起船灯，庆新春、祈丰收、度佳节。船灯舞曲调优美酣畅，表演形象生动，为节日增添了欢乐祥和的喜庆气氛。

船灯是群众喜闻乐见的民间歌舞，其起源于福建，据《武平县志》（卷二八·文化）载：船灯始于清初。说明船灯这一民间艺术流传至今已有 300 多年的历史。19 世纪末，船灯由福建省武平县传入平远古城后，在历代民间艺人的努力下，不断改进和创新，既继承了武平船灯的传统艺术，又与各地的“旱船”表演有显著差别，成为独树一帜的平远船灯，古城仁居镇也成为平远船灯的发源地。

关于船灯的由来，有许多不同的动人故事，较为流传的是：清朝乾隆皇帝巡游江南来到福建沿海，突遇狂风暴雨，幸被渔民公孙（女）俩相救，并盛情款待。乾隆为感谢他们，特赐一块“渔家乐”金匾和夜明珠一颗。公孙俩将金匾悬挂于船头，把夜明珠挂于船尾。从此，渔民身份倍增，渔霸亦不敢欺凌。更重要的是，有夜明珠之光照亮航程，不论天阴地暗还是茫茫黑夜，照样出海捕鱼，获取丰收。后世文人墨客根据这一传说，利用民间艺术形式创作了船灯舞，以迎新春、庆升平。

船灯舞的船以竹木为材料制成，起初非常简单，经过不断改进，逐步形成画舫。船身全长约 3.5 米，船中宽 1 米，舱内高约 1.6 米。船身前面为宫殿式楼阁，正中央装夜明珠一颗，檐下缀有“圣旨”金牌，再下面挂着“渔家乐”匾额。门楼左右置 4 根圆柱，内柱为黄龙缠柱，外柱为楹柱，楹联曰：“江湖河海波浪涌；通达远近逍遥遊”。船身后面为龙门，门楼挂“禹门”匾额一块，左右缀红、绿鲤鱼各一，朝向禹门。龙门左右亦竖 2 根楹柱，楹联曰：“曲曲笙歌伴流水；声声哎哟绕画舫”。船身两侧分别贴有古装人物图案。船顶以花布覆盖于斗拱架上成篷状，船尾则装上两条长竹弓，由船身尾顶左右顶直弓至船尾处，并以红绸长带系上彩球沿弓垂挂，两弓之间，悬吊一红灯笼。无船底，船舷板下周围，饰以 0.6 米宽水色绸布，称为“水布”，既用以遮挡操船者的脚，又示船在水中荡漾。

船灯舞由三人表演，男女演员各一，男演员头戴草帽，身穿古代渔民服装饰艄公（老翁），女演员穿古代青衣花旦服装饰艇妹（孙女），各持船桨一支，分别在船头、船尾表演，还有一人则藏在舱内操纵彩船。表演时，前进后退、左摇右摆等动作，全靠操者控制，舱内舱外配合默契，时而似在急水滩头中搁浅，或在暴风骤雨中迎击搏浪，表演得栩栩如生，真正达到“船在水上航，人在船中舞”的艺术意境。

船灯舞的伴奏乐器以民间管弦乐器如唢呐、横箫、三弦、板胡、二胡、扬琴和打击乐等为主，还有一种叫七星盘的乐器。行进中以乐锣为主的锣鼓调开导，继以八音奏《路调》徐步前进，节奏明快，气氛热烈。表演的曲调以《渔家乐》《闹元宵》和《摇船曲》为主旋律，还采用《卖杂货》《十二月古人》《瓜子仁》《夜行船》《迎风斗浪》《拉船曲》和《花鼓词》等民间小调，悠扬婉转，娓娓动听。难怪沿袭几百年历演不衰。

新中国成立后，船灯舞这一文艺奇葩，在新老文艺工作者的不懈努力下，在台本、音乐、表演、道具等方面不断改革创新，单船改为双船、三船，新设计了“夜行船、追船、跳船、漂船、漩船、汇船”等表演段式，使船灯更舞蹈化，赋予它新的活力和生机，更受观众的喜爱。不但成为本县各大节日文娱活动的重要节目，而且还经常参加省、市文艺会演，并两次晋京演出，应邀参加澳门《月满照濠江》大型文艺演出，受到各地观众的好评。多次获奖，1998年，广东省文化厅授予平远县为“民族民间艺术之乡（船灯舞）”称号。

烟花灯会闹元宵

昔时元宵节，平远古城除了舞龙狮、舞船灯外，每年还照例举办灯会，在城内定点建灯亭，悬挂工艺精湛、设计独特、动静结合的巨型花灯；在城外燃放烟花焰火，演木偶戏。届时，全城内外锣鼓喧天，鼓乐齐鸣，游人如织，彻夜灯火与明月争辉，处处欢声笑语，人人喜气洋洋，欢度元宵佳节。

古城灯会从正月十三日开始，在新东门、老东门、西门街、南门岗、谷墟街、康衢街 6 处筑灯亭、装灯架、贴对联。接着举行挂灯、点灯仪式，花灯随着阵阵鞭炮声和悠扬喜庆的八音、鼓乐声徐徐升挂在特制的灯架上，由德高望重的乡绅点燃油灯或置放火盆。

灯会费用由各街居民集资，或由各姓祖尝捐助。花灯呈六角或八角，最大的直径 1 米多，高近 2 米，从潮汕梅州等地采购一些材料，由民间艺术扎糊。以木条木桄为框，竹篾竹条为骨架，芒杆等为风车轴杆，金箔、银箔、绸布、色纸装贴粘糊，并以蝙蝠（福）、神鹿（禄）、寿桃（寿）等吉祥剪纸贴饰。花灯分 3 至 4 层，中间置大小风车若干，周围安装彩色艳丽的公仔，内容有刘、关、张三战吕布及三打祝家庄、三打白骨精、八仙过海、张羽煮海等历史神话故事，还有在砻谷、踏碓、筛米、捅马蜂窝、舞龙狮的一般百姓。这些公仔制作考究，有的用厚纸剪割，有的用泥捏头手，穿戴华丽服饰头帽，栩栩如生。花灯底部中央放置木炭盆或盛茶油置十数支灯芯的小油锅。利用火盆、灯锅散发的热空气上升，推动灯内大小风车不断旋转，安插在车周围的人物也不停地转动追逐，同时又牵动外围各式公仔不时地表演动作，博得游人的阵阵笑声和喝彩。花灯顶角和周围还设置了小油灯，使游人更能看清灯景全貌。灯景优美，游人们无不赞誉艺人们精湛工艺，充分体现劳动人民的聪明智慧。

在各灯亭亭柱上，还书写张贴赞美灯景的对联，如南门岗花灯亭联：

闪烁透云霄，多是珠明连月色；

鲜妍争富贵，借来灯艳亲春光。

康衢街花灯亭联则把街名“康衢”二字嵌入对联。

康爵酌良辰，看今宵灯日双辉，天真不夜；

衢歌称盛世，听此日笙箫一曲，人乐长春。

兴隆街的花灯，配的对联是：

兴早且眠迟，喜今宵，花市月明，百姐诸姑同玩赏；

隆恩沾广众，看此日，星桥锁市，公孙父子共遨游。

三副灯亭联，把人们在月色灯辉下，歌颂太平盛世的美景勾勒出来，对仗工整，且具地方特色，读起来真令人有情景交融之感。

正月十五日晚，城外的岗坊村，由祖尝出资购置烟花燃烧，俗称“烧花”，游人争先恐后前往观看，人们的欢笑声、鞭炮声和烟花灯景融为一体，热闹非常。此外，凡去年生有男孩的人家，今年元宵也都会定制小型花灯悬挂在自己屋内正堂，谓之添灯（丁）。

古城灯会从正月十三日开始，延续到十六日才告结束，将花灯降下收藏，待明年灯会用之。

清明时节客家人吃青粄习俗

在客家地区，每年清明时节，家家都会采摘青草叶做青粄，人人都喜欢吃青粄，俗称吃清明粄，世代相沿成俗。

客家人大多居住在山区，清明时节，阴雨绵绵，万木峥嵘，客家山区雾气大、湿度高，人们易发风湿病。为此，客家人就地取材，趁清明野外踏青之机，采摘鲜嫩的白头翁、鱼腥草、艾叶、苎叶、鸡屎藤和使君子等青草叶作原料，加工成青粄。这些青草叶，其实都是中草药，具有祛风祛湿的药用价值和保健功能，其中使君子还可以驱除肠道寄生虫，因此，又有人称青粄为“药粄”。

做青粄的工序简易，先把采摘的青草叶清洗干净、去梗、煮烂，置于石臼中捣烂，再和粘、糯各一半的米粉若干混匀，加入适量的清水（喜欢食甜的可加适量的糖水）充分捣匀成粄团，然后把粄团置于案板上使劲搓韧，做成圆扁形或条形青粄，蒸煮咸宜，吃来满口芳香的青草味，又好吃，又保健。还可以把粄团碾成饺皮般的小块粄皮，包进甜豆沙或猪肉、香菇、竹笋等剁成的馅料，成为地道的客家美食——青粄饺。

清明祭祖

清明祭祖是客家人极为重视的传统活动，是客家人世代沿袭的慎终追远，报本返始的美德传承。

清明祭祖活动有两项内容：一是宗庙祭祀；二是踏青“打醮墓”。

宗庙祭祀是以宗族为单位，在各自的祠堂举行集体祭祖活动。祠堂祭祀一般每年举行两次，一曰“春祭”，于清明举行；一曰“秋祭”，在农历八月初一举行，其中以“春祭”最隆重。

清明前一两天，就开始打扫祠堂，清洗祭器，专人置办三牲醴品等祭祀用品。清明日，全族男女老少穿着整齐，云集祠堂，肃穆地按辈分依次排列，由德高望重的长辈主祭。在主祭人的指挥下，全体肃立，焚香点烛，向列祖列宗行叩拜礼，敬献祭酒及三牲果品。最后，诵读祭文，焚烧衣纸，鸣放鞭炮，敲锣打鼓，还要雇请八音班奏乐。祭祖仪式结束，中午，全族会餐。

清明祭祖活动的第二项内容是踏青“打醮墓”，也叫“祭地”。凡宗族内的远祖坟茔都要祭扫，从上元节（农历正月十五日）后至清明，由族内的管事统一安排时间，统一置办牲醴祭品，还要按参加祭扫人员多少，备足米、菜，以供野炊。此外，有的还雇请八音班一路吹打并在墓地吹奏。到了祖墓地，首先将墓地周围的杂草割除干净，在墓头用石块压上滴有鸡血的红纸，称为“挂纸”。另外，把12张草纸片用香插在墓地周围（闰年要插13张），称插“龙神纸”。然后摆上茶酒及三牲果品，焚香点烛，大家肃立在坟堂，打躬作揖，行叩拜礼。还要诵读祭文，祭拜毕，在墓前焚烧纸宝，鸣放鞭炮。

祭祀仪式结束，大家动手，在祖墓附近埋锅做饭，开始野炊，俗称“打醮墓”。8~10人一席，席地而坐，吃饭不久，以席为单位，把菜倒在一起，剁碎回锅再煮成大杂烩，称“醮墓菜”。在山上野炊，吃“醮墓菜”，饱览春光明媚的风光，令人心旷神怡，别有一番情趣。

清明祭祖的经费开支，过去在本族的公田、公山和其他公有尝产收入内列支，现在则由各户集资筹办。

清明祭祖，纪念共同祖先，除了体现客家人缅怀先祖、追远思源的美德，还起到了敦亲睦族、维系团结的作用，因而得以世代相沿。

祭 社

在客家乡间，至今沿袭着春、秋两季祭社的民俗。

社，就是社神，即一方土地之神，人们又尊称为社官，还称社神为保佑一方六畜之神。故有俗语云：“社官么开口，老虎不敢进村打狗。”社神坛，一般设置在一村的水口或山坳，安放社神的地方称社岗上、社神下或社树下，等等。

社，有春社、秋社，就是每年农历的春分、秋分前后的逢戊之日。祭社，就是在社日举行祭祀社神的活动，泛称“做社”。事先，由村里的几位善男信女牵头，向各家各户筹集资金，购置牲醴果品、香纸蜡烛、鞭炮等祭品。社日，村民云集社神坛，焚香点烛、摆放祭品，向社神顶礼膜拜、虔诚祷告，举行祭祀，由村中德高望重的长辈诵读祭文，诉求社神保佑邪疫不侵，四季平安，五谷丰登，六畜兴旺。然后，焚烧衣纸，鸣放鞭炮。

祭祀毕，将三牲醴品作为午餐的菜肴，再备其他肉菜，大家聚餐一顿。

另一种祭社形式则由各户置办牲醴果品及各项祭品，于社日到社神坛统一举行祭祀。祭祀后，各户自行设席，也可款待亲朋。

祭社这一民俗历史悠久。唐代诗人王驾《社日》诗云：“鹅湖山下稻粱肥，豚栅鸡栖半掩扉。桑拓影斜春社散，家家扶得醉人归。”这就是描写农村祭春社的情景，是祭祀的生动写照。客家人从中原迁徙而来，也把祭社这一民俗传承过来，并一直沿袭至今。如今，集资祭社活动日渐淡漠，但各家各户在社日仍然会到社神坛焚香点烛，摆放牲醴，向社神顶礼膜拜，祈求社神保佑。

祭社民俗充分反映客家人对平安、生产收成的祈望，也表现了他们在与大自然抗争中的求助心理。

义　祭

在客家地区，每年清明节的祭祀活动，除宗庙祭祖、踏青祭祖墓外，还有“义祭”习俗。

义祭在各地的厉坛举行，厉坛就是祭祀无人祭祀的厉鬼的祭坛。旧时，客家各地都会由当地政府及地方乡绅牵头，筹集专项经费，建义冢，收葬辖区内的无主尸骨，并定期设坛祭祀或建醮超度。有些乡村也会从公尝中安排资金，把筑路、建房时挖出的无主骸骨集中收葬，兴建义冢，清明时组织村民祭祀。

俗话说：“清明前祭祖宗，清明后祭野魂。”义祭一般安排在完成祭祖活动后进行。义祭由政府官员及乡绅组织，一些地方也有按姓氏轮流值祭的。义祭仪式较为简单，在清理干净厉坛周围杂草后，摆放牲醴果品、点烛烧香，大家一齐打躬作揖，接着由主祭人念诵祭文，祭文内容无非就是对孤魂野鬼抚慰一番。然后，焚烧纸宝纸钱，燃放鞭炮。祭祀毕，参加祭祀者会餐一顿。

建义冢，反映的是客家人的社会公德。义祭则反映了客家人在祭祀祖先的同时，也能想到那些无人祭祀、孤寂冷清的荒野游魂。这一举措，不也是客家人济困扶贫传统美德的体现吗。

“醮墓菜”由来

清明时节，客家人踏青祭祀祖墓时，在山上野炊，吃特有风味的“醮墓菜”，令人舒心惬意。说起“醮墓菜”的由来，可有个可歌可泣的传说。

很久以前的一年清明节，客家山区某姓几十位族人上山祭祀祖墓。因山高路远，所以，除带牲醴等祭品外，还按参加祭祖墓人数，带足米菜、碗筷和炊具，准备野炊。

中午时分，大家正在谈笑风生地吃饭，突然发现山下村庄的村民四处逃散，哭喊声一片，原来是有强盗进村抢劫。大家看到这些强盗大白天肆无忌惮的行径都义愤填膺，在族中长老的组织下，大家丢下饭碗，操起带来扫墓用的锄头、镰钩、劈刀、扁担，还有就地取材的木棒木棍，从山上蜂拥而下，奋不顾身地与强盗们搏打，终于制伏了强盗，为村民追回被抢的粮食、禽畜等财物。大家见义勇为的行动，令村民们感激万分。

事后，大家返回山上继续吃饭，但饭菜都凉了，只好把饭温热，又把猪肉、咸鱼、豆腐和萝卜丝等菜肴剁一剁，混在一起，回锅煮沸再吃。大家觉得这样的大杂烩别有风味，特别好吃，于是把它命名为“醮墓菜”。为了纪念这次锄强扶弱、见义勇为的举措，大家还决定每年清明祭墓时，野炊都照样吃“醮墓菜”，并相沿成习。

如今，山区交通方便了，大家上山祭祖墓只带些糕点和矿泉水，较少人在山上野炊了，而是在回到家里聚餐时，一边吃“醮墓菜”，一边给晚辈们讲“醮墓菜”由来的传说，传承见义勇为的美德。

厉　坛

客家人思宗念祖，崇敬祖先，敬重先人，每年的春节、清明节及中元节（农历七月十五日），分别在祠堂、祖墓、本屋祭祀本姓列祖列宗，还要组织到厉坛焚香烧纸，义祭孤魂。

所谓厉坛，就是为祭祀无祀主的孤魂厉鬼而筑的祭坛。厉坛的建筑性质分官办和民办两种。

官办厉坛：府、州、县各级在组织筑路架桥、辟墟建县等公益开发事业中，将无祀主古坟古墓的骸骨，还有因逃灾荒、躲兵祸等原因流离失所至死的殍尸，收集起来，由官府出资或牵头筹资，择地建义冢，筑厉坛，并定期组织祭祀。如清嘉庆二十五年（1820）版《平远县志・祀典・坛庙》：“邑厉坛，在城西，乾隆乙酉年知县李郕捐俸建。嘉庆二十年，邑侯于近城添义冢三处……”该版《平远县志・田赋・经费》载：“厉坛，岁支销银一十四两七钱九分。”可见官办厉坛的祭祀经费由本级财政支付。但也有官宦、乡绅捐款或置田，以田租为祭费的，如《平远县志》记述，清嘉庆二十年，知县卢兆鳌捐俸102千文，买黄畲乡坪湖村田租7斗，为递年祭扫义冢之费。

民办厉坛：客家先民迁徙到一地，开山垦田、兴建房舍、聚居建村时，将无坟主的骸骨集中一处，由公尝或乡绅牵头集资兴建厉坛，每年由族长或乡绅组织义祭，如至今还较完好的平远县仁居镇“冯氏广祀厉坛”。据当地长辈介绍，明朝末年，冯氏祖先由福建武平象洞迁来平远仁居，在开田地、建房屋时，将无坟主的骸骨妥为集中，由公尝出资在草塘排兴建厉坛。厉坛占地面积 40 多平方米，立长方形朱红色带小白花点的石碑，四周用白色石夹镶嵌，石碑正中用楷书刻“冯氏广祀厉坛”，左边镌刻“道光十一年仲春吉立”。道光十一年即 1831 年建坛至今已经 188 年。厉坛前辟有小草坪，坛后有一株大黄桷树。每年祭祀完祖祀、祖墓后，由公尝出资组织族人到厉坛义祭。

厉坛、义冢的祭祀，由明洪武初年开始增至每年 3 次，究其由来，《广东旧语》载：“洪武二年，皇上在阳朔殿梦一臣，仆头象简称，‘臣东莞城隍谨奏，岁中致祭无祀一次不敷，乞递年三次’。皇上醒来，而之封显佑伯，敕天下无祀者三次致祭。”据说，从此各地每年春秋两季祭祀完本姓祖宗后，分别由官府、各姓乡绅组织民众到各厉坛或义冢祭祀。另外，每年农历十月，各县、社区还举行办打醮超度孤魂活动。届时，择地建醮坛，虔请城隍、观音、关帝等八方神祇，请来和尚、道士，焚香击鼓，诵念经文、祭文。入夜，在各厉坛、义冢通往醮坛路上，点燃幡竹火把，意为招引孤魂野鬼们前来醮坛听经文、受超度，并给孤魂野鬼施饭团斋果，焚烧衣纸冥币。

收埋无祀主骸骨、殍尸，建义冢，筑厉坛，祭祀孤魂，展现了客家人良好的社会公德，这也是客家人世世代代传承的美德。

客家人端午时节食用草药习俗

端午节是全国性的传统节日。在客家地区，其节日缘由和习俗与各地大同小异，其中最大特点就是钟爱草药，采集、食用草药，以抵御湿热瘴毒的侵袭，保障健康。

进入农历五月，天气闷热多雨，空气潮湿，各种细菌快速滋生繁殖，还有瘴毒蛇虫，都严重影响和危害人们的健康。好在这时正是百草茂盛生长时期，客家先祖在长期的生产、生活实践中，认识了其中多种草药，并研究掌握了各种草药的性味、功效，大家便巧妙地利用这些中草药来防病治病、健本强身。

端午时节，家家户户都要上山下地采摘草药，各大小墟场到处是摆卖草药的地摊，乡村街市到处弥漫着浓郁的药香。《荆楚岁时记》载："五月五日，万民并踏百草。又有计百草之戏，采艾以为人，悬门户上，以禳毒气。"人家将采集的艾枝和菖蒲叶扎成一束与葛藤一起挂于大门，据说可以驱邪逐疫，旧有楹联："艾叶如旗招百福；菖蒲似剑斩千邪"。其实就是利用这些草药的挥发性芳香抗御瘴毒，达到清新空气、驱毒保健之目的。端午节这天，不论男女老幼都要洗药浴，就是用枫树叶、石菖蒲、桃树枝、紫苏草、袜草、苏茅、痱子草等草药煮水洗澡，其气味芬芳，浴后令人一身松爽，能健体止痒，对防止小孩生痱长疖有特效。

客家地区都喜欢做传统的三角碱水粽。就是用晒干的布惊枝叶烧灰泡成碱水，然后用碱水浸糯米包制成碱水粽。吃碱水粽有除肥腻、健胃润肺功效。用鲜鱼腥草、车前草、凤尾草、益母草、夏枯草、屎缸青、蛇舌草等煲凉茶，能清热解毒、疏风祛湿。客家人在端午节还特喜欢用五月艾根煲鸡作药膳，有温补之功效。此外，用溪黄根茎煲鲫鱼也是客家人端午节常食的药膳，对疏肝湿治黄疸有疗效。将端午节午时（中午）采集的各种草药晒干收藏备用，称为“午时茶”，具神效。所以，大家都热衷在端午节午时去采集各种草药。

端午时节，利用草药防病健身的习俗，是客家先祖千百年的实践总结而又行之有效的智慧结晶，所以能世代延续。

端午节挂葛藤保平安

古城每年端午节，家家做糯米碱水粽，喝点雄黄酒，用艾草、苏茅、痱子草、竹叶、枫叶等鲜草煮水洗澡；因为没有大江河，故无法举行龙舟竞赛；此外，户户都门插艾枝、菖蒲、桃枝，挂葛藤。吃碱水粽、喝雄黄酒、鲜草煮水洗澡是为了防病；插艾枝、菖蒲、桃枝是用这些植物的香气避毒。这些都是与全国各地端午的传统习俗差不多，唯有挂葛藤却是古城和所有客家地区独有的传统习俗。

据说挂葛藤习俗的缘由是与黄巢起义有关：唐朝末年，朝廷腐败、民不聊生，黄巢为首聚众起义，杀贪官、烧官府，与官兵厮杀，一时烽烟四起。为避战乱，百姓纷纷逃奔迁徙。朝符六年(879)，黄巢率起义军征闽途中，见一客家妇女，肩背一男孩，手牵一男孩匆匆逃奔。黄巢看她手牵走路的男孩比肩背的男孩还小，便责怪女人不近情理。妇人不知眼前的就是黄巢，便说：“当今黄巢造反，听说他的军队到处杀人放火，我只好带上子侄随大家逃难。我背上的大孩子是我先兄的遗孤，手牵的幼孩是我的亲儿子。亲儿子苦点累点没关系，侄儿的父母不在世了，如果他有什么闪失，我这当婶娘的怎么对得起先兄呢?”黄巢被其德所感动，便告诉这妇女：“我就是黄巢，你不用害怕，可速回家去，并用葛藤挂于门首，我的大军就不会骚扰你。”这位妇女听后谢过黄巢便立即回村，告诉乡亲们赶忙采集葛藤挂于门首。次日，黄巢大军进村，由于黄巢已下令全军，不得骚扰门户悬挂葛藤者，因而全村人的平安得以保全。这天正好是农历五月初五端午节。事情很快传扬出去，客家地区家家仿效，祈求平安。从此，端午节户户门挂葛藤成为客家人世代相传的独有习俗。沿袭这一习俗，可以充分展现和弘扬客家母亲仁慈、博爱的传统美德。

“祭江”驱瘟逐疫

古城仁居有一沿习 40 多年的迎神“祭江”驱瘟逐疫民俗。每年农历七月，择定吉日，全民统一大搞环境卫生，虔诚地向江河祭祀，祈神驱瘟逐疫，让瘟疫随江河而流逝。

清朝光绪末年，有一外出经商者染上鼠疫，瘟疫迅速在古城传播蔓延，死人不断。全城人心惶惶，束手无策。官民合议，认为只有求助神灵，才能驱瘟逐疫保平安。于是，马上举行拜城隍、择吉日、备牲仪、迎诸神、祭江河、逐瘟疫活动。

为表示对神的虔意，吉日前三天，全民统一开展清洁运动，从里到外全面大扫除，家家户户清洗衣物家具，清理沟渠，排除积水，铲除路边杂草，冲刷街道路面，到处打扫得干干净净。

吉日前一天，举行迎神仪式，彩旗飘飘，鼓乐齐鸣，到各寺庙把张天师、北帝、关帝、岳飞、三位相公（文天祥、陆秀夫、张世杰）等神像迎请到城隍庙大殿，设香案，宰猪羊，由知县主祭，率乡绅父老行大礼、动大乐、诵经文，虔诚祈祷神灵保佑。接着，在庙门坪舞龙狮，演木偶戏，助兴驱邪，喜炮齐鸣，彻夜灯火通明，人头攒动，热闹非常。

吉日一早，人们云集城隍庙，候时列队游行。队伍由燃放铁炮的开路，高灯、彩旗、鼓乐队组成的仪仗队为先导，接着是化装成白无常、黑无常、孙悟空、猪八戒、沙和尚、唐僧的化装队伍，然后是由4至8人抬着的诸神像，每神像前亦有彩旗、锣鼓、乐队作仪仗，后面是龙狮队和悠扬悦耳的八音班，还有一支保卫治安的兵勇或武警察押阵，游行队伍长达1公里。“祭江”队伍所到之处，家家户户备牲仪、摆香案、放鞭炮、烧纸福，以示虔心。古城到处鞭炮轰鸣、硝烟弥漫。队伍游行至东门外驾虹桥上，摆上三牲祭品，在家面朝江河虔诚拜祭，祈祷神灵将妖魔鬼怪、瘟疫邪煞驱逐至江河，随流水而消逝。“祭江”后，队伍送诸神像回各寺庙，整个活动仪式遂告结束。

通过“祭江”活动，全面彻底地开展清洁运动，加上燃放鞭炮散发的强烈的硫磺火药的烟熏，不久，疫情逐渐消除了。于是，大家认为“祭江”是驱除瘟疫的良方，决定每年农历七月都择日举行一次“祭江”活动。后来参加的人数越来越多，规模越搞越大，游行化装队的内容越来越丰富，成为具有当地文化内涵的独特民俗，从清朝光绪末年开始，一直沿袭了40多年。

新中国成立后，人们的科学意识增强，具有迷信色彩的迎神“祭江”活动告终，成为一段鲜为人知的民俗历史。但搞好环境卫生，保持环境清洁，防病除疫的传统美德却一直保持到今天。

金秋古城迎神“祭江”

金秋时节，古城仁居镇举办了传统的迎神“祭江”道教活动。

“祭江”，就是面向江河祭祀，祈请张天师、城隍、北帝、岳王、三位相公（文天祥、陆秀夫、张世杰）等大神将妖魔鬼怪、瘟神邪疫从本地驱逐出去，付之江河流水而逝，确保一方安宁。

明嘉靖四十一年（1562）设置平远县，至1952年，历时390年。仁居镇为平远县治所在地，仁居镇不但文物古迹多，还传承着许多客家传统民俗和宗教文化民俗，文化底蕴深厚。其中“祭江”既是道教文化活动，又具浓郁的客家民俗特色，深受人们的喜爱。

相传在清朝末年，平远城内外的几个居民点都发生鼠疫。在那缺医少药的时代，疫情很快蔓延，人人自危，束手无策，全城处在一片惊恐之中。乡绅父老经商议提出，只有向神祇求助，于是发起拈香钱、拜城隍、请张天师除瘟降福之举。大家立即响应，纷纷投入这一行动。为迎神逐疫，家家户户都把屋内外打扫得干干净净。然后，择农历七月的一个吉日，将城隍、关帝、北帝、岳王、三位相公等大神用轿抬着，配上大锣大鼓、八音古乐、高灯彩旗、龙灯醒狮，还雇人装扮黑无常、白无常及《西游记》中的古装人物——唐僧、孙悟空、猪八戒、沙和尚，组成几百人的巡游队伍，在县城的大街小巷及邻近几个居民点游行。大家在各自家门、店口前摆设香案，置办牲醴，迎神祈福。最后，巡游队伍到东门驾虹桥集结，面向大河，遥望东方，举行祭祀大典，主祭、道士诵读祭文，乡绅、信众们人人行大礼，虔诚膜拜，祈请神灵将一切瘟神邪疫、妖魔鬼怪驱逐出境，随流水而逝。大家把这一活动命名为“祭江”。这一天，全城锣鼓喧天，鞭炮齐鸣，热闹非凡。可能由于全面彻底的大扫除，加上迎神“祭江”时，燃放了大量的烟花爆竹，全城弥漫着浓浓的硫磺火药味，进行了一次空气消毒，瘟疫果然逐渐消停。久而久之，“祭江”成为当地约定俗成的道教民俗活动并延续下来，至 1949 年后，由于种种原因而停止活动。

为了这一传统道教民俗活动传承下去，增加仁居旅游人文底蕴。2013 年 8 月，由热心人士发起和倡议，在社会各界人士及外出乡贤的支持资助下，重启了迎神“祭江”活动。2021 年 8 月 26 日，再次在古城“祭江”，还增加了舞龙、舞狮等非物质文化遗产项目活动，内容更加丰富，更加吸引民众。是日，人人穿着节日盛装，擎着高灯彩旗、凉伞宝顶，簇拥着诸位大神的神轿，敲着大锣大鼓，穿街过巷巡游。古城万人空巷，鞭炮声、锣鼓声、八音民乐响彻云霄，大家虔诚祈求五谷丰登、安宁幸福、和谐吉祥。

中秋时节话月光饼

每年中秋佳节，看到超市琳琅满目的各式月饼，对客家传统月光饼的忆念心情就油然而生。

我的家乡在平远县老县城，以前老城有几间前店后厂的糕饼作坊，每年中秋前都会制作供中秋赏月的月光饼。月光饼的制作材料、方法以及其形状、质量都跟现在的月饼完全不一样，它的制作材料是纯净糯米、白砂糖、瓜片、花生仁、芝麻、干桔皮。先用三分之一的熟糯米粉加白糖浆混匀铺进模具底层，再用三分之二的熟糯米粉加入花生仁、芝麻、桔皮、瓜片混匀，然后加入白糖浆混匀至湿润不黏手，加入模具中铺平、压实，再用小木槌敲打，最后将模具倒置过来，磕出饼体。一个个雪白扁圆形的饼体，酷似天下掉下的月亮，客家人称月亮为月光，所以此饼被称为“月光饼”。由于它的所有制作材料都经炒熟，故不需再烘烤加工。

月光饼做好后，各糕饼作坊还要雇请民间画师画饼，在整洁的画室里，画师们用菜红、菜绿、栀子、龙墨等无害颜料在饼面上描绘精美图画。画面内容依饼画大小而定。客家人最常将凤冠、彩羽、金尾的公鸡画在小号月光饼上，小朋友喜称其为“鸡公饼”，爱不释手；其次是画瓜果，如南瓜、西瓜、葡萄、石榴、寿桃等。中号月光饼画的内容：鲤鱼跳龙门（大红鲤鱼）、三“羊”开泰（三只山羊）、金玉满堂（多条金鱼）、松鹤长寿（仙鹤及苍松）、福禄寿图（蝠、鹿与福、禄同音，故画蝙蝠、鹿与一位老寿星）。大号月光饼饼面更大，图画内容更丰富，主要有：三英雄（刘备、关羽、张飞）战吕布、诸葛亮设空城计、龙凤呈祥（刘备过江招亲）、嫦娥奔月、断桥相会（白蛇传）、宝莲灯、仙女散花、哪吒闹海、八骏图……只只月光饼的图画惟妙惟肖，栩栩如生。选购一回月光饼，就像参观一回画展，还没吃月饼，眼福却大饱了一回。加上每块饼画就包含着一个故事，大家边吃月饼边赏月，还可以讲述饼画上的故事，谈古论今。所以说，月光饼是客家传统中秋文化的重要内容。

说起食月饼也甚有趣。月光饼是时令货，中秋节才应市。小时候，我们每年都很期待中秋到来。八月十五日，吃过晚饭，圆圆的月亮升上天空，父亲便在门坪摆上香案，用月光饼、沙田柚、茶酒敬月光、接月华。一家人坐在一起，边赏月、边喝茶，父亲给我们讲故事，奶奶教我们念“月光光，秀才郎……”的童谣。接着，父亲就会将敬过月光的月光饼切块发给大家分享，还发给我们兄妹每人一块鸡公饼。我们都把月光饼藏起来，舍不得一下子食完。

岁月悠悠，沧桑巨变，月光饼的足迹也坎坷曲折。先是新中国成立初，国家实行私营工商业改造，月光饼走进各级糕饼社、食品厂，饼画也改用木雕印模单色印制。接着，实行计划经济体制，月光饼和其他食品一样凭饼票供应。改革开放后，百业俱兴，市场繁荣，月饼作为中秋应节食品，各式各样，应有尽有。但那蕴含浓郁客家传统中秋文化的月光饼，却一去不复返，成为人们的历史记忆，也成为游子的一份乡愁。

中秋节请菜篮姐

中秋节晚上，过去，古城和其他地方一样，大家在自己的门坪、院子里，摆上桌子，用月饼、果点、茶酒敬月光，接月华。然后，全家一起或邀请亲友边品茶、饮酒，边吃月饼、水果，边赏月，谈古论今。老奶奶、老爷爷则教孩子们念“月光光，秀才郎……”的童谣，到处欢声笑语，欢度中秋。妇女姐妹们还玩一种“请菜篮姐”的迷信游戏。

请菜篮姐游戏，首先是装扮“菜篮姐”。把一只木勺缚在竹菜篮耳的正中，作人头，并裹上女人头帕，用一件女人上衣披在菜篮上，再在菜篮耳上挂上一串锁匙，就像妇人头身模样，“菜篮姐”便装扮成了。

游戏时，将一条小竹扛横穿在菜篮的耳夹，两人各执一端抬着坐于矮凳上，另一个做主持人，主持人在案桌上摆上糕点、水果等供品，点燃三炷清香，打躬作揖，口中喃喃诵歌诀：“菜篮姐，菜篮姑，八月十五请你下来嬲一晡。大姑也好来，二姑也好来，顶碓（不正经）三姑唔好（不要）来。大串锁匙有你带，细串锁匙拿你归。你爱来，尽管来，唔好半路搞溜苔。你爱归，尽管归，唔好深山搞鲁箕。长苎有你织，短苎有你归。地下唔知天上事，请你下来要问知。”

如此念诵二三遍，“菜篮姐”就摇晃起来，主持人就说：“菜篮姐来了，请问你是大姑还是二姑？是大姑请点一下头，二姑则请点两下头。”“菜篮姐”就会点一下或两下头。然后，主持人又说："大（二）姑啊，今夜请你下来，大家有事问你，请你好好回答。"转身又对众人说："有什么事要问的，可请问大（二）姑。"于是，有人问年龄的，问婚姻的，问生男育女的……菜篮姐会对你提的问题，以点头回答。答对了的，大家嘻嘻哈哈非常高兴；没有答对，大家就说提问者不虔诚。就这样，一直闹到深夜，才烧香化纸作送别，游戏遂告结束。

请菜篮姐游戏虽然荒诞，但在旧时文化娱乐贫乏时代，乃是农村妇女一种消遣取乐的民俗。随着时代的进步，科学知识的不断普及，这些迷信游戏才逐渐被人们摒弃。

重阳登高放纸鸢

在《易经》里八卦以阳爻为九，所以将"九"定为阳数，农历九月初九，月是九为阳，而日又是九为阳，两九相重为重九，两阳相重为重阳。所以，九月初九称"重九"，又叫"重阳"。据南朝人吴均撰写的《续齐谐记》载：相传在东汉时，有个叫费长房的道士，预测其徒弟桓景家在九月初九那天将遭劫难，但如果戴茱萸、饮菊花酒，到户外登上高山，就可避难。九月初九，桓景按照师傅费道士的话做，全家人外出登山避了一天，回来看到家中的鸡、犬、牛、羊全都暴死，唯家人幸存。从此，重阳登高饮酒佩茱萸成为民间风俗，相沿流传至今。

清《平远县志·风俗·节序》载："重阳，好事者登高，饮茱萸酒。民家作重阳糕相馈。"旧时，每年重阳节，那些文人墨客、风流雅士早就相约县内风景名胜区凤山、小尖山、项山、五指石、南台山等处登高，带上糕点、酒水，徜徉在大自然的美景中，畅饮遣兴，吟诗赋歌，流连忘返。中小学师生则由学校统一组织登高旅游。明朝嘉靖年间，知县王化登凤山，因为凤山原名鹅石，特为鹅石写诗：

半山来石状如鹅，直耸崔巍数仞高。
不向池塘浮绿水，只处云雾押山坡。
山花开处添秀色，青草生时长羽毛。
直与项山相对照，定无平邑早登科。

这首诗把鹅石描绘得惟妙惟肖、婀娜多姿，给人无限遐思。

明朝万历庚申年（1620）的重阳节，时任平远知县的李允懋邀约教谕韩启运、岁贡生徐鹏翔等6人同登东湖小尖山，饮酒吟诗，还在巨石上刻下每字长宽约40×50厘米的“须到”两字，意为这里风景优美，必须到此一游。摩崖石刻至今犹存。2003年秋天，时任梅州市市委书记的刘日知登上项山，极目远眺三省边陲美景，赞叹不已，亦叫人在山顶石峰刻下“项山海拔1529.8米”的大字。

重阳节正值秋高气爽，届时大家（尤其是中小学生）都制作各式各样的纸鸢（风筝），带到山顶或当风空旷的操场、草坪举鸢以放。中小学校还组织放纸鸢比赛，看谁的纸鸢做得漂亮、飞得高、飞得久，吸引许多人观看。各式各样的纸鸢当空飞舞，时高时低，左右盘旋，大家雀跃欢呼，兴高采烈。

在重阳节又值中糯收割，许多地方用纯净糯米打糍粑，其制作方法是：将纯净洁白的糯米用水搓洗几次，洗净米皮米糠，然后倒入清水浸透再捞起，放入木制饭甑中蒸成熟饭，趁热倒入特制的圆形石臼中，用“T”形木槌先是擂压，使饭粒粘连后，再用力捶打至稀烂如泥不见饭粒为止。最后，手上抹上熟茶籽油或花生油把糍粑分成一个个鸭蛋大小的小团盛于盆中，洁白如玉、香气扑鼻的糍粑就制成了。

吃时将糍粑蘸上事先制作好的蘸料（黄豆、芝麻、花生米炒熟后碾成粉，再加上白糖混匀)，吃起来柔韧香甜又不粘牙，令人回味无穷。

据考证，糍粑是客家人南迁时从中原传入的。宋人孟元老著《东京梦华录》卷之三载：“冬月虽大风雪阴雨，亦有夜市：姜鼓……糍糕、团子、盐豉汤之类。”其中的“糍糕”即是糍粑，说明在宋代以前中原地区就有糍粑了。制糍粑、吃糍粑是客家继承中原饮食文化的见证。糍粑想必也就是县志载之重阳糕。有些地方在重阳日还操办酒席，款待亲朋，称之为过重阳。

如今的重阳节，除了传统的登高、放纸鸢、吃重阳糕（糍粑)、饮茱萸、菊花酒外，还定为九九老人节，发扬中国人尊老爱老的传统美德，开展以向老人献爱心为主题的各种活动。

“建醮”超度亡魂

“建醮”，俗称“打醮”。就是设坛请僧人、道士诵经祭祀，让亡魂受佛法的超度，脱离苦海。

《左传》载：“国之大事，在祀与戎。”《周官》载：“大宗伯之职，掌建邦之天神、人鬼、地祇之礼，以佐王建保邦国。”可见古时把祭祀神鬼和忠勇孝节的名人名宦与军队建设并列，作为治国安邦之大事。历代朝廷还设有专管祭典的官。此外，据朱浩怀（本县东石人，1938~1940年任平远县县长）编《平远县志续编资料》载：秋冬收成后，酬神、作福、建醮……5年一大醮，3年一小醮，小醮仅设坛延僧诵经，普度亡魂。大醮不但设坛诵经，普度亡魂，还备办其他佛事，搭台演戏，家家户户备牲醴拜祭。由此可见，“建醮”超度亡魂是古城沿袭好几百年至新中国成立后才告停的地方民俗。

建醮以社（村）为单位或合社（村）举行。城内为社，坛设城隍庙，称县醮。现城南、飞龙村为二、三社，坛设马飞岗。东岭（井下）村为第四社，坛设野湖坪。五福村为第五社，坛设下坝。麻楼村自成一社。

建醮期为农历十月，秋收完毕后，热心善事的乡绅聚首商议筹措建醮经费、设坛等工作。推选一人为首，负责劝捐事宜，将各户捐题之烟灶款、丁口款、登席款及其他善心人的捐款分簿登记。凡捐款较多达到规定之数额者称为员首，须到坛执行焚香和诵经时的礼拜等杂务。凡愿意承担整个醮坛收支不敷款项之填补责任者称为垫员，建醮结束如经费不敷，则按垫员人数平均垫付。

在做好筹资的同时，乡绅们也要做好筑坛祭祀等筹备工作。醮坛选空旷、宽敞之坪地，以木柱、木板为主体，周围及天面以竹笪为材料。正中搭诵经台一座，上方设主坛，主坛神为观音菩萨，两旁分别供放城隍、关帝、三位相公、十八罗汉、二十四诸天等神位，诸神各据一室并置香案烛台，坛中心为弥勒佛座，佛座两边木柱贴联：“捧腹彭皮，饱者不知饥者苦；开牙露齿，得时休笑失时人。”另外，还设有总经理室、库房先生室、客厅、八音厅、厨房等。

醮坛门口辟一广场，广场右边竖立以竹篾为骨架、各种色纸糊贴成的“三大人”“地方神”各一个。其中，“三大人”高达4米多，左手托金元宝一锭置于胸前，举起右手向着远方，遥招众亡魂前来超度。“地方神”高2米多，口含纸糊竹烟杆，监督和驱赶超度后的亡魂回去。另竖幡竹竿，就是用整条长达五六米的生毛竹、竹尾装上色纸制作的天官赐福神像和仙人骑鹤。县醮和打大醮时，广场还搭有戏台，为演木偶戏场地。

坛正面设正门，两旁楹柱贴门联：

坛开八面；缘结万人。

诵经台两旁贴长联：

悯众魄之头依，建此旐，设此旌，放胆前来，莫向寒云啼夜月；

惜孤魂之乏祀，施尔衣，给尔食，欢心散去，都从苦海渡慈航。

诵经台前竖两楹柱，贴联曰：

富贵莫生骄，他年辞别阳间，都从白手去；

贫魂休滥取，昔日转轮世上，皆自赤身来。

以上一、二联表达了人们的善心，期望通过建醮，给一切亡魂，包括穷鬼、饿鬼、孤鬼统统给予祭祀，并以佛光的超度，脱离苦海。第三联却以幽默的口气，说鬼喻人，告诫大家不要骄横和贪婪，一切都是生不带来、死不带去的，真是入木三分。

建醮为期4天，从吉日起，众僧登坛诵经，各员首穿长衫、戴礼帽，虔诚礼拜，早、午、晚还要到各神坛进香跪拜，大家素食3日。

第三天下午，数人一组擎举“三大人”“地方神”到社内各村巡游，然后擎到指定的放水灯处歇息（各社划界定点放灯）。傍晚，举行放生、放水灯活动。先一人手捧木盆，盆中装清水养着的一对红、绿色鲤鱼领先，随后是手托40公分长，头尾装有艄公、艄婆公仔纸船的总经理，鼓乐队、八音班、彩旗高灯手、坛内工作人员及自制载有小明灯纸锭的善男信女列队随后，浩浩荡荡到指定的河边，焚香诵经，将一对鲤鱼放生到河里。然后，将纸船及用竹小三脚架夹有油芯火的小纸锭放到水面，顿时河面浮流着数不胜数的小明灯，与河水相辉映，十分壮观。

放生、放水灯活动结束回来吃晚饭后，在醮坛周围的山上点燃冲天竹（整根毛竹劈开夹以松木片），意给众亡魂照明引路，让其前来领取祀物。深夜，砍幡竹，焚烧“三大人”“地方神”，给亡魂烧元宝冥币，并施以数量不少的饭菜（倾泼于地）。接着，宰杀牛、猪，天明后（第四天），以丰盛的牲醴祭祀诸神。坛内工作人员、员首、垫员、登席者、簿首等，凭票就餐。饭后，再次焚香诵经、燃放鞭炮、敲锣打鼓，抬送诸神像返庙坛，建醮活动即告结束。

古城客家商业招牌及其变迁

作为商铺标志，区分行业经济性质和经营特点，用于招徕顾客的商业招牌，在客家历史发展的长河中，也随着时代的变迁而变迁。

明代以前的古城商业招牌，多用布帛制作，挂在酒坊、栈房或食宿之店，称为“酒望”“店招”，又称为“幌子”。那时，乡村街市都可以看到布帛招牌迎风飘舞的秀丽景色，正如诗人杜牧在《江南春》中的描述：“千里莺啼绿映红，水村山郭酒旗风。”到了清代，客家地区人口越来越多，商贸业越发昌盛，布帛制作的、木刻的、在粉壁店墙上直接书写的各式各样的招牌相继应运而生。招牌的名号、书法、制作质量也越来越考究。

招牌字样取义主要选用兴、隆、昌、盛、祥、瑞、裕、安、合、利、丰、泰等，祈求生意兴隆，财源茂盛。客家人笃信和气生财的哲理，只有公买公卖、童叟无欺，不欺行霸市，才能货如轮转，利达三江，所以都会选用“和”字做招牌，如裕和祥、通和泰、泰和兴、致和祥、百和堂等。客家人坚持以仁义聚财，生意场上货物、资金周转等都要互相守诚信、讲义气，且尊崇三国时以义为重的关云长，除在店堂内供奉关帝神位，还喜欢选用“义”字做招牌，如义泰兴、义兴隆、诚义顺、李义和、罗义盛等。药材店要兴隆，更希望顾客药到病除保健康，所以其招牌多取平安益寿之字，如保寿堂、远安堂、益寿堂、保生堂、安康药店、健民药房等。

有些招牌根据行业和经营特色包含确切又耐人寻味的含义，如杏花村酒楼、焕发春理发店、芸香楼糕饼店、香满楼饭馆、鼎足肉铺、名家斋肉丸店、悦来客栈、同来安伙店、如宾至旅社等，各具特色，诙谐有趣。

招牌的制作，拟选好名号后，便请名家书写，字体采用正楷或行书，招牌字讲究端庄大方、苍劲有力，然后雇请师傅进行雕刻。招牌用材一般选用樟木或油质油杉，也有些富商用花梨木或楠木。经过精雕细刻、描红镏金的招牌，集书法、雕刻艺术及寓意于一体，具浓郁的客家商业招牌文化。

1949 年后，随着国营商业的建立和发展、供销合作社的成立，个体、私营商业经历三反五反、公私合营的社会运动，加上国家对粮、油、肉、糖及棉布等商品的统购统销，实行计划供应，整个商业体系成为国营或集体所有制性质。商业招牌由粮油供应站、食品供应站、副食品供应站、糖专公司营业部、国营饭店、棉布成衣门市、百货五金门市、生产资料门市、供销社购销点（站）、合作商店综合门市等取代。传统的老字号招牌逐渐萎缩，在人们的视线中消逝。

20 世纪 60 年代末，“文化大革命”风暴席卷全国，商业招牌也蒙上政治色彩，如东方红商场、卫东饭店、永忠旅社、反修照相馆等。

党的十一届三中全会召开后，拨乱反正，开放改革，在中央一系列优惠政策支持和鼓励下，个体私营工商业如雨后春笋般蓬勃发展。一些老字号的招牌又重返商店门楣，一些赋有新意的招牌也应运而生，如又一春饭店、好运来饲料行、来就发商店、自家人超市、长寿餐馆、满堂红酒楼、保龄药店、青春理发室等。还有经营特色商品或特色风味的商业招牌，如潮州饭店、川味菜馆、客家土特产商场、李宁服装店、姚明体育服装店等，五彩缤纷，颇具特色。

综观客家商业招牌及其变迁的足迹，它是客家商业招牌文化的印记，是值得人们去追忆、去细细品味而又颇具情趣的历史。

客家人过生日

古城人民和其他客家人一样，视生日为人生大事，教育子孙们从小就记住父母长辈的生日，把为父母长辈庆寿这一孝敬父母、尊老爱老的美德，世世代代传承和发扬。

小孩周岁生日，做父母的就要宴请亲友，以示庆贺，称“做对岁”。这是人生的第一次过生日。以后的每年过生日则较简单，一般只蒸两只糖鸡蛋吃，做一套新衣服。过生日以虚岁计算，逢10称“大生日”，但10至50虚岁俗称“未上寿”，逢大生日也不大庆，只举行家宴，邀儿女或娘家人团聚。60虚岁以上俗称“上寿”，男女生日均称寿诞，又称寿辰。寿诞时都要操办宴会，亲朋好友都会前往庆贺。大生日的庆寿男女年岁有别，谓“男做齐头女做一”，就是男人逢60、70、80、90、100岁等寿诞为“齐头寿”。古礼称60岁为耆寿，70岁为稀寿，80岁为耋寿，90岁为耄寿，100岁为期颐。女人逢61、71、81、91岁等寿诞为做“大生日”，61岁为“六旬晋一”，71岁为“七旬开一”，如此类推。

庆寿日期可以提前，但不可推后。庆寿诞一般由儿孙们操办。寿期前要先送请柬给亲朋好友，但要注意，对年纪比寿诞人还高的长辈不能送请柬。同时，屋内屋外要搞好清洁卫生，布置好寿堂，寿堂正中挂“寿”字中堂或“松鹤延年”“福禄寿图”之类的画轴，大门两边贴大红庆寿楹联。富户会雇请吹鼓手、八音班，增加喜庆气氛。个别富户还会制挂寿庆匾额，就是请官绅等知名人士题写“南极生辉”（贺男寿）、“中天婺焕”（贺女寿）之类颂辞，然后雇人刻制寿匾，悬挂于厅堂，以示流芳。

贺寿人视与主家的亲情关系，可置办寿屏、寿幛、寿联、寿饼、寿面、衣料、鞋、帽及三牲名酒等贺礼前往祝寿。

寿诞前一天，由本家血亲晚辈举行暖寿礼，在祖屋上堂摆放牲醴果品，焚香点烛，祭敬祖宗，然后，大家一起吃“暖寿酒”。寿诞当天上午，寿翁（婆）高坐寿堂，堂前鸣放喜炮，奏八音。接着，晚辈和宾客分别向寿翁（婆）行礼拜寿。宾客行礼时，儿孙们站在一旁行礼答谢。午餐由主人宴请所有参加祝寿的亲朋好友，谓吃“拜寿酒”。宴席首先是两盘“长寿面”，然后是足足12大碗客家传统菜，大家频频举杯祝福老寿星，气氛热烈喜庆。庆寿宴会结束，主人还以寿饼、寿糕、寿板等分赠宾客及近邻。

如今，客家人尊老爱老的庆寿习俗还在继续传承，但也在推行既简朴又喜庆的庆贺仪式。青少年生日时，除了传统习俗吃糖鸡蛋，还会邀请同学朋友唱生日歌，吹蜡烛、吃蛋糕，赠送生日卡，相互庆贺勉励。老人寿诞时，不论在家的还是外出工作的子孙们，都会邀集回家为父母长辈庆寿，在形式上简化了传统的暖寿、拜寿礼仪，更多地体现在团聚和关爱上，把过生日庆寿习俗办得更实在、更有意义。

民众崇拜的文武两财神

从古至今，古城城乡民众都十分崇拜财神，在厅堂神龛中、商店里多安放有财神爷之神位，经常虔诚地焚香点烛，摆放牲醴果品，向财神爷顶礼膜拜，祈求保佑万事遂意，四季发财。

据说，财神有文财神和武财神之分。文财神，就是春秋时代越国的相国范蠡。他与越国的文种大夫共同出谋献策，辅佐越王勾践励精图治，灭了吴国，雪了会稽之耻，建立了霸业。立了大功的范蠡，本来可享高官厚禄、荣华富贵，但他深知越王这个人是只可共患难、不可共享乐的。于是，他不辞而别，来到山东定陶县，改名陶朱公，在集市开了间小店。他把过去治国用兵的雄韬大略、奇谋妙算运用到经营商业之中，几年工夫，便成了一方巨富，“陶朱公”也成为富翁的代号。范蠡经商发财致富后，又急公好义，乐善好施，因而受到民众的拥戴，死后被人们尊崇为财神。

武财神，就是俗称赵公元帅的赵公明。传说，赵公明能呼风唤雨，驱雷役电，除瘟剪疫。他还率领招宝、纳珍两天尊和招财童子、利市仙官 4 位正神，更具有解人凶难、让人财运亨通之神威。其神像头戴钢盔，身披铁甲，黑面浓须，左手托金元宝，右手执铁节鞭，身跨大黑虎。神像两侧对联曰：“手执金鞭常进宝；身骑黑虎广招财。”从明代开始，赵公明就成为广泛受人尊崇的神祇。有些商店还把赵公元帅的画像贴在门上作门神，祈求他能驱邪逐鬼，保护平安，保佑生意兴隆、财源广进。

客家婚俗宴轿礼仪

客家人结婚极讲究吉利礼仪，新娘下轿前要举行开轿礼，俗称“斩煞”，又称“宴轿”。

当喜轿到达男家时，要正向大门停轿。这时，由一礼生（司仪）左手捉雄鸡，鸡头向轿门，右手持七星宝剑，立于轿前。然后，双手举起雄鸡和宝剑，唱诵：伏于吉日良时，天地开张，×家子孙娶媳归堂，鸳鸯对鸳鸯，凤凰对凤凰。弟子左手捉金鸡，右手捡金刀，此鸡不是非凡鸡，玉皇赐我报晓啼；此刀不是非凡刀，玉皇赐我斩妖魔。天煞打从天上去，地煞打在地中藏。倘有凶神并恶煞，一律雄鸡来抵当。诵毕，即将雄鸡交与旁立手持菜刀者宰割，并将鸡血滴地由右向左绕轿一周。接着，择请族中有福泽的妇人及男童各一人，由妇人开启轿门，男童则手捧红漆木茶盘，盘中盛红纸包好的槟榔片一包，向新娘行一鞠躬礼。新娘伸手捻起槟榔后，递一红包于盘中，俗称“拜轿”。拜轿毕，由妇人牵引新娘出轿，这时，礼生又高声唱诵：“红花落地，大吉大利；新娘入屋，全家发福；新娘入房，金玉满堂。”新郎从妇人手中接过新娘，在喜庆的鞭炮声中，牵引新娘跨火盆，入大门进祖宗厅堂，举行隆重的拜堂礼仪。

新中国成立后，随着时代的进步，喜轿被废弃，宴轿礼仪自然湮没，传统的古老礼仪成为历史的记忆。

客家山区的古代交通运输

客家地区到处崇山峻岭，山路崎岖，坡陡路狭，旧时人们出行不易，农副产品及货物运输主要靠人力肩挑、手提、背扛，其次是骡马驮运。此外，一些江河在雨季时可通小木船，交通十分落后。

客家先民从中原迁徙至南方，逢山开路，遇水架桥，代代传承，修筑了一条条衢道、商道。同时，官府也会组织修筑宽 1 米多的驿道，贯通着城乡、村落和集镇、墟市。每天络绎不绝的挑夫、马队将各种农副产品挑进城市，把轻工业产品运回农村、墟市。在粤赣古道上，挑夫们摩肩接踵，盐上米下，熙熙攘攘。挑夫们个个脚穿秆草鞋，挂条毛巾擦汗，一条扁担，一副络脚（套装货物的藤棕制品），两只布袋，每人肩挑 100~120 斤，日走七八十里，不论晴风雨雪、寒来暑往，天天餐风饮露，劳动强度大，运输效率低，正如有首山歌所形容："想起挑担真苦凄，一肩唔得一肩前；上冈好像牛拖轭，下岃蹬断脚蹭筋。"

为了减轻劳动强度，有人从外地购买骡马，用骡马替人驮货。每头骡马可驮货 150~200 斤，日走百里，一个人可赶三五头马，三五人组成一支马帮。此外，有骑术的人还制作马鞍、马镫，将马打扮一番，供人骑着出行。

较平坦的路段可以行驶手推车。人们用坚实的木料制作独轮手推车，因车轮从中间突起似鸡冠，故俗称"鸡公髻车"，或简称"鸡公车"。其木质车轮外包铁箍或橡皮，结构简单，使用灵活，每辆可载货 200~250 斤，一人手推前进，但上下坡需二三人互相协作，所以起码要有三五辆车一起出发，以便互相合作推拉。

有一些水流量较大的江河上，人们凿石炸礁，疏通河道，打造木船，充分利用水力资源开发航运。客家人心灵手巧，就地取材，砍下山上的松木，锯成松木板，制作小木船，木船一般长 10

来米，宽 2~3 米，吃水深 0.5 米左右，一艘小木船顺流可载六七千斤货，由 2 人用竹篙撑。逆流时载重量则减半以上，除 2 人撑船外，起码要有三四人拉纤。每艘船装有竹篾、竹叶编织的船篷，以避风雨。带有柴火炊具及被席，可在船上食宿。另外，将原竹、木扎成竹木排，利用水力顺流放运。没有架桥的渡口，也可用木排或小船摆渡。所以说，水运是古代成本最低、最方便、快捷的运输方式。

除了货物运输，官绅富户等上层人物出行，还有姑娘出嫁，则用轿子作工具。轿子有官轿、民轿和花轿之分。各种轿子都是用竹子或木料制作，方形，两边各有轿杠，由 2 人以上抬着走。

官轿，为坐立式轿，不同等级官员坐不同等级的轿子，抬轿人数也有严格规定，三品以上官员出巡 8 人抬，四品以下文职官员 2 人抬。官轿出行，有随从前呼后拥。

民轿，就是平民百姓坐的轿子。民轿又分男轿、女轿。男轿为卧式，以毛竹或藤条制作成躺椅，两边各竖 2~3 根竹竿支撑一顶布质凉篷以遮阳，2 人抬，乘轿人仰卧轿上，与川滇地区的滑竿如出一辙。富豪人家的女眷乘坐的女轿为木质坐立式，齐头平顶，外套蓝缦，前面挂布帘，两边有小窗。

花轿，又称喜轿。木质坐立式，高级的有平金丝绣镶宝石的轿围，低级的一般在红绿绸缎上绣龙凤图案，均有木轿门。喜轿有 4 人抬、8 人抬的，据家境贫富而定。

为方便平民用轿，县、州所在地和较大的墟镇，都设有“轿馆”，配有男女民轿和花轿，有专职轿夫。各级衙门则配有官轿和轿夫，供各级官员出行办事。

旧时过年乞丐五花八门的乞讨术

在过年（春节）这一喜庆的传统节日里，人们都忌讳乞丐上门，远远看见蓬头垢面、衣衫褴褛、邋邋遢遢、臭气熏人的乞丐来了，就赶忙躲避或放狗驱赶。然而乞丐们哪会错过家家做年糕、米粄，买鱼肉，杀鸡鸭，物质颇丰的节日呢，他们首先把头发梳剪洗净，衣服缝补浆洗一番，然后想方设法，正所谓八仙过海，各显神通，施展庆新春送吉利的种种乞讨术。果然，个个乞丐每天都讨得大袋满、小袋鼓，欢笑而归。

他们的乞讨术真是五花八门。

手擎摇钱树。选砍一支七八十公分高、造型好、枝繁叶茂的油茶树枝，扎上若干朵小红花，在树枝的上下左右各挂上 8 组铜钱，每两枚铜钱一组，谓“摇钱树”。上门乞讨时，手擎“摇钱树”，有节奏地上下摇动，使铜钱互相碰撞发出叮当响声，乞丐和着叮当响的节拍，反复吆唱：“钱树到你屋，买田做大屋；钱树到你家，买牛又买马。钱树到你屋，大细老嫩添福添寿又添禄；钱树到你家，恭喜大家发财人人笑哈哈……”大家听到这些祝福语、吉祥话，自然而然地给乞讨者大米、年糕、果品等应节食品。

走唱五句板。五句板又称竹板歌、叫化歌，是客家地区的一种曲艺形式。乞讨时，一人或两人一组，一人手持 4 块长约 5 寸、宽约 1.5 寸的竹板（又称“夹色”，其中一块侧向有齿），负责打竹板并演唱。另一人手拉胡琴负责伴奏。如一人一组，则无胡琴伴奏，拉胡琴的自拉自唱。乞讨时，有节奏地敲打竹板、拉琴。在胡琴的伴奏下，和着五句板的曲调，随编随唱：“新春佳节喜洋洋，拜年歌子就开场，大家听慢慢唱分相，老人听里添福寿，细仔听里过健康……”这些会演唱的乞丐，也很快得到大家的施舍，不一会就讨得篮满袋满。

砖头拍胸肌。一些年轻乞丐无技艺可施，便捡了半块火砖为工具。不顾气候寒冷，露出左边臂膀，右手持火砖，一下一下往左边臂膀上拍打，每拍打一下，便吆喝一声：“一打千年宝，二打财神到，三打福气好，四打吉满堂，五打五谷丰，六打六畜兴，七打财丁旺，八打八平安，九打合家大团圆，十打十全又十美……”乞讨者虽然说的全是好话，但大家担心他拍打久了，会拍坏身体，赶忙给米，让他尽快离开。

小狗巧表演。乞讨者牵着一只驯养好的小狗为乞讨工具，指挥小狗表演点头哈腰、打躬作揖、跳跃打转、钻小竹圈等动作。小狗活泼可爱的表演，博得大家的喜爱，纷纷赏给乞讨者黄粄、煎粄、豆腐、油果。

写送新春联。个别因疾病或特殊灾难沦为乞丐的读书人，则购买若干张红纸，裁成小横额，写上“恭喜发财”“五福临门”“福随春至”“满堂吉庆”“福寿康宁”等内容的春联，送给大家，边送边说“新年快乐”“添丁添财”“添福添寿”等好话。大家接过小横额，也乐意施以米粄、年糕、果品等。

古代妇女的缠脚陋俗

缠脚，怎么样缠脚？缠脚有什么用处？什么人会去缠脚？什么时候废止了缠脚？这些都是新中国成立后出生的人不知道的，要知道这些事，就要问问八九十岁的人，听过或见过俗话说的“小脚嫲”就会清楚些。1945 年 5 月至 9 月，广东省政府搬迁平远时，当官的便携带了一些缠脚的“小脚嫲”来平远居住。

原来缠脚就是摧残妇女的一种陋俗。女孩子长到八九岁时，用缠脚布把脚掌包起来。有句谚语说得好：“懒婆娘的缠脚布，又长又臭。”这样脚就局限于包起来的地方生长，其余的不会长大，以后要天天包、天天缠，把脚缠得紧紧的、细细的，可谓三寸金莲。走起路来、一步三摇、婀娜多姿的，谓之得体，好看。其实，这是控制女人劳动力，损害妇女身心健康的一种陋俗。我们想想：妇女连脚都缠住了，走路都站不稳、没劲了，几乎等于残废了，怎么干活呢？所以，除了顶有钱的人家、衣食无忧不用劳动的人，正所谓大家闺秀，如大地主、官僚、贵族等家庭的妇女，才会去缠脚，劳苦大众、衣食都难以维持者，就不敢去缠脚了。

综观历史，在清兵入关后，许多满族妇女看到汉族妇女在缠脚，走起路来摇摇晃晃，好像在跳舞一样好看，加上他们入关后，大都衣食无忧，于是加以仿效，也缠起脚来。这样的现象被马鞍上取得天下的满族皇帝知道后，他们认为，这样发展下去，势必对骁勇强悍的满族勇士产生不良影响，缠脚是对人体的一种残害。于是，皇帝几次下诏，严禁满族妇女缠脚，否则严惩。乾隆皇帝下旨："禁止缠足，否则罪恶父母!"清孝庆皇后下旨规定："以缠足女子入宫者斩。"所以到了清代，由于统治阶级不提倡缠脚，封建礼制松弛，不缠脚的现象逐渐普及，而在一些家境富裕人家及官僚、贵族家庭，妇女缠足陋俗依然存在。

在客家妇女人群中，缠脚与不缠脚的人有过许多争辩。有的人认为，客家人从北方远道迁徙而来，素以祖先是中原衣冠士族为荣，生活习惯中应该保留中原带来的士族遗风。所以，除了贫困家庭的妇女要参加劳动不能缠脚，有钱有地位的妇女，依旧延续缠脚习俗。但大多数的妇女因为客家山区山路崎岖，绝大部分的妇女都不愿意去缠脚，缠脚的陋俗在客家地区是行不通的。清末革新家、外交家黄遵宪十分赞赏客家妇女不缠脚的好风气，他在湖南当官时还成立了"不缠脚会"，自任会长。有首山歌称赞客家妹子不缠脚的好风气："客家妹子系唔差，唔搽脂粉唔插花；唔扎胸束唔缠脚，八十婆婆晓理家。"

随着时代的进步，人们的认识也在不断发展，到了清末民初，人们自然而然认识到缠脚是一种伤害妇女身心健康的恶习，应该坚决废止。于是，大家自觉地废止了这一陋俗。缠脚从五代开始，一直延续至清末民初，已成为一段可悲的历史，供后人谈笑了。

客家饮食

古城人的饮文化

古城仁居人的饮文化主要是饮酒、饮茶。到了仁居，饮酒是很普遍、很平常的事，特别是糯米黄酒，几乎男女老幼都能饮。俗话说“九月九，蒸老酒”，每年到了农历九月，气候开始转凉，适宜用糯米蒸酿黄酒了。到了冬至节，家家户户都要蒸年酒，一直食到次年端午节。除了用糯米蒸黄酒，也会用粘米酿造白酒，较大的村庄都有酿酒兼售酒的酒坊。逢年过节要饮酒，喜庆、祭祀、酬宾、亲朋好友聚会及各种应酬都少不了酒，有“无酒不成席”的说法。此外，妇女生孩子坐月子时，一定要吃糯米娘酒煮鸡，以滋补身体。随着时代的发展，大家在饮用传统的黄酒、自酿的白酒的同时，啤酒、各类瓶装白酒、进口洋酒及碳酸饮料、奶饮品也走上寻常百姓家的餐桌、酒席上。总的来说，饮酒是人们生活中必不可少的。

饮茶方面，平远仁居的茶文化与客家各地大致相同，既传承了汉族茶文化的传统，又吸收了主要融合民族的茶文化及其习俗，形成了自己的茶文化特点，一是普遍喜欢用绿茶，较少饮用红茶、乌龙茶，擂茶也较少饮用；二是平时人们劳动归来或无客来访时，喜欢喝白开水，俗称“白汤茶”，但仁居人热情好客，“过门都是客”，如果有人走村串户，每到一家，主人都会泡上一壶好细（嫩）茶相待；三是具客家地区共有的独特茶亭文化，过去的商道、驿道上，每隔五里或十里就建有茶亭，供行人、挑夫、马队歇息，有人在茶亭摆设茶摊，免费提供“白汤茶”，也可以廉价冲泡粗、细茶叶茶。

大家饮用的茶叶多为自己在房前屋后或就近的山坡上栽种的，自种、自制、自用。一些种茶较多的产茶户、名茶区，也将茶叶运至县内外市场出售，仁居较有名气的茶叶主要有官山茶。

古城人的食文化

仁居人以稻米为主食，以番薯、芋子、小麦、粟类等杂粮为辅。一日三餐都要求吃干饭，因为吃干饭才耐饱，才能支撑体力消耗，只有在夏天或农闲才煮些粥或掺以杂粮煮食。米饭的炊煮方法有饭甑饭、焖饭、钵子饭、煲饭，还有席袋饭（适宜上山劳作时携带）。番薯可蒸可煮可煲汤，还可把它加工成番薯干，晒成番薯片、番薯米、番薯丝，然后蒸煮或磨成粉，或蒸或煮。麦粉还可以做馒头、面包、面条。

大米除一日三餐的主食及酿酒外，还可加工成各种米制品，如米粉、粄皮、味酵粄、发粄、两熟粄、老鼠粄、糯米软糕。用糯米可做成糍粑、粽子。用禾米可做成黄粄。黄粄可蒸可煮，甜咸均宜，用肉丝、鱿鱼、冬笋、冬菇、蒜丝等配料炒黄粄，风味独特，是人们十分喜爱的客家美食。

肉食，主要是猪、牛、鱼、鸡、鸭，另外也还食兔、狗。年节少不了“三牲”（鸡、猪肉、鱼）豆腐，凡喜事宴席时兴“八大碗”“十二大碗”，最具特色菜肴有白切鸡、红焖肉、醋溜鱼、扣肉、酿豆腐、嫩姜炒仔鸭、洋参炖鸭麻、腐丝鱿鱼、香菇冬笋炒肉丝、三丸（猪肉丸、牛肉丸、鲩鱼丸）、四海味（鱿鱼、墨鱼、海参、鱼翅），还有腊猪肉、腊猪肝、腊肠、牛肉干等腊味，其总的风味特点是讲究色、香、味，喜欢肥、咸、烧的。

菜食，以蔬菜为主，平时食用新鲜蔬菜。在农家，家家户户还会腌制咸菜、浸菜、浸姜、浸蒜头、萝卜干、芋荷干、豆角干，酿造糯米酒糟，制糟豆腐、糟猪肉、糟鱼子。此外，人们将豆腐渣经炒制发酵，加工成“红菌豆腐头”，其质地甜、韧、嫩、滑，可与鲜肉相媲美，若以嫩菜、肉片共煮，味道更为鲜美，是人们十分喜爱的一道美食，也是仁居的特产。

改革开放后，仁居人的饮食结构和习惯，随着生产的发展、生活水平的提高，发生了很大的变化，城乡市场繁荣，货物充盈，想要食什么，随时可以买得到，人们都讲究卫生、环保、健康、公益、无公害的饮食习惯。

客家人的主食

古城地区历来以种水稻为主导产业，大米当然就成为当地人的主食了。

客家人将大米做成大米饭或煮粥当主食，大米饭的传统做法主要有如下几种：

一是饭甑饭。把淘洗干净的大米倒进放好水的锅中，等米煮熟后，用笊篓把饭捞起，稍微晾干粥水后，倒进饭甑。然后，将饭甑置于锅中，加水至饭甑脚 1.5 寸左右，用猛火蒸煮。待锅中水沸，蒸气在饭甑苫下形成水珠，米饭软熟时，便可食用了。

二是焖饭。将洗好的大米置于锅中，加适量的水，用火煮至饭粒将水分基本吸干，便可停火，用余热慢慢把饭焖熟。常有人在焖饭时加入五花猪肉、鱿鱼、香菇或腊肉、腊肠、大蒜等，这种焖饭香气诱人，味道极为鲜美。如用糯米来焖，风味更胜一筹。

三是钵子饭。用饭钵或饭盆装米淘洗干净，放进适量的水，置于锅、煲或蒸笼中炖熟。

四是席袋饭。客家人经常要进山耕作，砍柴，出门挑担，为解决午餐问题，便用席草编织成煮饭的“席袋子”。煮席袋饭的方法是：把洗净的米装进席袋子，用细绳子扎紧袋口（扎袋口的位置适中，过上过宽则米饭烂，过下过紧则米饭硬），然后将席袋子放入锅中，加水过面，用大火煮至把席袋子提起即干，不掉水滴时，便可打开席袋食用。席袋饭饭软味香，具独特的口感，其主要特点是便于携带。

改革开放后，家用电器越来越普及，用高压煲、电饭煲煮饭简便快捷，米饭松软可口。

客家人心灵手巧，除了用大米煮饭、煮粥外，还做出各种米制品，如米粉、粄皮、糍粑、黄粄、粽子、煎粄、老鼠粄、笋粄、清明粄、发粄、两熟粄、线刀粄以及味酵粄等风味独特的客家小吃。

番薯——客家人的主杂粮

客家人历来以大米为主食。但客家地区山高水冷、日照时间短、土地瘠薄，加上耕作技术落后、经营体制制约等原因，水稻单位面积产量低。如遇上水旱灾害或严重病虫害，产量就更低，甚至失收。每年生产的稻谷除种子、赋税后，所剩无几。为了解决主粮不足问题，大家便开垦山坡地种植番薯、芋、豆、玉米、粟类作杂粮，其中把番薯当作主要杂粮，家家户户均较大面积种植。

番薯，又名甘薯、红薯、红苕、地瓜，原产热带美洲，大家把外国引进的东西加上“番”字，故称“番薯”。番薯粗生易管，耐旱、耐碱，产量高，一般亩产鲜薯达3000多斤，含丰富的淀粉，且味道甜美，营养价值高。鲜薯置于阴凉处，覆盖上干净的草木灰，贮存三四个月不会霉烂。还可以把它加工成番薯干、番薯片、番薯丝、番薯粉、番薯粉丝、番薯酒等，人们一年四季都可以吃到番薯或番薯制品。

番薯的食法很多，最简单的就是把原条鲜薯洗净后直接置于锅内蒸或煮。将番薯洗净削皮切块与大米一起煮番薯饭、煲番薯粥，既鲜甜又省米。纯薯块煲烂后放点糖、加点姜丝，具清热、解暑、通便之功效。在山地上挖个坑，埋上几条番薯，覆盖薄薄的沙土，再在上面点燃柴火，煨出的番薯与用炭火烤的烤番薯异曲同工，都具特殊的薯香，令人越吃越想吃。把鲜薯擂磨成浆，沉淀成薯粉，再加工成粉皮或薯粉丝，嫩滑可口。番薯通过切片、煮、蒸、晒几道工序，加工成红薯干、乌薯干，是上山劳作携带干粮的首选，也是馈赠亲友的佳品。此外，番薯还可以生吃，选择鲜嫩的红心番薯洗净削皮，直接生吃，即解饥又解渴。

20世纪80年代，农村实行家庭联产承包责任制后，推广良种，实行科学种田，水稻连年丰收，家家户户粮食自给有余，再也不会因缺粮而发愁。作为传统主要杂粮的番薯，被人们加工成各种旅游休闲的美味小吃，受到游客的垂青，身价倍增。

山珍海味炒三丝

在平远县有一道名为“山珍（冬菇、冬笋）海味（鱿鱼）炒三丝（猪肉丝、炸豆腐丝、大蒜苗丝）”的传统菜肴，其风味独特，是平远人过年等节日喜庆宴席中必不可缺的美味佳肴，被誉为平远名菜。

山珍海味炒三丝的原料及制作方法：

主料：冬菇、冬笋、鱿鱼、五花猪肉、炸豆腐片、大蒜苗（数量按就餐人数而定）。

配料：花生油、料酒、酱油、味精、胡椒粉、芡粉。

制作方法：

（1）将冬菇去脚洗净，鱿鱼去骨洗净，分别置于清水浸泡至软。冬笋剥壳。大蒜苗洗净用小刀划成蒜丝。五花肉去皮置于开水中焯熟。

（2）将浸泡好的冬菇、鱿鱼及清理干净的冬笋、五花猪肉以及炸豆腐片全部切成长5厘米左右的细丝，大蒜苗切为长约5厘米的丝段。

（3）热锅上花生油，分别将冬菇丝、鱿鱼丝、大蒜苗丝爆炒至香后铲起备用。接着将冬笋丝放进锅中，加入少许料酒大火翻炒，再将熟肉丝及先炒好的冬菇丝、鱿鱼丝、蒜苗丝及豆腐丝依次放进锅中翻炒均匀，翻炒时放进适当的食盐、味精、酱油，最后打芡，起镬装盘，撒上适量的胡椒粉。爽口滑嫩、色香味俱佳的山珍海味炒三丝便大功告成了。

炖 肉

炖肉，风味独特，是邑人婚宴喜庆及节日必用的平远名菜。炖肉有炖猪肉和炖牛肉两种。

炖猪肉的做法是：

（1）将整块连皮猪肉刮净毛脚，清洗干净，放入大锅中煮熟，再切成1.5厘米之四方块。

（2）将适量（以用肉量而定）的红糖或白糖、特级酱油熬成卤汁（熬至卤汁呈金黄略赤即可）。

（3）把切成方块的熟肉放进卤汁锅内慢慢搅拌，让肉块沾满卤汁，同时加上洗净浸泡好的冬菇若干，渗入适量的糯米酒娘、食盐等佐料。

（4）将干净的纱布包好适量的胡椒仁放在一陶缸里，再将混满卤汁、混匀佐料的肉块起锅至陶缸内，盖紧缸苫，苫沿贴上浸湿的土纸条密封。

（5）把装满肉块的陶缸置于木炭火上，以文火慢慢炖之，直至肉块烂熟。

开席时，揭开封苫，一股浓香立刻夺缸而出，金黄色炖肉软烂不崩碎，方块整齐，肉味浓郁醇厚，食而不腻。

炖牛肉的做法与炖猪肉做法大体相同。先把牛肉煮熟，切成1.5厘米之四方块，加进适量的大块生姜、胡椒仁、糯米酒、山茶油、食盐等佐料，置于陶缸内，用木炭文火慢慢炖烂炖香，风味别具一格。

富贵　长春

富贵、长春是客家人乔迁新居宴席上的第一、二道菜。这两道菜一上桌，宾客们便异口同声地说："富贵长春来啦，祝贺主家富贵长春！"其实"富贵"的主要配料是豆腐和肉桂，"长春"的主要配料是猪粉肠和鸡春（蛋），谐豆腐为"富"，肉桂为"贵"，猪粉肠为"长"，鸡蛋为"春"，连起来便是"富贵长春"，从中可以领略到客家人事事祈求好兆头的心理。这两道菜的做法分别是：

富贵：将若干水豆腐加进适量的红粬粉，置于锅中焖透，以猪油、精盐、胡椒粉调味，再撒上适量的肉桂末，最后勾芡起镬。这道菜白里透红，味鲜嫩滑，风味独特。

长春：将若干个鸡蛋的蛋黄蛋清盛于容器中，加入适量的精盐、味精和胡椒粉，用竹筷搅匀。另外，把适量洗净新鲜的猪粉肠一端用小绳系好，另一端系一小漏斗，将搅拌好的蛋清蛋黄慢慢灌进粉肠，灌满后也用小绳扎紧，两端不能有渗漏，然后将灌好的肠卷置于竹筛上，放进锅中温火蒸熟（切忌猛火，以免破裂），放凉后，肠春便做成了。做菜时，先将肠春切成二厘米长的小段，再在切口两面切十字花，配以适量的冬菇、笋片或芹菜、大蒜，在热油中翻炒，肠春上下翻卷，像一朵朵金黄的菊球，清雅美观，香色诱人。

传统年糕——黄粄

春节，老城农村家家户户都要做具有传统特色的年糕——黄粄。黄粄用香禾米做原料，清香可口，嫩滑不腻，宜蒸宜煎，咸甜均可。切片以鸡汤泡煮，或切成条状加上精肉丝、冬菇、鱿鱼、竹笋、蒜丝共炒，更是风味独特，可待上宾。此外，还可以切片晒成黄粄干，密贮于瓶罐，天气炎热时，用来煲糖或煲灰蛋，是消暑解热的佳品。许多华侨及港、澳、台胞回乡探亲，都要带些黄粄干馈赠亲友。

黄粄的做法虽不复杂，但非常讲究清洁，特别是蒸捣和保管期间，要将用具洗干净，不要沾有糖、盐等杂物，才能使黄粄保持数月不变质。具体操作方法是：将香禾米淘洗干净，用清水浸透，蒸熟成饭，然后用事先煮好的灰水搅拌均匀。灰水是用柚树茎枝、布惊、油茶壳及当地人称为黄粄树（一种野生小乔木）的枝叶烧成灰，将灰及一小袋槐花（中药）加适当的水煮沸，过滤去渣，成为深黄色的水。将用灰水搅拌后的淡黄色香米饭，复再蒸烂，盛于特制的石臼中，用木槌捣成膏状，做成牛舌形粄块，装进大水缸中储存备用。因其色淡黄，故称黄粄。

炸云片

炸云片是客家人过春节的传统食品，也是馈赠亲友的佳品。春节前，几乎家家户户都要炸云片。过年时，带上炸云片走亲访友，妇女们回娘家时也都带上几包炸云片孝敬父母、叔伯。

炸云片的制作工序较多。先选用晚季优质大米若干，用清水浸洗，双手揉搓至洗米水不浑浊为止。然后用早稻和秆灰水浸透，再将其舀进磨石中磨成粄浆，将粄浆倒进锅中，加进适量的食盐和胡椒粉，以文火熬煮，并用锅铲慢慢搅拌成粄团。待粄团稍冷后，分成两半，一半掺入红色或绿色的食色素，另一半则不掺任何食色素。然后将粄团分别置于案板上揉搓成柔韧的薄片。将两种薄片叠放整齐卷成条筒状，上笼蒸熟，冷却后切成均匀的椭圆形薄片晾干。再将云片用植物油炸熟贮于密封的瓶罐中。

因叠卷后切片形成云霞般的美丽图案，故称为云片。炸云片入口酥松香脆，既是佐茶佳品又是艺术品，具有浓厚的客家地方特色。

炸莲花

炸莲花（别名烙蟹子）是具客家特色的时令食品。每年春节前，客家农村家家户户都做炸莲花，以备新年待客和馈赠亲友。节后，妇女回娘家时，也要带上几包自己做的炸莲花孝敬父母。改革开放后，好些农户加工炸莲花在街头摆卖，备受顾客喜爱。

制作炸莲花的原料是：糯米粉、糖、白芝麻和植物油。

炸莲花的制作方法是：先将适量的糯米粉加入清水，搅拌均匀，搓成2厘米厚、直径12厘米左右的圆形粄块，称为“粄钱”。把“粄钱”放入加水的锅中煮熟，捞起晾凉。把晾凉的“粄钱”置于案板。加入干糯米粉、适量的糖水，充分搅拌，反复揉搓成柔软、韧滑的粄团。接着将粄团碾压成0.5厘米厚的粄块，洒上白芝麻，把粄块切成40~50厘米长、12厘米左右宽的长方体粄条，再对扎成宽6厘米的双层粄条。然后，按0.5厘米宽度切两刀（顶端不要切断），再切断一刀，成为三连体双层小粄块，并把粄块交叉捏成三瓣莲花状，最后，把它投入滚油锅内炸，待莲花浮上油面，呈橙黄色时即可起锅。

炸莲花，形似莲花，甜酥香脆。也可以不加糖，加入适量的食盐、蒜苗末、胡椒粉，炸成咸莲花，则咸香酥脆，吃一口，满口留香，令人回味无穷。

炸米巴

炸米巴，俗称勺饹（le）子，是客家人极为喜爱的风味小吃。逢年过节，客家农村许多人都会制作炸米巴，作为待客和馈赠佳品，平时，在乡村小店和市场小摊档也有出售。

制作炸米巴的主料是新鲜纯净的粘米、糯米、芝麻和植物油。

炸米巴的制作工序是：将适量的粘米、糯米各一半（也可以全粘米，但炸的米巴会较硬），淘洗干净，用清水浸透后磨成米浆。在米浆中加入适量的食盐和胡椒粉，搅拌均匀。把一汤匙左右量的米浆，舀进碗口大小圆形平底带把的铁皮勺内，抹平并撒上少许芝麻，然后连勺投入滚油锅内炸，熟后，米巴会自动脱离铁勺浮上油面，呈橙黄色时即可起锅，接着炸第二块。

炸米巴入口咸酥香脆，越嚼越香，越吃越想吃，既可下酒，也可佐茶，颇具地方特色。在米浆上除撒少许芝麻，也可以投放几粒黄豆、花生米，味道会更浓、更香、更诱人。

油馃子

油馃子就是油炸的馃子，分甜咸两种，甜的叫麻馃子，咸的叫味馃子。在客家地区，每年春节前家家户户都做油馃子，以备待客和馈赠亲友。节后，妇女回娘家总要带上几包自己做的油馃子孝敬娘家。平时，在茶摊酒店也有油馃子摆卖，供顾客喝茶饮酒作佐料。

制作麻馃子的原料：（1）纯净糯米；（2）红糖或白糖（糯米与糖为 10∶3）；（3）花生油或茶籽油；（4）芝麻。制作方法：把适量的糯米洗净、浸透、滤干后打成糯米粉（以前用石碓踏，现在用机械打）。将糯米粉总量的三分之一加入清水搅拌，搓成若干块 2 厘米厚、直径 15 厘米左右的圆形粄块，称为“粄钱”。把“粄钱”放入开水中煮熟，捞起晾凉后，放在剩下的三分之二的糯米粉中，加入红糖或白糖搅拌均匀，反复揉搓成柔韧嫩滑的粄团，接着把粄团碾压成 1 厘米厚的粄块，再用刀切成横直 1 厘米的小粄丁。然后将小粄丁投进烧滚的油锅内炸，盛进金属或陶瓷大盆中，趁热淋上适量的糖浆水，撒上炒香的白芝麻并慢慢翻动粿子，让芝麻牢牢粘满粿子表面。

炸味粿子则在打糯米粉时加入适量的大蒜苗。方法是：把洗净晾干的蒜苗撕条切碎，与糯米混匀一起打成粉绿色糯米粉。然后加清水揉搓做成“粄钱”。将熟“粄钱”放在其余三分之二的糯米粉中，加入适量的盐水、胡椒粉搅拌均匀后，反复揉搓碾压成 0. 5 厘米厚的粄块，切成竹筷子大小、长约 2 厘米的小粄条，最后，将切好的小粄条放进烧滚的油锅内炸，待粄条中间鼓起并浮上油面时，蒜香扑鼻的味粿子便可起锅了。

麻粿子、味粿子脆酥香甜或咸酥香脆，各具独特风味，越嚼越香，令人回味无穷，难怪成为世代沿习的客家美味小吃。

线刀粄

线刀粄又叫水粄子，就是以线为刀割制的米粄，如同北方的刀削面一样。它洁白爽滑、清香可口，充饥又解渴，是客家人喜爱的传统美食。过去，不论街头小巷还是乡村小店都有摆卖，每逢新谷登场，大家就用新米为原料，做线刀粄庆丰收。

线刀粄的制作不复杂但极考究，首先取适量的优质大米，用清水搓洗两三次，直到洗不出浑浊水为止，滤干后再加清水（米水比例为 1 ∶ 2）浸泡 2 ~ 3 小时，然后将米水用石磨磨成粄浆

(现改用机械打浆)，用大盆或其他容器盛好。

在磨粄浆前，选燥、净的稻秆一把烧成秆灰。粄浆磨好后，把冷却后的秆灰用干净的大布袋包好，置于粄浆之上（勿让秆灰洒漏，以免污染粄浆)，吸收粄浆多余水分，约半个小时除掉灰包，粄浆便成为嫩滑的粄团。

然后，将粄团搓韧并压成牛舌状，置于光滑的瓢背，两手绷紧一根苎线，成为线刀，把瓢背的粄块均匀地割削至煮沸的水锅中，雪白的粄条就像一条条泥鳅在乳白的粄汤中逐浪翻腾。待粄块割完，粄条熟透，线刀粄便可起锅吃用了。线刀粄可不放油和其他配料，只在起锅前放适量的精盐，吃起来满嘴纯正的米香，口感滑嫩无比，回味无穷。

七层粄

七层粄是客家地区的一种传统风味小吃。过去，每逢传统节日，打醮或庙会活动时，客家农村几乎家家户户都会制作七层粄，除自吃外，还用来招呼客人和馈赠亲友，相沿成俗，流传至今。

七层粄的传统制作工具是竹编簸箕，现大多改用铁皮或铝质平底大盆。原料为新鲜优质大米。制作方法：首先把适量的大米洗净，经清水浸透后磨成米浆，用少量的花生油涂滑大盆，用勺子将米浆舀入大盆内，双手抓住盆的两端，慢慢摇匀粄浆，使粄浆厚薄均匀地遍布大盆，然后置于锅内用猛火蒸，3 分钟左右即可蒸熟，熟了一层，再上一层米浆，循环往复，直至七层，第七层都蒸熟了，便可起锅了。吃时切成菱形小块，可一层层揭开，蘸上煎制好的姜、葱、香油味汁，入口满嘴葱姜油香味，又有柔嫩无比的口感，令人越吃越想吃。

如果用 7∶3 的粘糯米比例磨制米浆，并在米浆中加入适量的红糖搅拌均匀，起锅前在粄面上撒些炒香碾碎的花生芝麻粉，制作出来的就是韧滑甜香的七层粄，一层一层慢慢剥吃，风味则别具一格。

番薯乌干

番薯乌干，因其色泽乌亮油润而得名。乌干香甜味美，质地柔韧，营养丰富，老幼皆宜，是不添加任何色素的天然绿色食品，是客家地区特有的传统美食，也是理想的旅游食品和馈赠亲友的佳品。

每年冬季，客家山区几乎家家都要制作番薯乌干，除贮藏自食和馈赠亲朋，还当作商品出售。

乌干的制作方法虽不复杂，但也极为讲究，要经过选、切、焯、浆、蒸、晾、晒等工序。

首先挑选无虫蛀、无霉烂，收获后经过适当时间糖化后的优质红心番薯为原料。接着把选好的番薯洗净、削皮，用特制的刨刀刨切成块块厚度均匀的薯片。

然后，把切好的薯片放到开水锅中焯熟（不能焯过久，以免过烂），尽快摊在干净的竹笪上晾晒成焯薯片。同时，把锅中焯过薯片的水用文火熬制成稍黏稠的番薯糖水。

焯片晒干后，放至番薯糖水中搅拌均匀，让每块焯片都浆上番薯糖。

最后，把浆好番薯糖的焯薯片置于木饭甑中蒸软蒸透，起甑后摊在竹笪上晾晒至适当的干度，乌亮软甜的番薯乌干便大功告成，可以包装或贮存了。

能治风寒感冒的“神仙粥”

客家人通过长期不断的实践，总结出许多就地取材、制作简便、疗效甚佳的小验方，解决了山区缺医少药的难题。下面就是一首在客家地区广为流传的“神仙粥”歌诀：“一把糯米煮成汤，七条葱白七片姜，熬熟兑入半杯醋，除风退热保安康。”此粥专治风寒引起的头痛、发热、浑身酸软、乏力等症。患者在发病3天内服用，可收到粥到病除之奇效。

“神仙粥”的具体做法和用法是：将50克新鲜糯米搓洗干净，加入适量水煮成稀粥，再加入葱白7条（约70克）、生姜7片（约15克），煮5分钟，然后加入米醋半杯（约50毫升），搅匀起锅。趁热服下后，上床盖好被子使身体微热出汗，一般连续服用“神仙粥”3~5次，风寒感冒就会痊愈。

番薯粄　芋子饺

番薯粄、芋子饺都是地道的客家时令美食。每年农历九月开始，田间地头的番薯、芋子收获了，人们便就地取材，制作番薯粄、芋子饺庆祝丰收。

番薯粄的制作方法：首先挑选若干无虫蛀、无霉烂的红心番薯，洗净、去皮、切片，加适量的食盐和清水煮熟。将煮熟的番薯片置于大盆中用棒槌捣烂，再掺以适量的米粉（粘米粉、糯米粉各一半）和切碎的大蒜苗，充分搅拌均匀成粄团。将粄团置于案板揉搓成柔韧的长条粄筒，用刀切成椭圆形粄块。最后，将粄块依次放进翻滚的油锅中，炸至粄块浮出油面，呈金黄色时，便可起锅。番薯粄蒜油香味扑鼻，软滑可口，风味特佳。

芋子饺的制作方法：将若干无腐烂的新鲜芋卵刨皮去毛、洗净、切片、煮熟。用圆形棍棒将其碾压成芋泥，再掺进适量的地瓜粉反复揉搓，并用擀面杖擀成饺皮状。然后，包进五花肉、香菇、葱、鲜笋等剁成的馅，捏成芋子饺，上笼蒸熟。也可以包进萝卜丝、豆干丝和酸豆角等素菜馅。芋子饺外皮洁白晶莹，吃起来嫩滑味美，具有独特的客家地方风味。

豆腐肉丸　干炸萝卜肉丸

豆腐肉丸、干炸萝卜肉丸都是客家传统喜庆节日的席上菜，是客家人喜爱的美味菜肴。

豆腐肉丸的制作原料：鲜嫩白豆腐、新鲜猪五花肉、薯粉（上述原料比例：2∶0.5∶0.15），香菇、大蒜苗适量、植物油。

调料：精盐、味精、胡椒粉。

制作方法：将鲜嫩白豆腐置于大盆内，用小木棒捣烂。猪五花肉剁成肉泥。香菇（水发后）、大蒜苗切成细末。把猪肉泥、香菇、蒜末全部放进装豆腐的盆内，并加进薯粉和适量的精盐、味精、胡椒粉，充分搅拌均匀成馅。然后将馅挤成丸子，依次投入油锅，边炸边翻动，至豆腐肉丸浮起油面呈金黄色时，再略炸一阵便可起锅。

干炸萝卜肉丸的制作原料：白萝卜、新鲜猪五花肉、薯粉（上述原料比例：1∶0.5∶0.15）。

调料：精盐、酱油、味精、葱末、胡椒粉。

制作方法：将白萝卜洗净、削皮、切块，投入开水锅中焯至七成熟，捞出沥干水分，用刀剁成碎末，置于盆内。把猪五花肉剁成肉泥，放到装萝卜碎末的盆内，加进薯粉和适量的精盐、酱油、味精、葱末和胡椒粉，搅拌上劲成馅。最后，将搅拌好的馅，用手挤成鸡蛋黄大小的丸子，逐个放入油锅中炸成金黄色后，捞起装盘。

豆腐肉丸和干炸萝卜肉丸，色泽金黄，软嫩爽口，荤素搭配，物美价廉，可趁热蘸抹各种酱料或撒入少许花椒盐即吃，也可以加骨汤泡煮，颇具客家山乡风味和地方特色。

大薯丸

大薯丸是客家地区的时令美食。每年农历九月后，大薯收获了，山茶油、花生油开榨了，山里人就会制作大薯丸，自食或馈赠亲友。逢墟日，人们还在市场支锅，现擂、现炸、现售大薯丸，满街油香扑鼻，是客家集市的一道美食风景线。

制作大薯丸的主料是大薯。大薯为蔓生块根作物，有紫红、乳白两种，块根大者每只可达 2~3 斤以上，扁平形如人的脚板，故俗称“脚板薯”。每年春，将薯块带皮切成方寸大，切面蘸上草木灰穴种，农历九月开始收获。

制作大薯丸，需用一特制的圆形陶质擂钵，钵内布满辐射状的沟纹，口大底小，下端还有一小碗口大小的漏斗。

制作方法：把擂钵搁在一盆上，将刮皮洗净的大薯置于钵壁来回擂磨，让薯浆慢慢从漏斗处流入盆中。待大薯擂磨完毕后，加入适量的食盐水、味精、胡椒粉和切碎的蒜苗等佐料，再掺以适量的薯粉。用手轻轻地反复甩打，充分搅匀后，捞起薯浆，投进翻滚的油锅中，如此不断反复，待薯丸浮出油面后，再稍炸片刻，便可起锅。

大薯丸，趁热食之，滑嫩可口，满口留香，具浓郁的乡野风味和客家地方特色。

乱箭射绵羊

乱箭射绵羊，其实就是泥鳅煲豆腐，是一道颇具客家风味的传统佳肴。

其具体做法是：选取 1 斤左右的鲜活泥鳅，置清水中养 3~5 天，使其排尽肠肚中的污物，再将泥鳅清洗干净，用 2~3 只鸡蛋的蛋清调匀喂其，然后将泥鳅和 2 斤左右的白嫩豆腐同时放进坭煲内，加入适量的冷水，盖上煲盖，以火煲之。随着水温慢慢升高，泥鳅便拼命地往受热较慢的豆腐块中钻。煲熟后，辅之食盐、猪油、酱油、姜葱、胡椒粉或辣椒等佐料，其味鲜美异常，营养丰富。打开煲盖，只见一条条泥鳅横七竖八地躺在又白又嫩的豆腐块中，别具情趣，因而，被人们形象地冠以“乱箭射绵羊”的美名。

鱼鳞冻　肉皮冻

鱼鳞冻和肉皮冻是用鱼、肉的下脚料加工成的美味凉菜，既嫩滑清爽、营养丰富，又经济实惠，具浓厚的客家独特风味。

制作鱼鳞冻的原料：新鲜干净的鲤、鲫、鲩（草鱼）等大鳞鱼的鱼鳞。

具体制作方法：将鱼鳞刮下后，剔除杂质，用清水充分淘洗干净，沥干水分后加入适量的米醋，用手反复搓匀，然后将鱼鳞置于锅内，并放进适量的姜片、葱、胡椒粉、黄酒等佐料，再加入沸水（鱼鳞与水比例：750 克鱼鳞加 1 升水）煮约半小时，待鱼鳞卷缩，水剩一半后，趁热滤渣，倒入盆中冷却至明胶状即成。将鱼鳞冻切成小方块，拌入芝麻油、酱油、醋、味精、芫荽或辣酱即可食用。将鱼鳞冻放进冰箱稍冻，口感更佳。

制作时切忌放水过多，煮鳞时应掌握火候，火过大会使鱼鳞冻过老，火太小则会便鱼鳞冻过嫩。

肉皮冻的制作原料及方法：（1）选新鲜的猪肉皮 500 克，仔细拔除残留的短小猪毛，充分刮洗干净，置开水中汆一下，再用水洗去沾在肉皮上的浮沫，切成 1 寸左右的长条小块。（2）加上平时炖肉或适合自己口味的各种佐料、适量的清水将其炖烂，倒入盆中冷却，即成肉皮冻。如在炖肉时，不加酱油等有颜色的佐料，便加工成晶莹透亮的水晶肉皮冻。

将肉皮冻切成薄片，拌入芝麻油、味精、酱油、葱花或各种辣酱，便成一道美味可口的凉拌小菜，如置冰箱稍冻，口感更鲜美。

清明粄

每年清明前后，古城和其他客家地区一样，大家都要到野外踏青，顺便采摘鲜嫩的苎叶、艾叶、白头翁、鱼腥草、鸡屎藤和使君子等青草，用于做青粄，俗称清明粄。

清明粄的做法：

先将采回的各种青叶洗净、去梗，放入锅中煮沸后，捞起置大盆中以清水浸漂。

另取新鲜优质粘米、糯米各一半，以清水搓洗，浸泡 2~3 小时，滤干水分后，用石碓（现已改用机械）捣碎，并以粄帕（也称箩斗）筛出又细又嫩的米粉。

接着捞起浸漂的各种青叶，挤揉成团，倒入碓臼中捣烂后，将筛出的米粉也倒进碓臼中，并加进适量过滤后的糖水再捣，充分捣匀成青色粄团，取出粄团置于案板上使劲搓韧，做成圆扁形或手指条形青粄，蒸煮咸宜。

清明粄特具一股青草的芳香，它性温可祛风祛湿，如加有使君子叶的，还可驱除肠道寄生虫，具有一定的药用保健功能，因而它又被称为药粄，最适合清明前后温度大的季节食用，所以，清明节吃清明粄的习俗世代相沿。

客家人的用鸡、吃鸡习俗

客家人，视凤冠、彩羽、金尾的鸡为吉祥瑞禽，视送鸡为最尊重的礼物，视鸡为酒宴筵席上的上等佳肴，视杀鸡相待、请吃鸡臂（鸡腿）为最高礼遇。无论岁时节日、婚丧喜庆、建房做寿，还是朋友聚会，处处离不开鸡。

大年三十这天，家家户户贴春联、安门神、挂年画。午后祭祖时，把全鸡置于三牲（鸡、猪肉、鱼）之首，作为最高档祭品。除夕全家吃年夜饭，首推炖全鸡，长辈和小孩都要吃鸡臂。

正月新年，到伯叔、亲朋家中拜年做客，主人一定会斩鸡臂、切腊味、盛粿子年糕，烫一壶娘酒，热情款待，相互拜年。如果有人登门拜年，也要同样招呼。

春节后，妇女回娘家，要送给父母大阉鸡一只或未生蛋的小母鸡一只，对至亲伯叔至少也要送一只大鸡臂和其他年糕礼品。

男女结婚迎亲时，男方除送鱼、猪肉外，还要送大红公鸡和未生蛋的母鸡各一只，女方家把公鸡杀来做“轿下酒”，招呼亲朋，母鸡则随新娘出嫁时带回男家，俗称“带路鸡”。新娘轿至男家，要举行宴轿礼仪。启轿门时，杀一只雄鸡，礼生将鸡血滴地绕轿一周，称“斩煞驱邪”。新郎新娘举行合卺礼喝交杯酒时，要共吃一只鸡臂、一只红蛋，喻为“同心同德”。

新婚后的第一个春节，小夫妻回娘家，俗称“新上门”。岳父岳母要办酒席，女婿坐上座，吃鸡臂，备受尊敬。接着，由族内至亲轮流宴请，每餐必吃鸡臂。当然，新上门时，对岳父岳母家及至亲伯叔也要送鸡和其他礼品。回家时，娘家会回送 1 只小公鸡和 1 只未生蛋的小母鸡，给小夫妻带回去繁育小鸡，称为“公婆鸡”。

妇女从怀孕开始，就准备坐月子吃的鸡。小孩一降生，先宰 1 只老雄鸡，用姜和娘酒炒“姜酒鸡”给产妇吃，接着吃姜酒炒大阉鸡。坐月子产妇一般要吃十几只姜酒鸡，以大补元气。

逢“十”或“十一”的生日，叫“大生日”，因 10 岁到 50 岁，未上花甲（60 岁）不能称寿，一般人家皆不甚操办。满 60 虚岁，可称做寿，传统习俗为“男做齐头女做一”。男人 60 岁后逢“十”各寿，女人 61 岁后逢“十一”各寿，均可摆酒设宴做寿。祝寿人除买衣物、酒果等寿礼外，一定要送上大阉鸡，以示敬重。酒宴中，要斩一只大鸡臂，煮得香香烂烂，给寿星享用，以示庆贺。

此外，建房的开工、安门、上梁、出煞、乔迁，还有老人去世等红白喜事的许多环节都要用鸡、宰鸡、吃鸡，正所谓“无鸡不成席”，而且各种酒宴的第一道菜，必定是一盘“白切鸡”。

如今，客家人的传统用鸡、吃鸡习俗大多仍在继续沿袭，而且吃法也越来越讲究，白切鸡、姜酒鸡、炖鸡、炒鸡、盐焗鸡、葱油鸡、怀（山）（枸）杞鸡、五指毛桃鸡等等，既好吃又营养。

仁居特产灰豆干

凡是到过平远县仁居墟的人，都可以看到墟上除了有特产“红菌豆腐头”出卖外，还有一些人卖的是另一种仁居特产，叫做“仁居灰豆干”。仁居灰豆干是布包豆干经草木灰加盐水浸过后而成，味道咸鲜，有一种特殊的香味。适宜于作早晨粥、米饭的佐料，也适合作山里人田间劳动时带饭的搭配菜。其原料是：一只小水缸；布惊树根、油茶籽壳、南瓜苗晒干后烧成的草木灰；布包豆腐干若干块；食盐；水。

其做法是：

(1) 将各种草木灰混合后放入小缸内。

(2) 将食盐放入缸中（草木灰 2 斤、食盐 1 斤）。

(3) 注冷开水入缸中，水放至离草木灰 4 寸左右；草木灰浸入缸中一天（24 小时），待浸出味时，便可以浸豆腐干了。

(4) 将布包豆腐一块一块地放在草木灰盐水缸中，布包豆腐干放进去浸 24 小时，便可以拿起来。吃用时，要用冷白开水洗干净后，切成小块便可以食用了。吃时，如果不够味，可以加盐，一缸草木灰盐水可以多次使用。

故事传说

年初一吃素习俗由来

在古城仁居，延续着大年初一吃素不吃荤的习俗。就是除夕吃过团圆饭后，主妇们要把饭桌、厨房全面清洁一次，把锅、盆、碗、筷认真洗刷，将荤腥油腻味彻底清洗干净。同时，准备好第二天（年初一）的素食食材，如豆腐、豆芽、腐竹、香菇、木耳、金针菜、萝卜丝、红萝卜、冬笋、青白菜等。年初一的一日三餐都吃这些素菜，连煮菜的油，也要用花生油、山茶油或菜籽油。

说起年初一吃素的习俗由来，却有个发人深省的故事。

传说，以前客家某山村有对夫妇，一生艰苦创业，含辛茹苦养育了 3 个儿子、7 个孙子，真是儿孙满堂，全村人都夸赞他们是“好命阿公”“好命阿婆”。斗转星移，3 个儿子各自成家立业，留下两位老人相依为命。不久，老伴又先他而去，剩下年迈的“好命阿公”一人，儿孙们却各顾各家，对老人的起居饮食不闻不问，常常忽略。

按照传统，大年三十夜，家家团圆吃年夜饭。有一年的年三十，大儿子早早便去请父亲到他家吃年夜饭。二儿子也说请父亲吃年夜饭，小儿子听到两个哥哥都去请了父亲，便也去请父亲到他家吃年夜饭。

做父亲的很高兴，决定到时候谁先来喊，就到谁家去吃。不料，食饭时，大儿子以为父亲到弟弟家吃了；二儿子又以为父亲到大哥或小弟家吃了；小儿子更以为两哥哥先请父亲，父亲肯定不会来自己家吃的，所以，谁都没有再去请父亲。做父亲的饿得肚子咕咕叫，便问在门坪玩耍的小孙孙：“你们都吃了饭吗？”小孙孙说：“大年三十谁还没吃？连我家的小花狗都吃得饱饱的。”阿公听了不禁自叹：“这就是好命阿公。”

第二天是年初一，小孙孙们到阿公房间，要向阿公拜年讨红包。到处寻找阿公，也不见阿公踪影，只见房间书桌留有一张纸条，纸条上写着：

三子七孙枉自多，不敬不孝又如何？

除夕挨饿不如狗，情愿出家念弥陀。

儿孙们看到后个个悔恨不已。为了吸取这一教训，惩罚自己并警示后人，决定每年大年初一戒荤吃素。这一习俗慢慢传开，被不少客家地区的人们仿效，直到现在一些地方还在延续传承。

“程义峰”地名由来

说起古城西隅“程义峰”地名由来，其中有个可歌可泣的传说。

南宋时期，赣、闽、粤三省边界的林子营（即今平远仁居），虽然陆续有人迁徙在此定居，人烟还是稀少，到处是险峻的高山和茂密的森林。但这里却是驿道、商道的交叉点，东通福建，西连九乡（今八尺），南下往梅州、潮州，北上达江西的会昌、虔州（今赣州），地理位置十分重要，历来是兵家必争之地。

到了南宋末年，北方蒙古元兵南侵，南宋朝廷危在旦夕，时为赣州知州兼江西安抚史（后封为右丞相）的文天祥吉安起兵赴京城勤王，无奈不敌蒙古强骑，不久，首都临安（今杭州）失守，恭帝与太后被元兵俘去。文天祥、陆秀夫、张世杰等宋室文臣武将先后拥立端宗赵昰、广王赵昺转战赣、闽、粤三省，一边抵御元兵追杀，一边招收义军，力求匡复宋室朝廷。

景炎二年（1277），文天祥率领的勤王义军由江西向粤东南下，所到之处，老百姓都热烈响应，纷纷参军参战。当时，今平远坝头官窝里及附近定居的南齐处士程旼的后裔，对异族的入侵义愤填膺，群情激奋，几十名青壮年组成一支程氏义军，由族中长者带领，请来武林师傅认真操练。当得知文天祥率宋军南下的消息，程氏义军便日夜兼程前往迎候，终于在林子营的麟石山麓、邹坊河畔与文丞相的宋军会师。程氏义军长者得知随后有蒙古元兵追赶，眉头一皱，计上心来，与文丞相商议实施诱敌保宋之策。宋军将一部分旗帜和将士的衣帽、鞋物等交与程氏义军，文丞相率宋军向南部的梯子岃经畲脑、上举往泗水梅子畲休整。程氏义军则打着宋军旗号，故意在往西部的麻楼路口丢弃一些宋军的破衣、烂鞋等，引诱元兵向麻楼、香花畲、河头方向追赶。

为使宋军赢得时间，程氏义军利用熟悉地形的有利条件，牵引着元兵在崇山峻岭中捉迷藏，打转转，弄得元兵晕头转向，精疲力竭。义军本来计划把元兵引回江西去，但不敌元兵人多，最终在今中行境内的秤钩水被元兵包围，30 多名程氏义军与元兵英勇搏杀后全部壮烈牺牲。

为了彰显和纪念程旼后裔自我牺牲、见义勇为的民族精神，当地乡绅和老百姓将程氏义军的骨骸收集起来，葬于程氏义军与文天祥会师处的驿道旁，起名“程氏义冢”。同时，将这里命名为“程义峰”，一直沿用至今。

刺“聪坑公局”的对联

土地革命战争时期，国民党反动派在粤赣边界到处筑碉堡、修工事、设关卡，对江西苏区进行经济封锁，特别对食盐、布匹、西药、成药等实行禁运。但老城人民在红军的宣传帮助下，发动和组织赤卫队，大家冒着坐牢甚至砍头的危险，想方设法，弯山绕道为江西红军运盐购药。在经六吉村、差干镇的湖洋村往江西边界的聪坑村设有一“聪坑公局”，住有 3 名民团队员，负责盘查堵截。3 名民团队员中，一个是喜欢嫖娼的色狼，一个是声音嘶哑的大赌棍，还有一个老婆是卖淫货，大家分别叫他们为鸡公、鸭公、乌龟公。他们以公事公办为幌子，借盘查违禁品之名，乘机敲诈勒索过往客商的钱财，甚至肩挑一般货物的也不放过。大家对“公局”如狼似虎的不法行径无不恨之入骨，咒骂嘲讽之声四起，其中有人针对 3 名民团的狰狞面目，拟了一副对联：

聪村有三公：鸡公、鸭公、乌龟公，句句公事公办，公心何在？公道何存？公内暗藏私，公然借公图利己，似此办公真特别；

坑涧设一局：嫖局、赌局、乌蝇局，时时局出局入，局内者甘，局外者苦，局分上下口，局成危局害苦人，何时了局得升平？

这副对联，文字浅显，虽然平仄不甚讲究，但对仗工整，入木三分地尖锐刻画了“公局”的丑恶嘴脸，给予他们无情的揭露和声讨。人们还把这副对联写好，趁着月色连夜把它牢牢贴在“公局”的大门两边，村民和过往客商纷纷前往围观，无不拍手称快，并很快在粤赣边民中传开。这一脍炙人口的对联一直流传至今。

“女秀才”对出地名联

清朝光绪年间的一天，平远县豪居（今仁居）乡秀才王某路过东石三段岃（地名），在路旁田坵的石崖下歇脚，拿起当拐杖用的长竹烟筒，装上黄烟丝抽起烟来，又将烟灰、烟油水搕在田里，顿然触景生情，雅兴油然而生，摇头晃脑念起由平远县5个乡村地名组成的上联：

头顶东石，口含超竹（指长竹烟筒），漳（装）演（烟）热水润长田；

但下联却怎么也对不出来，一路冥思苦想也毫无结果，只好回家向妻子请教。原来其妻乃书香门第出身，天资聪颖，自小习文作对，加上婚后又常陪伴丈夫读书写字，所以文墨颇通，被誉为“女秀才”。她问清缘由，又听丈夫念出上联后，想起日前妯娌们在河边摇水车车水灌田情景，略加思索便对出下联：

脚踏仁居，手摇八尺（指水车长度），差（车）干泗水旱河头。

上联嵌平远县东石、超竹、漳演、热水、长田 5 个乡村地名，下联亦嵌平远县的仁居、八尺、差干、泗水、河头 5 个乡村地名，而且对仗工整，内容耐人寻味，被文人墨客传诵至今。

李秀才、马小姐妙对奇缘

从前，张、王、李 3 位秀才结伴赴省城参加乡试，路过崇山峻岭的粤东磜头村，上岗下岗、风尘仆仆。

眼看天色将晚，3 人商议食宿问题，李秀才快言快语说：“不难，不难，可到我岳父家投宿。”他的话刚好被赴墟回家的马老伯听到了，马老伯就是村里的大户人家。

不久，3 位秀才便来到驿道旁马老伯屋前，冒昧进屋求宿。马老伯热情招待他们食宿，但只安排张、王两人住上房，推说房间不够，让李秀才住柴房。李秀才知道自己说了不该说的风凉话，才受此委屈，但也没法子。

此事被马老伯女儿马小姐知道了。马小姐是马老伯的独女，自幼知书达理，通文识字，她怜悯李秀才住柴房，若染风寒，将延误考期。她便偷偷地拿酒菜给李秀才御寒。这时，柴房一角的大公鸡借烛光啄食盆中米糠，发出“当当”响声，李秀才惊吓地问：“是什么响声？”马小姐说：“别怕，这是‘鸡啄金盆嘴撞钟’。”马小姐的热情大方，让李秀才感激不尽。

第二天，大家依依不舍离开马老伯家，日夜兼程，继续赶路，终于到达了省城。

到了乡试那天，主考官出的对联试题是：“马过木桥蹄擂鼓。”李秀才一看，真是喜出望外，这不是马小姐说的“鸡啄金盆嘴撞钟”吗？于是他龙蛇飞动，很快就交了卷。乡试结果，李秀才中了举人，荣宗耀祖。

为了感谢马老伯父母，李举人备礼专程拜访。后来，还娶了马小姐为妻。李秀才、马小姐妙对奇缘，传为佳话。

行善修路受传颂

韩成绪，字名顺，黄畲南龙南山下人，清乾隆年间监生，是南山下“绍锦围”的创基者。

他为人亲和，敦崇节俭，热心公益，乐善好施，凡乡邻有困难求助，他都慷慨给予周济、帮助。他的善举，受到后人的尊崇和传颂。

明清时期，山区交通不便，道路崎岖，运输全靠肩挑手提，上岗下岃，非常辛苦。南山下有座五福岭，是县城（仁居）经南山下、黄畲、凤仪、古丁至江西寻乌满坑等地的必经之路。五福岭路弯、道窄、坡陡，行人非常不便，为了解决大家行路、运输的困难，韩成绪独自承担经费，牵头召集村民砌石修路。他请来能工巧匠，精心打凿花岗岩“麻条石”，从山脚到岃顶铺砌了72级的石级。为了保证修路质量，施工期间，他经常到工地巡查，经过数月时间，砌石级、筑路工程终于竣工。附近村民还有各地乡绅前往庆祝，大家欢天喜地，敲锣打鼓，鸣放鞭炮。有人还特地编写了一首顺口溜：“筑路之人功居冠，五福岭造七十二个磴(石级)，三断腰来四缺角，还有七条青矿石，唔信请你看一看。”顺口溜既赞颂了出资修路人，又道出了路况，全路72个石级，其中3条石是断腰石，4条有缺角，还有7条是青色的石条。

韩成绪72岁善终，村民称他“筑路一级，晋寿一年”。他筑路的事迹，一直在当地流传。老人们用他教育后人，只要热心公益，多行善举，就能延年益寿。

罗氏祠联中的名贤

清末，兴宁黄泥坪的罗宗耀举家迁徙至平远县仁居赤竹坪开基。罗家以其忠厚敦实的家风，刻苦向上、耕读传家的祖训，扎根赤竹坪。历代都以嵌入祠联中罗氏名贤事迹教育后裔，代代传承，发扬光大。

溯罗氏先祖为祝融后裔，周朝进封于宜城（今湖北襄阳）称为罗国。罗国后来被楚国灭掉，称罗氏。罗氏定居长沙，其后裔又逐渐南迁至江西南昌，成为长沙、南昌两地望族。以后，再辗转南迁闽粤。南昌称豫章，故罗氏堂号为豫章堂，堂联为“豫章世德；理学家声”。每年春节等喜庆日子，罗氏都贴此堂号、堂联，让大家知道罗氏的祖居地曾在江西南昌。

罗氏祠联众多，其中有一祠联：“钱江互瑞第；鸟亦微奇家”。上联典出罗隐。罗隐，余杭人，唐代诗人、文学家，官至节度判官、给事中。其散文小品，笔锋犀利，鲁迅谓其《谗书》“几乎全部是抗争和愤激之谈”，其诗亦为针砭现实之作，与诗人罗邺、罗虬誉称浙江三罗。为官前，他屡屡科场失意，十举进士不第，因而诗文中饱含愤懑不平之气。他同情贫苦百姓，反对统治者粉饰太平，此思想在其平易朴素的诗中强烈表现出来，他曾在一首题为《华清》的诗中讥讽唐玄宗：

楼殿层层佳气多，开元时节好笙歌。

也知道德胜尧舜，争奈杨妃解笑何！

罗隐曾任钱江（今浙江杭州市）县令，故曰“钱江互瑞第”。他为官清廉，关心百姓疾苦，百姓口碑甚好。罗氏家族以其事迹为榜样，代代传承。

下联典出罗含。罗含是晋代桂阳郡耒阳（今湖南耒阳县）人，少年时就有远大志向，文思迅捷，词藻新颖。一次，他梦见一只文采绚丽的鸟飞入其口中，惊醒而起，其叔母闻之曰：“鸟有文采，以后必能写出好文章。”后来，罗含通过刻苦学习，果然满腹文章，考中功名，累官至廷尉、长沙相。故曰“鸟亦微奇家”。

“塘坊”地名故事

仁居镇磜头村欧畲等 10 多个自然村都在项山脚下，山高林密，地处粤赣两省交界，官府鞭长莫及，属三不管的深山区。它的地名也就安得离奇古怪，如“塘坊”的地名故事是这样的：

明清时期，土匪盗贼猖獗，不时前来打家劫舍。为确保欧畲村落的平安，乡绅们倡议，动员各自然村、各姓氏百姓筹款、献料，在一谷地挖口大塘，里面堆放许多松光（松明子），还准备了一批火药、硫磺，打造了刀枪，砍制了大批棍棒，还请来武打师傅，组织青壮年操练武术，轮流放哨巡查。一旦发现土匪、盗贼入侵，便鸣锣示警，夜间则点燃火塘，告知百姓将财物软细坚壁起来，青壮年则操持刀抢、棍棒，抵御入侵之匪盗，保护百姓的生命财产安全。久而久之，林、潘两姓人干脆在此定居，把这里叫作“塘坊里”。随着时代的变迁，火塘已经湮没，但地名还在沿用，一首《塘坊塘坊》的民谣还在当地流传：“塘坊塘坊，铁壁铜墙。备有火药，还有松光。不怕盗贼，不畏虎狼。若有来犯，点燃火塘。乡邻团结，拿起刀枪。驱虎赶狼，保卫家乡。”

“周替杨死”惨案

明朝末年，朝纲不振，政局飘摇，民不聊生，农民起义风起云涌。崇祯十七年（1644），李自成起义军占领了北京，崇祯帝煤山自缢。明将吴三桂引清兵入关，击溃李自成义军，攻占北京城，改国号清。接着清兵继续南下，追击明南朝政权。曾任明朝监察御史的八尺凤头村人韩元勋，看到大明江山大部被陷，只好回到家乡。

韩元勋回到家乡不久，便跟夫人杨氏到本县黄畲赤沙窝娘家探亲。赤沙窝杨氏家族有 18 位青壮年，都是兄弟叔侄辈，经常在一起习武练拳，练就一身功夫。听说京官姑爷来了，便一起前往拜候，打听朝廷和国家局势。这时韩元勋夫妇正在吃着荷包蛋点心，他把蛋黄吃了说：“我大明江山遭内忧外患，朝廷就像碗中之蛋无黄矣（谐无皇）。”大家听后，既叹息朝廷腐败，又痛恨异族入侵。

事后，18位青壮年聚在一起，议论国事、家事，大家认为，当前时局混乱，只能组织起来自卫，抵御异族，保卫家乡。为了解决打造刀枪的经费问题，他们决定冒险劫库银。在一个夜黑风高的晚上，18兄弟潜入县衙，洗劫了库银。

劫库银的案情很快就被官库侦破，经上司核准，因当事人逃遁，要实施株连九族、血洗黄畲杨姓的酷刑。消息传到平远县衙，杨姓有个在县衙当差的亲戚，偷偷地连夜赶入黄畲通风报信，杨姓乡绅马上商议对策，通知众人迅速疏散躲藏。官兵血洗杨姓那天，赤沙窝附近家家户户都在灶里焚烧谷壳，四处轻烟袅袅，好像村民都在家做饭，毫无察觉，其实所有人都已进山躲藏了。

黄畲村的马垅前是周屋，周姓村民不知就里，看到大队官兵从朝官坳进村，认为官兵是前来杀劫库银的杨姓村民，与周姓人无关，有些人还跑出来看热闹。但从外地调来的官兵以为黄畲村民都姓杨，不问青红皂白，见人就追杀，周姓村民慌忙逃命，官兵则追杀不舍，直到周姓父老大喊：“我们是姓周的，为什么要杀我们?”官兵们这才反应过来，知道错杀了人，但也没办法，只好就此收场，回衙复命。

在乱世纷纭，改朝换代的时期，周姓父老有冤无处申，死者成了冤死鬼、替死鬼，只有杨姓父老前往抚慰、凭吊。

“周替杨死”成为平远历史上的一宗糊涂惨案，时过三四百年，仍在当地及周边地区流传。

“罗石角”的故事

海拔587米的杨梅石下，有座圆圆的小山包，远远望去酷似一只竹箩筐。筐顶突出10多块大小不一的石块，好像一箩筐石角，后来人们称为箩石角，为方便书写，慢慢又变成“罗石角”了。说起罗石角，其中可有个动听的故事。

很久以前，有个叫杨二的青年携妻带子辗转来到杨梅石下小河边，安营扎寨，堵陂作圳，垦山造田，引水灌溉。几年时间，开垦的田地不断向四周扩展延伸，小有规模。但由于新开地土壤贫瘠，加上连年洪涝灾害，粮食歉收，夫妇俩每天只好以稀粥加番薯充饥，但还是日出而作，日落而息，挖大石、削坡地、筑田梗、砌石坎，忍饥受饿，奋斗不止。

他们坚韧不拔的意志和艰苦创业的精神感动了当地的土地伯公，并决定帮助他们。一天，杨二做了个梦，一位白发苍髯的老者对他说：“感谢你们的辛勤，把这里大片荒山、滩涂开垦为良田，山边石箩筐里有你需要的东西，去取吧！”

第二天，半信半疑的杨二爬上石箩筐，只见筐里一大堆白花花的大米，他欣喜之余，装满一口袋大米，回家煮了一锅子米饭，饱饱地吃了一顿，顿时力气大增，下午继续垦山。就这样，土地伯公帮夫妇俩解决了无米之炊的后顾之忧。日复一日，他们每天劳动回来，便上石箩筐舀米煮饭，吃饱后又出门耕田作地，天天悠哉悠哉，过着不愁食用、虽苦也甜的日子。

一天，杨二食饱了，躺在床上想，既然石筐里有取不完的米，何必再垦地耕田呢？于是他慢慢变懒了，不但不再开辟新地，就连开好的田地也不仔细耕耘，种下的作物也枯萎失收，边远的排田又成为荒田了。

杨二的反常行为使土地伯公非常后悔，他一心想帮助杨二排忧解难，发展生产，不料杨二却滋长了不劳而获的懒习，这不是害人吗？于是他把箩筐点化了。等杨二再来取米时，箩筐里只有10多块石块，没有大米了。

杨二回头看看枯黄的禾苗和荒芜了的土地，痛心疾首，深深省悟到不劳而获是没有前景的，只有靠自己勤劳创造财富，才能摆脱困境，改善生活。于是他痛改前非，夫妇俩人继续努力，把小山村耕耘得林茂粮丰，繁花似锦。

潘丽垣发奋读书的故事

社南村神树下有一传统客家民居，屋式为上下堂两横层一照墙，外筑门楼，设计精巧，雕花屏风，内坪地用天然河卵石铺就，尤具特色。门口有一口 8 字形眼镜状的小池塘，俗称“眼镜塘”。说起“眼镜塘”的民居建造者潘丽垣先生，可有一个励志故事。

潘丽垣生于清朝末年，是个独生子，家中清贫，父母含辛茹苦，耕田种地。小丽垣看到叔叔伯伯们都生有两三个子女，自己常常被堂兄弟欺侮，心里很不是滋味。一天，父母对他说："想要出人头地，不是靠人多，而是靠本领，只有遵照祖训，认真读书，考上功名，在社会上有出息，才会受人尊崇。"小丽垣牢记父母的话，刻苦努力，"三更灯火五更鸡"，废寝忘食，勤奋读书，终于在光绪年间考上了秀才。考中秀才后，他不满足于现状，继续在县学努力攻读诗书，不久考取了岁贡生，门口也竖了楣杆，一家人好不高兴。

他的成功事迹，为全村树立了榜样，一时文风鼎盛。10 多年间，全村考中了 30 名秀才，竖了 6 根楣杆，村中潘文烈和两个儿子潘明祯、潘明楷父子三人均为秀才，还有几位考取了贡生、监生。有了功名的潘丽垣谦虚厚实，县衙公庭有些事征求他，他也不推诿，受到大家的景仰。

后来，他在神树下兔形做屋，挖眼镜塘，面向月形，谓之兔子望月。

匪夷所思的判决，致使潘杨斗杀

迷信风水，不仅讼狱多，且有的引起两姓械斗，造成大的矛盾纠纷。据朱浩怀先生编著的《平远县志续编资料》（风水）：平远县仁居黄畲乡的杨姓，与江西寻乌县的项山乡潘姓，两姓均属大族，虽不同一个省，但村落山水相连，世代村民都在同一耕作区劳作，两姓村民互相帮助，通商、通婚，日子过得十分惬意。

杨姓有始祖妣之墓，葬在寻乌县境内，坟墓虽然年久失修，墓碑已毁，而杨姓历来春秋祭祀无缺。而潘姓人听了堪舆家之荒谬言论，忽称该墓为潘姓人所有，前往祭祀，并到县府诉讼。平远、寻乌两县县政府接潘姓诉讼后，不做仔细调查，就下了个匪夷所思的判决，其判决规定：该墓为杨姓、潘姓两姓共有，杨姓于每年春季祭扫，潘姓于每年秋季祭扫。因如此荒谬的判决，潘姓得意外之收获，心中说不出的高兴。而杨姓则因祖墓无端被人占领，群情激愤，斗志昂扬。后来，杨姓人请本县富绅姚德胜出面调解，跟潘姓人说清本坟墓历来为杨姓人祭祀，是杨姓的始祖妣，应归杨姓人所有。但潘姓人说：这坟墓应归潘姓人所有，因为两县县政府都已判决。两县县政府遵循判决，亦无法执行，一直无法调解，接着双方发生械斗。

械斗（俗话说“斗杀”）一旦开始，寻乌潘姓逞其雄厚的人力、物力和财力，视杨姓为弱势群体，欲一鼓荡平之。杨姓虽处于劣势，但为祖宗之坟墓而战，心往一处想，劲往一处使。杨姓通过熟人，在汕头港口采购毛瑟枪等新式枪械，火力猛烈，在潘姓人来攻时的必经之路、险要山头筑山寨、建碉堡，修筑掩体、战壕，埋伏于此，以逸待劳。潘姓每次来袭，则旗帜鲜明，排列阵势，浩浩荡荡。前队为男壮丁组成的战斗队，后面有妇女组成的妇女队。妇女队均带有箩筐、绳索、大布袋，以备攻入杨姓村庄后搜刮一阵，把牛猪、粮食、财物尽扫而归。

杨姓各壮丁，居高临下，埋伏山寨的碉堡内，不动声色，待潘姓人逼近后，即发枪击毙其为首者数人，其余的人即后退。杨姓设固定哨兵，哨兵手执海螺，一经发现潘姓来攻，便嘟嘟地吹螺角为信号。听到螺角响的信号，壮丁立即赶跑各指定地点，分赴各堡垒，对付来攻的潘姓。就这样，数年来杨姓地方未被潘姓人攻入，死伤人数亦比潘姓人少。

潘、杨械斗一直在进行，同时也一直在诉讼中，死伤人数在不断增长，冤仇也在不断增加。最后，由广东澄海地方法院缺席判决，（潘姓缺席）判决如下："黄龙缠柱"形坟墓为杨姓人所有，杨姓可继续在春秋两季祭祀。但嗣后杨姓举行春秋祭祀时，仍需武装戒备，怕潘姓人捣乱。

潘杨两姓因风水发生械斗，为本县民国以来第一次，亦为最后之一次。因为械斗致使潘、杨两姓的关系恶化，两姓通婚、通商因此被停止，耕作也因而发生矛盾纠纷。

随着时代的进步和发展，两姓人民才慢慢认识到，没有堪舆先生的花言巧语，没有两县县政府匪夷所思的判决，就不会出现潘杨斗杀，就不会有这些矛盾纠纷的出现。经过几十年、上百年的思考，人们才从这些矛盾中走了出来，走上和谐、团结、共同致富的小康之路。

"万人坑"地名故事

在平远县古城仁居城西麟石山上，有一条叫"万人坑"的小峡谷，其地名由来，有个惨烈的故事。

清朝末年，朝廷腐败，民不聊生。道光三十年（1850），洪秀全在广西桂平金田村起义，得到各省府、州、县的群众响应，队伍迅速壮大，势如破竹。咸丰三年（1853），起义军攻占了南京，改南京为天京，立国号为"太平天国"，拥洪秀全为天王。定都天京后，太平天国的领袖们生活日益走向奢侈腐化，各王争权夺利而发生内讧，互相残杀。清政府趁机派重兵镇压，人心涣散的太平军战斗力锐减。同治三年（1867）六月，天京被清军攻陷，洪秀全也死了，太平军余部被清军追杀得四处奔窜，在闽、粤、赣三省与清军周旋。

这时的太平军，缺粮食军饷，缺衣物补给，个个精疲力竭，所到之处便烧杀抢掠，成为流寇，百姓深受其害，平远亦未幸免。史志载：从咸丰十年（1860）至同治四年（1865）的6年间，太平军余部曾4次进占平远。为避祸害，各乡村百姓纷纷择山筑寨或寻找山崖、岩洞躲藏。同时，打造刀枪剑棒，组织青年壮丁操拳习武，保卫家园。因太平军个个披头散发，百姓称其为“长毛”，称躲避太平军为“走长毛”。

同治四年（1865）五月，太平军余部由福建永定南下攻蕉岭溃退至平远。百姓闻讯，纷纷把财物粮食坚壁起来，然后进入山寨、崖洞或深山密林中躲藏。麟石附近的百姓扶老携幼带上干粮、衣物躲进麟石峡谷。太平军闯进村庄，既找不到粮食又找不着人，便放火烧民房，企图以此引出百姓。大家在峡谷中眼睁睁看着太平军的暴行，也不敢下山。不料，跟主人躲在峡谷的一条大黄狗却汪汪地吠起来，暴露了大家。太平军随着狗吠声，蜂拥地爬上山来，把峡谷团团围住，呼喊大家下山交出粮食、钱财。见大家不肯就范，便走进峡谷抢夺百姓随身带来的干粮、衣物。为了保护乡亲，乡丁操起木棒、长矛、大刀，与太平军展开殊死搏斗。最终因寡不敌众，藏于峡谷中的所有百姓均惨遭杀害，峡谷顿时血流成河。这时，天空雷声大作，下起瓢泼大雨，雨水冲刷着被害百姓的鲜血，顺着峡谷往山下流淌，一里多外的仁居河水被鲜血染红。

为了缅怀被害乡亲，让后人记住这个惨绝人寰的历史事件，大家就把这条小峡谷称为“万人坑”（形容许多人在这里无辜被杀了）。万人坑的地名和万人坑的故事一直沿用、流传至今。

“同李三娘做细，鬼都怕”

平远县仁居镇凤仪大队杨梅石下有一条叫“鬼叫坑”的小山坑，说起这条坑的由来，有一段耐人寻味的传说。

很久以前，村里有个叫李三娘的人，虽然年龄不大，但她的老公辈分高，所以大家都叫她李三叔婆。李三娘每天起早摸黑，耕田种地，艰苦创业，克勤克俭，相夫教子，尽显客家妇女本色。但她做什么事都满打满算，只顾自己，不兼顾别人，喜欢占别人便宜，也令人生畏。

旧时，每年春耕春种、夏收夏种及秋收这“三档”农忙季节，为了不误农时，都是几户人家联合起来，换工互助，就是先集中完成一户农活，再做下一户的农活。换工时，各户都按自己的农活面积、工作量大小去换工，大家都换多不换少，做起来很轻松愉快，准点收工。但李三娘则不一样，总是算得满满当当，明知要 10 个工日才能做得完的活，她却换 8 个至多 9 个人工，做到又昼又夜，中间也无休息，累得大家喘不过气来。因为她是长辈，大家也不敢多言语，久而久之，大家都很畏惧和她换工。

一年夏收时节，她坑里几坵稻谷成熟了，通常要 10 个工日才能割完，她却只换了 8 个人帮她收割，整整一天，直到太阳落山好久了，总算割完收工了，个个都挑着满满的谷担，借着月光，深一脚、浅一脚地回家。走在最后的是青年杨阿三，他想了想，决定嘲讽教训一下李三娘。

杨阿三放下谷担，在路边休息了半点多钟才慢慢回去，急得李三娘睁大眼睛在大门口盼着、等着。李三娘一见杨阿三便大声责问："你为什么这么迟才回？"杨阿三惊恐地回答："哎呀！我的谷担本来就过重，走到坑口，坑里的鬼呱呱地叫，吓得我两腿发软，走都走不动了！"李三娘不信，又问："那你怎么把谷挑回来的？"杨阿三说："我只好向鬼祈祷，我说'鬼仙们'，不要吓我，我是同（和）李三叔婆做细（工）才这么晚归哟！"李三娘急切想知道下文，又问："那后来呢？"杨阿三说："也不知怎的，我一说同李三叔婆做细，鬼都怕了，就不敢叫了，我才硬着头皮挑着谷赶回来。"李三娘听后，浑身发热，知道是杨阿三有意编造故事讥讽她，但她也从中省悟到为人做事要本分，不要过分苛刻。

后来，那条小山坑就被人们戏称为"鬼叫坑"。"同李三娘做细，鬼都怕"也成为传闻，并演变为俚语。

"麻姑井"的传说

在仁居镇井下村村尾，有一口"麻姑井"，井水不枯，清如明镜，一望透底，水质甘甜，遇暴雨山洪亦不受污染，被人们誉为"仙水""琼浆玉液"。说起这口麻姑井，还有段优美的传说：

很久很久以前，这里既没有河又没有井，食水要到里外的小溪挑，灌溉要望天上下雨，食水用水都非常困难。有一年，碰上天旱，一连两个月滴雨未下，溪水断流，禾苗枯死晒干，连食水都成了问题，大家只好挑着大桶、提着小桶，到处寻找水源取水。许多人天天求神拜佛，祈求神灵保佑，降下甘霖。但日复一日，还是万里无云，天空总是挂着火辣辣的太阳。

一天，为王母娘娘献桃祝寿的麻姑驾着祥云经过这里，看见百姓个个汗流浃背、弓腰驼背在找水挑水，便按下云头看个究竟。她在村中走了一圈，也觉得口渴了，就上前向一位提着一小桶水的农妇说："大嫂，我是远路而来的过路客，实在口渴了，能不能送点水给我渴？"农妇看到独行的陌生姑娘讨水喝，便指着桶里的水说："我这刚从山沟里挖到的水，又浑又浊，吃了会肚痛的，我家里有用沉淀过滤后的水煮的开水，随我回家喝吧。"麻姑随农妇回家，农妇洗净瓷碗，斟满开水，又恭敬地端给麻姑，请她喝水。麻姑被农妇的善良、真挚所感动，怜悯人间劳苦大众之心油然而生，便顺手在屋前空地一指，只见一股清泉喷流而出。农妇及在场百姓捧水就喝，向麻姑倒地便拜，并虔诚挽留。麻姑说："我要向王母娘娘献桃拜寿了！"说罢，驾起祥云升天了。大家才恍然大悟，原来为大家赐水的是麻姑。大家赶忙在这里筑起一口井。为了感谢麻姑，让大家世世代代铭记麻姑，就把它称为"麻姑井"。村民大多居住在麻姑井的下端，大家还把村名称为"井下"村。村民都以农妇善良待人、做好人、得好报的善举教育后人。

"孟夫岃"地名由来

仁居镇社南坪湖自然村的半岃有个叫"孟夫岃"的地方。坪湖自然村历来只住杨、曾两姓，并未曾住有孟姓人家，那"孟夫岃"地名的由来是什么呢?

坪湖，没有大的坪，也没有大的湖，是个丘陵地带的小山谷。明朝以前还是比较荒芜的地方。传说，明朝嘉靖年间，有个叫杨孟起的孩童，随父辈来到今坪湖自然村半岃，搭建房屋，开山垦地，从此定居。每天天一亮，人们便可看小孟起左手捧着书本，右手牵着大水牛，在绿油油的山坡草地或小溪涂滩，一边放牧，一边读书。食过早、午饭后，便到私塾听老师讲课，学写诗文，勤学苦练，傍晚还要放牧、读书。不论严寒酷暑，还是刮风下雨，天天如此，坚持不懈。一天小孟起专心致志在背诵课文，不料，大水牛挣脱了牛绳，跑到岗背吃了邻居的番薯藤。小孟起赶忙牵回水牛，主动上门向邻居道歉，还让家里赔偿了损失。小孟起勤奋学习，刻苦努力，品学兼优，受到乡亲们的赞赏。全村学童以他为楷模，认真读书。大家将小孟起誉为孔夫子的学生，称他为"孟夫子"。

功夫不负苦心人。小孟起16岁就考上了秀才，第二年又到县学继续读书，成了廪生，不几年，又被考选为岁贡生。

孟夫子住过而且在那里发迹过的坪湖半岃，自然而然就被称为孟夫岃了，一直沿称至今。不过因"夫""湖"谐音，有些人又称它为"孟湖岃"了。

大喜坑改称大水坑

从仁居镇木溪村的七礤、炉下两个自然村出来，便是大水坑自然村，村民全部都姓陈。当地老人说，大水坑原名“大喜坑”。那什么现在又叫“大水坑”呢？原来其中有个小故事。

明朝正统年间，陈氏念十郎从福建宁化石壁始迁广东程乡义田都今邹坊开基，人口繁衍旺盛。为寻求发展，陈氏裔孙从邹坊陆续迁往豪居的茅寮（麻楼）、大岃（飞龙）、上隔（井下）、木溪（大水），以及超竹、岗背、岗下、田心、河背、赤岗上、泉水塘，还有泗水等地。

项山山麓，七礤猫头山出来的小山坑，林木茂密，落叶腐殖层丰富，土地十分肥沃，一条小溪从村中穿过，是个土肥水足、气候温和的风水宝地。一支陈氏后裔看中了这里，便从邹坊迁了进来。陈氏裔孙们在山坑安营扎寨，日出而作，日落而息，垦山垒田，耕山种粮，艰苦创业。由于耕作条件优越，加上大家精耕细作，只几年工夫，小山坑便林茂粮丰，猪肥牛壮，家家丰衣足食，人人笑逐颜开，安居乐业。族中长辈看到大家这么高兴、欢喜，便把小山坑称为“大喜坑”。

俗话说，易涨易退山溪水。由于大喜坑四面环山，集雨面积大，每年如遇天降大雨，山洪暴发，溪水上涨，便成水灾，农作物严重受损。民国十七年戊辰岁（1928）夏天，连续几天暴雨，山洪汹涌咆哮而至，席卷山坑，农作物被淹浸，造成减产失收，道路冲崩中断，部分民房倒塌。面对前所未有的水灾，村民叫苦不迭，大家苦笑说，大喜坑变成“大水坑”了。

陈氏族中长辈面对人力不可抗拒的自然灾害，也觉得改用大水坑地名更贴切自然，加上“大水”还与“大喜”谐音，于是，大喜坑便改称大水坑了，一直沿用至今。

奇特的冯家寨与冯家大墓

粤赣边界的仁居镇木溪村黄石五指峰大高步山上，有座建于晚清时期的奇特山寨，至今还存断壁残垣。离山寨约 400 米处，有座占地四五十平方米的大型古墓。因为山寨是本镇城南店背岗冯氏家族兴建的，古墓葬也是冯氏先祖，所以，大家称它为“冯家寨”，简称寨上。

冯家寨（含门坪）占地 1000 多平方米，呈长方形，现存残垣一般高 4.5 米，最高达 7 米，厚 0.8 米，全由花岗岩四方块石、石灰拌糖浆砌建，极为坚固。坐北朝南，墙体下半部没有窗口，4 米以上设有多个瞭望射击孔，朝南方置大门，双层大石门框，外层为半圆拱形，里层为长方形，石门框上下除凿有门碗、安装门板外，还凿有若干上圆下方石孔，用于安插大木柱，加固抵御入侵者。从寨内现存墙基可知，寨内原建有住房、厨房、客厅。另外，墙的一角曾发现用于加工粮食、食品的石臼和石磨等用具。寨后有一小山坑，泉水叮咚，可供饮用。

古山寨以下是青翠欲滴的毛竹林，以上长的是松、杉、柯、椽等混交林，整座古寨蕴藏在茂密的山林中，环境幽静，风景宜人。古寨有两条小道，分别通往山下的黄石村和先祖墓地。

据冯氏家族相传及《平远冯氏族谱》记载：古寨、古墓均建于晚清的咸丰、同治年间。太平天国后期，天王洪秀全身亡后，发生内讧，太平军被清军追杀，向南方转战，从咸丰十年（1860）至同治四年（1865）的6年间，太平军曾4次进占平远。太平军不敌官兵，溃不成军，缺衣、缺粮饷，沦为流寇，到处抢掠。官兵也趁机劫掠。为避兵祸，老百姓纷纷选择在偏僻险峻的山上筑垣建寨，将财物、粮食及妇孺孩子藏于山寨，并组织青壮丁习拳练武，打造枪棒，保护山寨。冯家古寨就是这个背景的产物。

据说黄石五指峰是块风水宝地，冯氏家族便将先祖冯闻经葬于古寨附近。墓地离城南店背岗30里地，山路崎岖，来回步行辛苦。为方便祭祀和保护墓地，冯氏后裔在黄石村买了三四亩水田和五六十亩山林，雇请从八尺迁来的韩姓农户帮助看管和保护墓地，清除墓地周围杂树杂草。每年春秋两祭时，冯氏族人便可以带上牲醴供品，吹吹打打前往祭墓。水田、山林则交由韩姓人家耕种管理，收益全部作为管护墓地的报酬，韩、冯两姓由此还缔结了亲戚般的情谊，一直延续了三四代人，直至新中国成立。

冯家古寨的产生及雇人看护祖墓的方式着实奇特，它折射了当时的社会动荡状况，也反映了客家人代代传承墓地祭祀、慎终追远、报本返始的传统美德。

“新娘寨”由来传说

仁居镇五福村黄竹凤角茅山顶有座“新娘寨”，四周都是陡峭的石壁，只有一条崎岖的小路可登上山寨。山寨沿山顶呈圆形而筑（山寨残垣至今犹存），南北各设寨门，具一夫当关万夫莫开之势。据说，寨内还建有几间瓦房，在冷兵器时代，真是个避匪祸的绝好地方。

明朝末年，平远建县之初，盗匪蜂起，社会秩序混乱，特别是地处粤、赣、闽边界三不管的平远地域，盗匪的回旋余地大，杀人放火，百姓常常生活在恐慌之中。为了避匪祸、保安宁，大家便躲进山寨，同时还组织青壮年，习武操练，打造刀枪剑棒，保卫山寨安全。

话说回来，当时茅角山麓有一对男女青年，男的叫王五古，女的叫潘秀华，从小青梅竹马，虽是邻村，但常在一起耕田种地，互相爱慕。经父母同意，媒人撮合，择定良辰吉日，两人准备完婚。正当双方紧锣密鼓准备出嫁、迎亲时，突然，有差干上来的乡民告知，一股土匪正从福建往差干、豪居而来。婚期已定，一切事务都已准备就绪，就等迎亲拜堂了，怎么办呢？经双方父母、长辈商议决定，在山寨按时给两位相爱的青年完婚。有众乡亲的祝贺，婚礼虽然简朴，但也安全、热闹。

盗匪们发觉山顶有人，而且还在办喜事，便蜂拥而来攻山。乡亲们同心协力，居高临下，利用树筒、石块砸向匪徒，匪徒被树筒、石块砸得头破血流，还砸死一个匪徒滚进山坑，匪徒无可奈何，只好狼狈逃窜。

为纪念这对男女青年在山寨成亲，及乡亲们击退盗匪的胜利，大家把山寨称为“新娘寨”，把砸死盗匪的地方称为“杀人坑”，一直沿称至今。

“新娘寨”由来这一传说，是明朝末年粤、赣、闽三省边界社会状况的写照，也反映了客家先祖们创业生活的艰难困苦。

用伞陪嫁习俗缘由

嫁妆是客家婚嫁习俗中的重要内容之一。男女谈婚论嫁时，除了讲究门当户对、合“八字”外，女方重点讲男方要给多少身价银，男方则要求女方置办多少嫁妆。新娘出嫁时，将父母置办的衣被用物（现代为摩托车、彩电、电脑、洗衣机甚至小汽车）等嫁妆，同新娘一起送到新郎家作陪嫁。在陪嫁的嫁妆中必定会有把伞，这是什么缘由呢？

客家山区交通不便，有些羊肠小道连轿都抬不进去，迎亲队伍免不了爬山走路，雨伞可以遮风挡雨。路上过往行人想目睹新娘的芳容，新娘可以把伞打得低低的，挡住别人的视线。伞作陪嫁品还是吉祥如意的象征，把伞张开是满满的一个圆，寓意有情人终成眷属，婚姻圆满，夫妻团圆，家庭和睦。繁体“傘”字，有 5 个“人”字，1 个大“人”下面 4 个小“人”，寓意多子多孙，人丁兴旺。此外，明清以前，洋伞未从国外引进，陪嫁用的是竹片做骨架，骨皮纸背糊，再用桐油涂刷制作而成的油纸伞，民国后才引进和改用铁骨乌布和花布伞。传说，陪嫁用桐油涂刷的油纸伞可以驱邪逐疫。

如今，客家山区公路四通八达，送嫁迎亲都用小轿车、小客车了，但因为伞有这么多功能和喜庆吉祥的寓意，所以用伞陪嫁的传统习俗还在代代沿袭。

红菌豆腐头的故事

凡是到过平远县仁居镇的人，都会看到街上摆卖一种红红的、毛茸茸的、用竹筛盛着的东西，它就是2014年被广东省文联、省民协等单位举办美味广东评选活动中荣获“广东百种传统小吃”之一的“平远红菌豆腐头”。

红菌豆腐头，是以豆腐渣为原料，用传统工艺，经炒制、发酵加工而成的，其质地柔韧嫩滑，可蒸、可煮，还可用来加工豆腐头饼，味道鲜美，是久负盛名的当地特产，是客家传统美食。来平远旅游、出差的人，出于好奇，都会品尝这道风味独特的客家菜。不少港、澳、台同胞及海外侨胞回乡探亲时，还把它蒸熟切片、晒成红菌豆腐头干片带走，作为馈赠亲友的礼品。

说起红菌豆腐头的来由，可有个动听的传说。平远于明嘉靖四十一年建县，原属程乡（梅县），地处闽、粤、赣的咽喉，历来为盐上米下的商贩、脚夫必经之地，商道上每天人来马往、络绎不绝。为方便大家中伙安宿，沿途都开设有多家客栈、旅店，设立床铺供住宿，建有马栏供马宿。俗话说：“若要富，养猪磨豆腐。”店家还兼磨豆腐，豆腐给过客做菜，豆腐渣用来养猪。其中，有一店家因为大猪杀了，买回两头小猪，小猪食量小，豆腐渣过剩，他将豆腐渣炒干，堆在阁楼一角待用。

某日，几位挑夫因雨延误时间，到店投宿时已是深夜，人累马乏，煮好饭，可无处买菜。这时，有一个人看到店家堆在阁楼的豆腐渣经发酵长出红茸茸的毛，挖出来闻闻，有一种特殊的香味，便偷偷地拿来煮熟做菜，感到味道非常鲜美。后来，他们每次投宿这家客栈都偷食店家的豆腐渣，终于有一日被店家发现，并得到店家的谅解。炒制豆腐渣，然后堆放发酵，是一道美味的菜肴，消息一下子传开，大家纷纷制作，并逐步摸索提升工艺，最后成为一种客家传统美食。从此，每逢节日，家家户户做豆腐，也一并把豆腐渣加工成红菌豆腐头和豆腐头饼，一直延续至今。

1929 年 11 月 13~15 日，朱德军长、前委书记陈毅、参谋长朱云卿率红军 6000 多人，从江西寻乌进入平远县城（仁居）。朱德军长演讲后游览市场，看到毛茸茸的红菌豆腐头，非常好奇，得知它是当地美食时，随即吩咐战士买回伙房，煮给官兵们吃。吃后，赞扬客家人心灵手巧，赞美红菌豆腐头是客家美食，可以与肉媲美。1930 年 5 月，红四军一纵队 1000 多人分兵进入平远，指导平远人民成立红色政权，组织工农武装，打土豪、分田地、闹农运。平远人民用自己种的黄豆磨豆腐，加工红菌豆腐头，供给红军部队，受到红军官兵的欢迎和赞许，大家说：这是“红军豆腐头”。

赖地村民不姓赖

在粤、赣边界的平远县仁居镇古丁村，有个叫“赖地”的自然村。从赖地出发走几里路，翻过牛牯岽（山名）山脊，就是江西省寻乌县吉潭镇大坜村。村里住着 62 户、230 多人，不明就里的外地人都以为赖地村民就姓赖，其实这里住的是陈、杨两姓人，其中因由，还有个有趣的历史传说：

明嘉靖四十一年（1562），设置平远县时，起初平远是隶属江西省赣州府。到了嘉靖四十三年，重新调整县域，平远改隶属广东省潮州府。

这样，平远的东北、西北便分别与福建省、江西省接壤，但调整县域时，对省界的划分存在异议，尚未定论。各县机构调整稳定后，毗邻的州、县均派出官员商议勘界事宜。当时江西省的长宁县（今寻乌）还未从安远县析出，今仁居镇的古丁、磜头、木溪等边界的村民都唯恐划进江西省管辖，因为如果划进江西省安远县，要办事、打官司就得走几百里路才能到安远县城，而这里离平远县城（仁居）只几十里路，且语言、风俗都和广东更融合。当粤、赣两省勘界官员来到边界时，村民们便向官员陈述理由，请求划归广东管辖。村民们看到官员犹豫不决，便统统躺在地上，把路堵住，不让勘界官员通过。官员们大笑：“真是奈何不了你们这些‘赖地’之人，省界就以牛牯崬为分水岭，这里就归广东省平远县吧。”从此，大家就把这个地方叫作“赖地”村。

为了不让大家误以为赖地村村民就姓赖，便把它改为耐地村，但大家还是叫它赖地村。

腊八粥的传说

农历十二月初八，俗称腊八，是相沿成俗的腊八节。

在腊八节，大家都会喝一顿风味独特的腊八粥，这也是世代沿袭的习俗。关于腊八粥的由来，民间有这样一个传说：明太祖朱元璋小时候非常贫困，为了生计，小小年纪便为财主放牛。一天，他牵着牛过一座小木桥时，因为桥板太窄，老水牛脚一滑，跌落桥底，摔断了牛腿，因此，他被财主打了一顿后关进老灶间，三天三夜不给饭吃。饿得实在难忍了，他在灶间到处寻找，也没有找到可吃的东西。后来，在墙脚发现个老鼠洞，他想捉只老鼠也可充饥吧，于是他便使劲挖起鼠洞来。结果，老鼠没有抓到，但鼠洞里却藏着一堆子鼠粮，有大米、黄豆、杂豆、玉米、高粱，还有红枣等，不过每样数量都不多。他马上把能吃的东西捡起来，统统倒进一只盛有水的泥煲里，然后找来火种柴草熬起粥来，饿得十分难受的朱元璋觉得这粥的滋味比什么都香都甜。

后来，朱元璋当上了皇帝，天天吃香喝辣，连山珍海味都吃腻了。一天，他忽然想起小时候吃老鼠粮煮粥的事来，就叫御膳房用大米、粟米、玉米、大豆等杂七杂八的粮食加上红枣煮了一锅糖粥，召来文武百官一起喝。因为这天正好是腊月初八，大家就称它为腊八粥。

皇帝喝腊八粥的消息传到民间，大家也效法跟着喝，一直流传至今。

胡姑婆与“无忧钵”

有个沿袭多年的地方民俗：有姑娘嫁至某村某姓，便叫她某村姑婆或某姓姑婆。明崇祯末年，离平远县城 5 里的豪居河畔，有个深受众人尊敬的胡姑婆。胡姑婆 20 岁时，丈夫不幸病逝后，她每天上山打柴割鲁基，墟日便挑到街上去卖，换回来大米。平日，总是公婆吃肉，她吃小菜；公婆吃饭，她喝稀粥。因此，她深受族人的赞扬，也感动了神仙。有一天晚上，神灵托梦给她，要她次日在墟上搭救一条稈索捆绑的8个人。第二天，她卖完柴，走遍墟场的每个角落，也没有发现被稈索捆绑的人。后来，看见有个卖蛤蟆的，则好是8只蛤蟆被稈索捆住。她想，也许就是它们吧，便毫不犹豫地用抵值三担柴的钱，买下了这8只蛤蟆。回到家门口，她便解开稈索，把蛤蟆全放到河里。

几天后的一个早上，胡姑婆到河边洗衣服，只见上游飘来一只陶钵，绕着她打转。仔细一看，还有自己放生的8只蛤蟆顶护着呢，她便顺手捡它回家盛谷喂鸡鸭。说也奇怪，钵子里的谷总是不见少，鸡鸭总是吃不完，公婆见了还责备她浪费粮食。她想了想，便把陶钵洗干净，里面放上几枚铜钱。第二天一看，满满一钵铜钱。后来，她又放进几片碎银子，钵内又变出满满一钵碎银子。几经试验，她意识到这是蛤蟆仙的报答，送给她一只“无忧钵”，为她解除忧愁。

有了“无忧钵”，胡姑婆的生活逐渐好起来了，但她仍旧保持勤俭持家的本色。不时还打柴卖鲁，遇到人家有困难，她总是乐善好施，热情相助。随着时间的推移，她建了新房，立了嗣子，娶了儿媳妇，儿孙满堂，好不如意。

胡姑婆老了，“无忧钵”的秘密也被儿孙们知道了，大家都想得到“无忧钵”。胡姑婆想，“无忧钵”给了谁，谁就可能变得懒惰，甚至可能会变得贪得无厌，终究会贻误子孙。因此，她拿着“无忧钵”来到河边，向蛤蟆仙祷告：感谢“众仙”扶救，现将钵儿奉还给你们。如果我的子孙能勤俭、忠厚、行善积德，生活又确实困难，我会叮嘱他们用谷壳搓绳，钓起这只“无忧钵”。说罢，便把钵儿丢进水潭。

胡姑婆临终时，把情况告诉儿孙，免得他们争吵，并告诫儿孙要靠双手勤劳致富。后来，有个贪心人知道了这件事，就用糯米粘上谷壳，搓成绳子，试图钓起“无忧钵”。刚刚钓出水面，这个人便欣喜若狂高声大叫：“我不劳动也发大财了……”话未说完，“啪”的一声，“无忧钵”又掉进水潭去了。从此，“无忧钵”再也没有被人钓起过。然而，胡姑婆与“无忧钵”的故事，却流传至今。

莫学迂腐秀才戴烂帽

明朝末年，程乡义田都有个秀才，考举人名落孙山后，便一蹶不振，再也不读诗书、不思上进了。有人请他当私塾先生或抄书写字，他怕苦不肯干，整天游手好闲，坐吃山空，家境每况愈下。贫穷潦倒了，他还在卖弄斯文，天天穿着破旧长衫，戴着脏兮兮的秀才帽，见了人总是之乎者也……一副穷酸相，可笑又可悲。

一日，秀才在茶馆里喝茶，有人编了个故事奚落他。故事说的是：东海龙王百岁华诞，众水族争先恐后准备前往祝寿。龙王想，如宴请所有水族，水晶宫就将爆棚，于是他决定颁旨，谢绝不足 1 斤重的小水族入宫祝寿。并命虾兵蟹将在宫门架上大秤，对小水族逐个过秤，严格把关。这时，一只不明就里的小乌龟兴冲冲地进宫祝寿，一上秤才 9 两，只好懊丧地回家。路上与也想赶去祝寿的小海螺撞个满怀，小乌龟扶起小海螺，把进不了水晶宫祝寿的缘由说与小海螺。怎么办呢？小海螺看着小乌龟，灵机一动，计上心来，高兴地对小乌龟说："你我都是黑花花的外壳包着，只要你驮着我，再回去秤，不就够重了吗？"小乌龟一听连忙说："好计！好计！"便伸长脖子，让小海螺紧紧地吸附在头上，再爬回宫门，要求复秤。虾兵蟹将经不起纠缠，只好为它复秤，一看1斤还多呢。虾兵蟹将们吃了惊，俯下身子仔细一看，发现小乌龟顶上多了一块东西，异口同声地说："这龟仔原来戴了顶烂帽子，怪不得重了许多。"故事刚说完，在场的人看着秀才，哄然大笑，秀才也羞得满脸通红，无地自容。乡亲们又因势利导，劝说他不要意志浮沉，要勤奋上进。秀才猛然省悟，从此，一边做塾教，一边发奋读书。来年秋试时，终于中了举，谋到了一份差使。

后来，大家用这个故事教育学子，不要怕挫折，要勤奋读书，思图上进，莫学天天戴顶烂帽子的穷酸秀才。

胡屠户钉秤发财

冥思苦想如何才能一夜暴富的胡屠户，以双倍的价钱钉了一把每斤少一两的秤。几年后，发了财的他带着厚礼欲酬谢钉秤师傅，被钉秤师傅婉言谢绝。并告诉他，帮你发财的那把秤不是每斤少一两，而是多一两……这究竟是怎么回事？

某地，有一姓胡的屠户，每天早早起来杀猪卖肉，生意却总是平平淡淡，日子过得比上不足、比下有余。如何才能赚大钱，发大财，快些过上优裕幸福的生活？他天天挖空心思冥思苦想……终于想出了一个损招。

一天，他来到钉秤店，与钉秤师傅私下商议，要钉一把每斤少一两的秤。钉秤师傅说：“短秤少两会损福折寿的，你叫我昧着良心钉这样的秤，岂不连累我？”胡屠户说：“损福折寿我会担当，只要你按我要求去钉，我将付给你双倍的价钱。”钉秤师傅一来经不起磨缠，二来贪那双倍的价钱，就答应了胡屠户。

过几天，钉秤师傅把做好的新秤交给了胡屠户。胡屠户满心欢喜，就用新秤卖肉。起初，他担心有人会识破做了手脚的秤，没人前来买肉。但恰恰相反，自从用了这把秤卖肉，天天顾客盈门，把新老顾客都招来了。过去，一天才能卖完的肉，现在不到一上午就卖完了。过去每天只杀一头猪，现在每天杀两头猪也还是供不应求，节日更是红火。为了应付生意，他还新雇了两名伙计。就这样，几年工夫，胡屠户真的赚大钱，发大财了。

发了财的胡屠户乐得每天眉开眼笑，高兴之余，他又怕钉秤师傅戳他的底。有一天，他备了份厚礼，上门去酬谢钉秤师傅。胡屠户说：“吃水不忘挖井人，我发财不忘钉秤师。不是你帮我做手脚钉了那把秤，我怎么能赚钱发大财？所以，今天我特意前来感谢你了。”

钉秤师傅看着这么厚重的礼物，笑着说：“你这么重感情，我心领就是了，礼物我是不敢收的。”胡屠户说：“这是为什么呢？”钉秤师傅说：“因为那把秤我根本没有按你说的每斤钉少一两，反而钉大了一两。”胡屠户十分惊诧地说：“你为什么要这样做？”

钉秤师傅说："那天，你到我店要求我做手脚为你钉把秤，你前脚一离开，你老婆后脚就跟来了，她说，每斤钉少一两那不是坑人吗？做好做歹做自己，坑人是会遭报应的。她叫我不能昧着良心帮你做缺德事，还要我为你钉每斤多一两的秤。我说，钉多一两不是多给别人东西，自己吃亏吗？她说，人心都是一把秤，做生意靠的是诚实守信，决不能坑蒙拐骗，只要有人光顾，少赚一点也心安理得。你照我的话去做，我也照样给你双倍价钱。"

胡屠户听了，还是感到非常困惑，原本想钉少一两从中发财，而今钉多了一两没有赔钱反而发了财？

钉秤师傅说："还是你老婆说得对，人心是把秤。你没有坑人，大家就信任你，都纷纷光顾。你生意做多了，薄利多销，货如轮转，不赚钱才怪呢。所以，你还是赶快回家去感谢你老婆吧。"

听了钉秤师傅一席话，胡屠户如梦初醒，心里又像打翻了五味瓶。

上轿吃糖水蛋习俗传说

客家姑娘出嫁上轿时，都要吃两个糖水煮荷包蛋。鲜嫩雪白的蛋白紧紧裹着红红的蛋黄，象征姑娘纯洁无瑕，在场的亲朋邻里都真诚地祝福姑娘甜甜蜜蜜、春春光光。

说起这一习俗的由来，还有个动听的传说：

按传统婚俗，姑娘出嫁上轿后要锁上轿门，直至轿到男家才可开启。接着举行宴轿、跨火盆、入门、拜堂等一系列烦琐的婚礼仪式。新娘上轿后就一直要憋着，不能大小便，如果嫁至路程较远的地方就更难受了。于是，也不知什么时候定下一条更害人的规矩，姑娘出嫁前三天就要节食禁食，许多姑娘被饿得昏迷晕倒。

话说某地黄村有个姑娘叫春花，年方17，长得亭亭玉立，但身体素质却弱不禁风。出嫁前由于节食饿得眼冒金星，出嫁那天更是头昏眼花、两腿发抖，要别人扶进花轿，勉强和新郎拜完堂，便倒在床上不能动弹。

春去秋来，转眼十几年过去了，春花的大女儿秀秀也步入了婚龄。春花想起自己出嫁时挨饿的痛楚，便冥思苦想，决心想法子打破传统的害人规矩。到女儿出嫁前，春花把她关进闺房，别人以为她在节食禁食，其实春花每餐都让女儿吃饱喝足，养足精神。出嫁上轿时，她又用糖水煮了两个荷包蛋，端到女儿面前说："秀秀啊秀秀，为娘十月怀胎，三年哺乳，一把屎一把尿把你拉扯大。你嫁到男家，要孝顺公婆，夫妻恩爱，邻里和睦，就像这碗糖水荷包蛋，甜甜蜜蜜，春春光光。"左邻右舍，三亲六眷，见春花说得如此动情，都劝秀秀快吃。一碗热腾腾的糖水荷包蛋吃下肚，秀秀浑身热乎乎，脸色红润，神采飞扬。一下花轿，新郎高兴，公婆欢喜，亲戚赞扬。

事后，乡邻称赞春花聪明能干，敢于冲破陈年规矩。大家想，要节食禁食饿得半死去出嫁，还不如吃饱喝好养足精神，在轿子里憋憋肚子。于是，纷纷仿效春花的做法，久而久之，节食禁食成了形式，新娘上轿吃糖水荷包蛋逐渐成为习俗。

随着时代的进步，姑娘出嫁不再坐轿，移风易俗，举行新式婚礼。但不少人在女儿出嫁时，仍然要让新娘吃上两个糖水荷包蛋，以祝福新郎新娘相亲相爱，日子过得甜甜蜜蜜、红红火火。

春节祈福惜福民俗传说

在客家地区，每年春节，家家户户都会在门坪摆设案桌，焚香点烛，摆上茶果牲醴，虔诚地向上苍祷告，祈求各方神灵保佑新的一年四季平安、万事遂意、添福增寿。同时，老辈总会和晚辈们讲述“福”的含义及“惜福”“积福”。这一风俗，看起来是迷信，其实是通过“祈福”“惜福”，教育人们要勤劳节俭、行善积德，具有积极向上意义，所以能被人们认可接受，以至代代相传，沿袭至今。

传说，每一个人出生来到世上，就随身带来属于自己的一份“福”，这份福包括一生应有的衣、食、住、行，还包括体力的付出和精神享受。如果从小就能珍惜它，把“福”积蓄起来，老了就有享不尽的“福”。若是一生能勤劳节俭、怜贫恤苦、诚实守信、乐善好施，就是“积德”，也叫“积福”。好事做得越多，就会不断增加你的“福”。因为福寿相连，所以就会“添福增寿”。反过来，如果身在福中不知福，任意糟蹋自己的“福份”，好吃懒做，尽做坏事恶事，甚至危害社会，就会“损福折寿”。

在民间流传甚广的“惜福”故事，意义深远：从前，有个叫李二的后生，成家不久，父母先后亡故。虽然上辈留下富有的家产，但小两口为富不仁，乡邻有难，从来不肯相帮。而且好吃懒做，每天花天酒地、挥霍浪费，吃不完的米饭食物就随手扔掉，每天洗碗倒出墙外水沟的白米剩饭就厚厚的一层。住在隔壁的张老伯看到李二这样不“惜福”，感到非常惋惜，便把沟里的白米饭打捞起来，用水漂洗干净，晒成饭干收藏起来。

好景不长，几年工夫，李二夫妇坐吃山空，加上又遇灾荒，家境破落了，连三餐粮食也没有着落。由于以前不肯帮人，落难时也少人相助，二人无可奈何到隔壁求助于张老伯，张老伯说：“乡邻有难，我岂能不帮？只是我家米谷也不足，只有些饭干不知你要不要？”李二说：“饭干和米一样可以充饥，如能相借，老伯就是我们的救命恩人。”接着张老伯因势利导对他说：“那我就每天匀一点饭干给你们，不过希望你们要‘惜福’，要珍惜粮食，勤劳种地，同时还要善于帮助别人，自己有难时，才会有人相帮。”李二连连称是。为了生计，夫妇俩每天下田认真耕耘，等稻谷成熟时，张老伯收藏的饭干也差不多被他们吃完了。

稻谷收成后，李二夫妇挑着谷子去还张老伯的饭干债，张老伯说：“谷子挑回去吧，那些饭干原本就是你家的，只是我替你们晒干收藏起来了。”接着又把原委从头说了出来。夫妇俩听了，又难过，又惭愧，又感激，从此，痛改前非，勤俭持家，热心做好事、善事，“福”又回到他家，生活又渐渐好起来了。

坳上伯公吃两头

“坳上伯公吃两头。”这句客家俗语的意思是指办事灵活，做一件事得到两方面的实惠。说起这一俗语的来历，还有一个有趣的传说：

从前，有个无人上香供奉、门庭冷落的冷坛伯公，听说坳上的伯公门庭若市，善男信女纷纷带着香烛、牲醴去顶礼膜拜，虔诚地祈风求雨，便前往看个究竟。

他来到坳上，只见伯公坛两边贴着显目的门联：庇佑百姓；造福四方。横批是：有求必应。熙熙攘攘的善男信女在上香叩首，其中有人在膜拜祈祷："我是住在坳前的渔民，我腌了一批鱼，祈求明天天晴日辣，晒好鱼干，我会供奉伯公两条大鱼。"接着，又有人入坛祷告："我是住在坳背的农家，天天挑水淋菜，菜还是长不好，祈求明天下场雨，淋倩蔬菜，我会供奉伯公一盆大肉。""我是坳顶用风车的风力开磨坊的，祈求伯公刮大些的风吧！""哎呀！祈求伯公万万不要刮大风，我染坊的苎线刚刚晾出，如果刮大风，麻线会吹乱，缠成一团的。"

冷坛伯公在一旁想，渔夫要天晴晒鱼，农家要下雨淋菜，开风车的要刮大风，染苎线要停风，这不是难题吗？看你坳上伯公怎么办？

只见坳上伯公捋了捋胡子，笑着说："好办！好办！夜里落雨日里晴，鱼干晒好菜又倩，高山刮风平地止，风车飞转线不缠，一方百姓心欢喜，牲醴果品享不完。两头我都吃定了。"

冷坛伯公听了自叹不如，对如何用心为一方百姓造福，又觉得取了一回经，没有枉此一行。对坳上伯公为什么能受众人信仰找到了答案。不论做小神、大神，只要诚心尽力为百姓着想，造福一方，就能受到百姓的信奉、拥戴。

生人莫听死佬话

在大南山下有位张三娘，独生一子乳名阿狗古，虽年富力强，却好食懒做，嗜赌如命，久而久之，把祖宗留下的田产家财赌得精光，母子俩过着清贫如洗的日子。

一年，临近春节，家家户户都买鱼买肉准备过年，而张三娘家里连煮粥的米都没有了。看到又从赌场回来的儿子，张三娘非常痛心地说："阿狗古，你看看米缸，怎样过年哪？"阿狗古躺在床板上苦想冥思，终于想出了一条歹计，他说："阿妈，只要听从我的安排，不愁没米过年。按村老人会规定，谁家有人过世，每家都要送互助米5升，给丧家作埋葬费用。所以，只要阿妈装死，大家就会送米过来，问题不就解决了吗？"张三娘虽知装死骗人是极羞耻的事情，却又迫于无奈，只好任儿子摆布了。

翌日，阿狗古在厅堂摆设了简易的灵堂，让张三娘穿好衣服，挂上蚊帐，眠在床板上装死。接着阿狗古便放声大哭："我的亲娘啊，您真是死得苦啊！"左邻右舍的人听到哭声，真以为张三娘暴病死了，急忙挨家挨户去报讯。

顷刻，乡亲们纷纷送米上门。阿狗古早就准备了盛米的大箩筐。就在这时，有位村民问："我送来的是赤（红）米，赤米和白米要不要分开箩筐装？"阿狗古正盘算着送来了多少米，便随口回答："有米就好，赤白米混在一箩没关系。"张三娘听了，竟忘记自己在装死，焦急地说："赤米白米混在一起，煮饭不好煮，又不好吃，一定要分开箩筐装才好啊！"

大家听到张三娘还在说话，都非常惊讶，异口同声地说："怎么三娘死了还会说话呀？"眼看就要露马脚，阿狗古急忙解释："赤白米混在一箩不要紧，你们生人莫听她的死佬话啊！"不管阿狗古怎样说，乡亲们已悟出其中奥妙，但事到如此，也不再追究。久而久之，"生人莫听死佬话"成为民间俗语流传下来。

"金罐子"的故事

从前，有个张阿三，为避战乱，携妻从中原辗转迁徙入粤东，来到鲜为人知的山沟，安营扎寨，垦山造田。夫妻俩日出而作、日落而息，几年努力，开垦出四五亩水田。接着，又盖了间瓦房，门前挖鱼塘，屋后栽茶果，还养猪、养鸡，日子过得温饱安定。不久，三个儿子陆续降生，更增添了家庭乐趣。

随着岁月推移，老两口年岁大了，儿子也长大成人。为了事业后继有人，阿三有意把田地分给儿子们去耕耘发展。但一次他偶尔听到兄弟们在议论分田事，门口好田争着要，一块土质瘦、水源缺的坑田谁都不想要。阿三想起远道南迁无田耕种的凄惨日子和垦山造田的艰苦，如今兄弟们却挑肥拣瘦，如何才能使他们珍惜土地，不致丢荒呢？他冥思苦想，终于想出个好主意。他对三个儿子说："我们夫妇一生辛苦创业，现已年老力衰，准备把田地、房产平均分给你们去耕种，另外，我把一生的积蓄兑换成一罐金子，埋在那块坑田里，明日你们去挖回来，一并平分给你们。"

兄弟三人喜出望外，早早扛锄出门，大家把田块仔细翻了一遍又一遍，也没有发现金罐子的影子，看看太阳偏西了，只好扫兴地回家。

晚饭后，阿三告诉兄弟三人，我叫你们挖的金罐子就是那块田。今天，你们把它深翻了两遍，明天再施上肥料、播下种子，秋天，它就会盛给你们黄澄澄、金亮亮的谷子。只要你们勤恳耕耘，它就会年年盛给你们金谷子。兄弟三人恍然大悟。接着，阿三又语重心长地告诫他们，田地是祖宗用汗水一锄一锄开垦出来的，一寸耕地就是一寸金啊！只有有了土地，人类才能世代繁衍。所以一定要珍惜土地，精耕细作，切莫丢荒。

兄弟三人牢记父亲教诲，继续垦山造田、耕山种果，把山沟耕耘得粮果飘香，鱼跃羊欢，繁花似锦。兄弟们相继娶了媳妇，日子越过越红火。

“古丁”“隔里”地名由来

老城西北粤赣边界处有个“古丁”村，村中山坡的一块小平地，二三十间骑楼式老店围起一个小市场，就是始建于清嘉庆年间的古丁墟，每逢农历初一、初四、初七，两省边民云集于此，熙熙攘攘，进行贸易交流，逢年过节更是热闹繁荣。离古丁墟约1公里处的小溪旁，还有个叫“隔里”的小村。说起这两个村名，却有一段有趣的历史传说。

明朝末年，有一祖孙三代共10口男丁的人家，为避战乱，挑着家什衣物，举家从中原向南迁徙。他们天天风餐露宿，走得精疲力竭。一天，小孙子问爷爷：“我们究竟走到哪里才安家？”

爷爷指着挑着的黄毛鸡仔说："等到鸡仔养成公鸡，公鸡啼第一声的地方就歇脚安家。"一家人走呀走，不知走了多少个月、多少路。一天，来到赣粤边境的小山沟，小公鸡伸长脖子啼了一声。早就走得不耐烦的小孙子高兴得跳起来，爷爷只好吩咐止步，在小溪旁边安营扎寨，垦山筑田。第二年春天，一连几天暴雨，山洪冲毁了茅房和刚刚开垦的田地。一家人只好迁往地势较高的山坡上，继续垦荒垒田，建造砖瓦房，定居于此，世代繁衍。好新奇喜问事的小孙子有一天又问爷爷："我们这里叫什么地名?"爷爷想了想，祖孙三代 10 口丁往南迁，"十口"丁就是古丁，便脱口而出说："就叫'古丁'吧。"孙子又问："我们最先落脚的小山沟又叫什么地名?"爷爷说："这里到那小山沟只有里把路，就叫它'隔里'吧。"古丁、隔里的地名就这样定下来，并沿袭使用至今。

两个山村村名由来的传说，是客家祖先迁徙南粤艰苦创业的历史见证。

公王也怕狂狗

从前，客家某山村发生狂犬病，弄得人心惶惶，束手无策。村里的巫婆、神棍串通一气，蛊惑人心，说这是灾星作祟，只有筹资作坛，拜祭公王爷才能消灾保平安。

一日，村民们虔诚地跪集在村头公王坛前，顶礼膜拜。坛前香烟缭绕，桌上摆满三牲、糕点、水果等供品。一神棍双目紧闭，披头散发，手舞足蹈，口中喃喃地说："本公王特下凡为民消灾化劫……”正在这时，一位不信神的张秀才往一条黄狗的肚子上猛踢一脚，随着大黄狗的连声狂吠，张秀才又大声呼叫：“狂狗来了！狂狗咬人啦！”顿时，公王坛前一片慌乱，村民们跌跌撞撞，四处奔跑。只见装公王的神棍也慌乱地爬上案桌，把祭品弄得乱七八糟，碗破盘碎。张秀才走上前去问道：“公王爷为何爬上案桌？”神棍战战兢兢地说：“本公王也怕狂狗！”张秀才笑曰：“公王爷都怕狂狗，怎能为民消灾化劫？”村民们看到神棍的狼狈样，才恍然大悟，哪有什么公王神，原是神棍趁机骗吃骗钱愚弄大家而已。

后来，“公王也怕狂狗”成为笑人迷信的俗语，在客家民间广为流传。

雄狮石改名花燕石

在飞龙村的丘陵中，有一座属丹霞地貌、怪石嶙峋的石山，巨大的石崖好似雄狮张开的大口，一道道天然石槽从山顶往下延伸，就像狮的毛发，人们称它为雄狮石。可是，后来又改叫它花燕石，是什么缘由呢？

传说，古时在这雄狮石下的小溪旁，住着一个美丽多情的少女叫花妹；小溪对面住着一个勤劳厚道的青年农民叫燕哥。他俩从小在一块长大，两小无猜，燕哥常常帮花妹家里挑水、砍柴，花妹则帮他洗补衣裳，彼此相爱。一贪婪的财主，见花妹长得美貌，垂涎欲滴。一天，他带着家丁前来抢亲，正在山上砍柴的燕哥和花妹闻讯后，便躲进附近的石洞里，由乡亲们偷偷给他俩送食品衣服。大家劝他俩当夜在石洞成亲，让那贪婪的财主死心。他俩应允了。于是，乡亲们点起松明子，为他俩举办了简朴的婚礼，祝贺他俩新婚幸福。这个石洞至今一直被人们称为“新娘间”。

财主知道花妹和燕哥石洞成亲的事后，恼羞成怒，又带着如狼似虎的家丁前来追捕。花妹和燕哥被追到雄狮石顶，眼看就要被抓住，走投无路的花妹和燕哥毅然携手跳崖。谁知一跳，却觉得身轻如燕，原来，他俩已变成一对燕子。财主仍不死心，又命令家丁捕捉燕子，突然“轰隆”一声，雄狮石张开大口，把贪婪的财主和凶恶的家丁吞噬了。这对燕子就在石崖上垒窝，繁衍后代，为乡亲们捕捉害虫。

当地乡亲们为了纪念花妹和燕哥，就把雄狮石改名花燕石，沿袭至今。石山下的村庄就叫花燕石村。1996 年开始，10 多位退休职工和当地村民共同投资，开发花燕石，自办旅游区，景区优美的生态环境、壮观的花燕石崖和优美动听的传说，还有建于太平天国时期的山顶古山寨，吸引了众多游客，特别是站在雄伟峻险的大石崖上，大家无不赞叹花妹和燕哥不畏强势争取婚姻自主的壮举。

仙人岩的传说

巍巍项山，海拔 1500 多米，矗立在粤、赣、闽三省交界，其主峰云缠雾罩，直插云天。秋高气爽时节，登上峰顶眺望，三省边界的山川、田野、村落、墟镇尽收眼底，十分壮观。山腰右侧有一大石崖，石崖下可容数十人。石崖不远处，泉水涓涓，芒草横生，有一石洞，洞口仅能容一人进入，莫测高深。人们称石崖为“仙人岩”，石洞叫“银子洞”。在这里流传着一个神奇而优美的故事。

在很早以前，项山脚下住着一家4口，老大、老二为人忠厚老诚，勤劳勇敢，三妹不仅容貌出众，而且心灵手巧，兄妹三人开荒种地，养蜂狩猎，侍奉老母，日常吃用，自给有余，还常常周济乡邻，生活过得有滋有味。但是好景不长，一天，三妹到山涧挑水，被一个心狠手辣、欺男霸女的财主抢走了，老母亲急得把眼睛也哭瞎了。为了治好母亲的眼睛，兄弟俩不畏艰险，天天跋山涉水，到处采药。这一天，老大来到大石崖上，迷迷糊糊睡着了，做了一个梦，梦见石崖上站着一位白发苍苍、拄着拐杖的老婆婆，对他说：“勤劳诚实的小伙子，离这里不远的小石洞里有你需要的东西，去找吧。”一阵清风吹过，老婆婆不见了。他也从梦中醒来，他揉揉眼，一看已过晌午。他找到老二，把梦里见到的一切告诉老二，老二高兴地说：“这一定是仙人叔婆助我们来了。”兄弟俩便满山遍野去寻找，果然在芒草丛中找到了小石洞。只见洞里银光闪闪，一堆白花花的银子上面还放着一把灵芝仙草。兄弟俩捡起仙草，又装一小袋银子，向石崖拜了几拜，欣喜欲狂地跑下山来，让母亲服下仙草汤，治好眼睛，重见光明。

这件事，像风似的吹进贪心的财主耳里，他又打起鬼算盘。第二天，他叫家丁扛着10多只大布袋，押着三妹来找老大，要老大带他到小石洞装银子，就把三妹放了。老大只好带着财主和家丁来到小石洞，财主和家丁们争先恐后就要钻进洞里。这时，只见洞里窜出一条大白蟒，把作恶多端的财主和家丁都吞噬了，乡亲们个个拍手称快。

后来，人们把大石崖叫“仙人岩”，称小石洞为“银子洞”，同时，还在石崖下依傍山势垒建庙宇，供奉“仙人叔婆”，香火挺盛，沿袭至今。

叫哥鸟的故事

每年春种季节，在客家地区的深山丛林中，有一种小鸟，总是“哥子着着！哥子着着……”一声接一声，整天叫个不停，人们都称它“叫哥鸟”。说起“叫哥鸟”来，有个不平常的故事。

传说很久以前，某山区住有一家 4 口，做父亲的长年在外打工，留下做后娘的带着前娘生的儿子老大和她自己生的老二。后娘对亲生儿子百般溺爱，对老大却非常刻薄，劈柴、挑水样样累活叫他做，吃的是稀粥、咸菜。老二非常同情哥哥，处处关心照顾老大。

眼看兄弟俩将长大成人，后娘怕以后老大与亲生儿子争分家产，便起了个歹心。一日，她准备了两袋黄豆，一袋是生的，还一袋是熟的，把生黄豆分给老二，熟黄豆分给老大，对兄弟俩说：“你们各自带上锄头、干粮，上后山去垦地种豆，黄豆长出后就回家，谁的黄豆没长出就不要回家了。”

老二明白母亲在捣鬼，为了帮助哥哥，便偷偷地将哥哥那袋熟黄豆换了过来。半个月过去了，带的干粮吃完了，哥哥种的黄豆长出来了，老二的黄豆霉坏了，他挨饥受冻，住在草棚里，守着黄豆地，加上又得了风寒病，不久就被折磨死了。老大哭得死去活来，把弟弟埋葬在黄豆地里。

后娘闻讯赶到后山，又哭又骂，操起锄头追打老大，要他为弟弟偿命。说也奇怪，只见老二坟头上飞出一只小鸟，并连声叫道："哥子着着……"因为"着"，客家话是"对""没错"的意思，所以大家说这是老二变的小鸟，在为哥哥辩护呢。后娘思虑儿子过度，不久也病死了。

后来，每年阳春三月，山里人都能听到这种小鸟叫个不停，老人们就和大家讲述叫哥鸟的故事，教育大家要善待别人。叫哥鸟的故事就这样一代一代流传下来。

客家山区传奇的石狗文化

在粤、赣、闽边界的一些百年老屋屋顶上，安放着一个个石狗或陶狗，它们身材不同，形态各异，有的抬头前瞻，神态从容；有的侧脸怒视，龇牙咧嘴。这些石狗、陶狗不同于潮汕民居屋顶的瓷雕彩塑，也不是从前达官士绅置在屋脊的雄狮彩凤，是世世代代客家人祈求石狗驱灾挡煞保平安的原始艺术，是一道客家历史奇特的风景线。究其由来，其中有个传奇故事。

南宋末年，有个叫李福贵的人，为避战乱，从中原辗转来到人烟稀少的粤赣边境，安营扎寨，垦荒造地。山里常有野兽出没，盗匪亦不时进山偷抢。他养了只叫"阿黄"的大狗，白天带它上山狩猎，晚上叫它守护家门。"阿黄"深通人性，忠于职守，每当发现野兽或盗贼，便狺狺吠叫，唤起主人注意，还奋力协助主人捕猎或驱赶。一次，盗匪上山抢劫，“阿黄”看到主人被绑，财物被劫，纵身扑向盗匪与之搏斗，盗匪被“阿黄”咬破头面而仓皇逃窜，主人和被抢财物得救了，可是“阿黄”也负伤过重而亡。李福贵痛哭不已，视“阿黄”为神狗，请来石匠雕刻了“阿黄”的狗像置放于屋顶，祈求神狗驱邪保安。从此，石狗长年累月在屋顶高瞻远瞩，监护一方。据说，野兽和盗匪看到石狗就会望而生畏，山村就会平静安宁。邻近的人们纷纷仿效，雕刻或烧制形态不同的石狗、陶狗置放于屋顶，驱邪镇煞，这一民俗沿袭至今。

客家人的石狗文化，充分展现人与动物的关系，也是客家祖先艰苦创业、祈求安宁的见证。

兄弟打赌致富

明末，有对夫妻带着两个儿子，从中原南迁到一山区，搭茅屋避风雨，垦荒山造田地，天天忍饥受饿，辛苦劳作，本来就体弱多病的妻子经不起折腾竟累死在山洼。从此，一家三口相依为命，日出而作，日落而息，过着艰苦的日子。

随看岁月推移，儿子长大成人，老汉一生劳累，身体也累得常常发病，所幸开垦的三四亩田，越耕越熟，年年增产，岁岁丰收，终于可以不愁一家人的温饱了。

老汉积劳成疾，终日担心两个儿子之后的日子。一天，他语重心长地和两个儿子说：“我们夫妇一生含辛茹苦，洒尽血汗才开垦出一片耕地，才有今天的日子。我百年之后，你们一定要珍惜它，千万不能弃耕丢荒。要知道，我们老百姓是赖于土地以生存的，只要你们认真耕耘它，就会得到应有回报的。”不久，老汉带着一生劳疾离开了人世。

老汉去世后，起初，兄弟俩每天也认真在田间耕耘，久而久之，老大觉得住在深山里，天天辛苦劳作，也只能解决温饱，寻思有什么发财捷径，终日苦想冥思，不耕耘也不思茶饭。

一天夜里，老大做了个美梦，梦见自己在白发仙翁的引导下，飘到一个环境雅致、雍华富丽的大富豪家里，受到热情款待。每天美酒佳肴，穿着绫罗绸缎，周围侍女成群，富豪还许诺招他为婿。老大欢喜欲狂，脚下一滑摔了一跤，他从梦中惊醒过来了。

一早起来，老大欣喜地向老二诉说梦情，并要老二一起离开山沟去寻找仙翁指引的梦境，过一个梦境中可以不劳而获的好日子。老二听了老大不现实的荒唐想法，可气又可笑，劝他打消这个念头，还是按照父亲的嘱咐，一起耕田种地。再说，兄弟俩一起外出，父母一生辛苦开垦的田地不就丢荒了吗？但早已厌倦艰苦劳作的老大决心已定，还和老二打赌，一定要找到梦境，真找不着，走他三五年，也要赚回三万五万衣锦还乡给老二看看。老二不甘示弱地回应老大的赌言，三五年时间，一定用自己辛勤的汗水把山沟浇灌出繁花似锦的小山庄来，看谁赢谁输。

第二天，老大带着包袱、盘缠去寻找梦境，他翻山涉水，穿州过县，走了一天又一天，一月又一月，身上的盘缠早就花光了，还是没有找到梦中仙境。想到自己赌言，又要应付饥饿的肚子，他只好硬着头皮找工做换饭吃。有人雇他赶车运粪，他嫌臭嫌脏，做了几天不干了。有人叫他扛石块、扛木头，他受不了天天沉重的大石块、大木头的压肩之苦，不几天又跑了。还有人雇他去学撑船，他一上船，看到白花花的水浪，就害怕会被水淹死。就这样，梦中仙境未找到，做工又嫌脏、怕累、怕危险，东不成，西不就，年复一年，谁也不愿雇请他，最后，他只好四处流浪，沿街乞讨。

自从老大走后，老二每天起五更、睡半夜，除了精耕细作种好田，还把附近的山坡一片一片开垦过来，种上各种果树、油茶，从集市上买回耕牛、猪苗、鸡鸭仔，劳作回来，便精心饲养家畜家禽。还请乡邻帮助，堵坑口、砌挖鱼塘，既蓄水灌溉，又放养塘鱼。三五年工夫，就把小山沟耕耘得粮丰果熟、猪肥牛壮、鱼跃羊欢、粮足钱丰了。老二又添盖了新房，还娶了美丽勤劳的村姑做老婆，小两口恩爱有加，同心同德，日子过得像蜜甜。

再说寻找了5年多梦中仙境的老大，饥寒交迫，实在熬不过了，只好挨饥受饿乞讨回乡。当他翻过山巅，看到山沟里黄澄澄的一片稻子，绿油油的一片菜地，到处是压弯枝头的水果，绿树丛中掩映着一幢雪白明亮的新房，禾坪里、小溪旁鹅欢鸭跳，山坡上阵阵欢声笑语，好一派繁花似锦的景象，心想，这不就是自己要寻的仙境吗？他既惭愧又激动，连滚带爬回到既熟悉又陌生的家，抱着老二痛哭流涕诉说自己的苦况，反思自己的愚昧。他终于明白了父亲说的老百姓赖于土地以生存，要珍惜爱护耕地的道理。他发誓丢掉幻想，改懒习勤。从此，他和家人同心协力，耕山种果，勤劳创业，日子越过越红火。

七姑婆太的金鸡仔

老城西南一处叫作“黄牛挖耳”的小山坡上，苍松翠柏掩映着一座庙堂，其门口对联曰：享千秋烟祀；受万古馨香。横额：庇护一方。相传此处供奉的是当地村民的开基祖在明末时期从福建带来的保护神。每逢节日，络绎不绝的村民担着供品前往朝敬，香火鼎盛。元宵或中秋，其神坛前还烧过烟架、搭台演过木偶戏。庙堂门口，原有一颗颗殷红的冬青籽，与葱茏的林木交相辉映，宛如一幅美丽的画卷。冬青树下，有一席草坪，这里有一个优美动听的神话故事。

老人们说：七姑婆太在冬青树下养有一只金鸡嫲，带有 10 只金鸡仔。什么人可以得到金鸡仔呢？只有 16 岁结婚又生双胞胎的本族子孙才能得到。从而，惹起了许多人的梦想。有一位盲眼老婆婆，每天清早就带着米谷摸到草坪来，祈求诱捉金鸡仔，但是，时间一天天过去，还是没有金鸡仔的踪影。

有一天，这位老婆婆肠胃不好，就在草坪一角拉起屎来，忽然她听到身后有鸡仔的叫声，便反手一抓，真的被她抓到一只金鸡仔，但屁股却被金鸡嫲啄了一口。回家后，屁股红肿发炎，奇痛难忍，只得把金鸡仔卖掉，用于治伤。说来凑巧，钱花光了，屁股伤口也愈合了。人们议论说，盲眼婆婆无福气，侥幸捉到金鸡仔，钱也不好用。从而把金鸡仔的故事蒙上了更加神奇的色彩。

随着星移斗转，几百年来，谁也没有真正看见过这窝神秘的金鸡仔，人们才逐渐悟到，哪里有什么金鸡仔，只不过是老祖宗希望迁徙到新地方能迅速繁衍而编造的动人神话罢了。

城隍爷跑“码头磴”的传说

永昌桥头，公路坎上有一段 14 级的石级，大家叫它“码头磴”，未开公路时，是古城往黄畲、八尺必经之衢路。过去，每逢“祭江”，城隍爷的木雕像坐着四人抬的神轿，后而还有关帝、北帝、三位相公等神像，由高灯、彩旗、锣鼓队、吹鼓手、民乐队组成的仪仗队引路，按传统的路线巡游。到了“码头磴”，抬城隍爷神轿的人要一边吆喝，一边跑跳，叫作跑“码头磴”。城隍爷为什么要跑“码头磴”？这里头可有个民间传说。

从前，“码头磴”边岗子上，住有一户周姓人家，丈夫早逝，母女俩相依为命。虽然家境贫寒，但女儿却长得俏丽聪明、落落大方。许多书生、商贾甚至王孙公子都托媒求亲，周姑娘舍不得丢下老娘亲，谁都不肯答应。

春去秋来，周老太发觉女儿面黄肌瘦，失去了少女的风韵，以为染上什么疾病，要带女儿找郎中看病。周姑娘推说没病不肯就医。但究竟什么原因呢？周姑娘经不起为娘的再三追问，只得道出每天深夜有一高大非常的男子前来与她睡觉之事。周老太怎么能相信有这事？为了弄清真相，入夜，周老太来到女儿房间，点亮油灯，挂上围桌布，伏桌子下面等待捉奸。子夜时分，刮起一阵风，吹灭了油灯火，紧接着“砰”的一声，门闩得好好的，也不知道怎么进来一个人，只听见他脱掉衣服、鞋、帽，也不讲话，就上了床，吓得周老大浑身发抖。究竟什么人如此大胆呢？

她探出身子，摸着一只靴，不料头碰到桌子发出响声。床上的男人一骨碌爬起来，抱着衣物，夹着一阵风就走了。周老太战战兢兢爬出来，叫起女儿，点亮油灯一看，只见手里掂着一只偌大的神靴。她从惊恐中缓过神来，又叫苦不迭，不知哪路神仙看中了自己的女儿。

第二天一早，周老太带看香烛、清茶，掂上神靴，到附近各寺庙逐一查看，原来是城隍爷少了一只靴。周老太哭喊着向城隍爷祈祷："我只有一个女儿，家中贫寒，如果城隍爷欲娶我女，一定要好好待她，还要赐我一柜银钱，以度晚年。此外，每逢节日，一定要从'码头磴'经过，看看你的苦命的丈母娘。"接着，由庙祝鉴定，跌了"圣诰"，城隍爷答应了。周老太回到家里，只见女儿躺在床上咽气了，柜子里盛着白花花的银子。乡亲们听到消息，都前来为周姑娘举行了隆重的葬礼。后来，周老太活到98岁无疾而终。

所以，每逢节日城隍爷出巡时，都要抬轿人吆喝着跑"码头磴"，告诉大家，周家姑爷前来探亲啦！这一习俗一直相沿至新中国成立后祭江迎神集会的终止。直至前几年，"祭江"这一民俗活动得到恢复时，才又恢复。

客家妇女称"孺人"的由来传说

谥号是皇帝或有一定社会地位的人死了后，朝廷或后人按其生前的功绩，评定褒贬给予的称号。但客家妇女去世后，墓碑上皆刻谥号"孺人"。这是什么缘由呢？

南宋景炎元年（1276），北方蒙古强骑南下，攻打南宋朝廷，南宋首都临安（浙江杭州）陷落。文天祥、陆秀夫、张世杰三位丞相及各文臣武将保护幼主赵昺经浙、赣、闽三省，越过梅岭，直奔梅州、大埔、潮州，沿途组织义民参加勤王。赣、闽、粤三省客家人纷纷响应参加勤王，抵御外族，在新会县崖门山战役中大多牺牲。许多客家妇女亦擐甲从军，她们手执壶浆，肩挑辎重。诗人黄遵宪有诗云："男执干戈女甲裳，八千子弟走勤王。崖山覆舟沙虫尽，重带天来再破荒。"

传说有一次，宋帝昺、文天祥等君臣一行被元兵追杀，情况万分危急，正碰上一队挑着鲁草下山的客家妇女。妇女们急中生智，让过宋帝昺君臣后，用鲁草把路口堵得严严实实，然后大家分散隐藏在丛林中，只露出尖尖的竹扛，不时摇晃。元兵追到，看到路口被堵，山上隐约有人把守，加上地形不熟，恐遭埋伏，便不战而退。

客家妇女见义勇为的护驾举措，宋帝昺甚为感动，赐予金银珠宝。大家以忠义为本而不受，宋帝昺复封客家妇女为"孺人"。

为了弘扬和展现客家妇女见义勇为的忠贞正气，大家把宋帝昺封赠的"孺人"之称，作为死后的谥号。此后，所有客家妇女不分贫富，去世后在墓碑上都刻上谥号"孺人"，代代相沿。

客家鲤鱼灯舞及其缘由传说

每年春节、元宵、中秋等重大节日，客家各地会组织舞龙、舞狮、舞船灯、舞马灯、舞鲤鱼灯等群众性娱乐活动，来古城仁居庆贺丰收，歌舞升平，欢度节日。

各项活动中，惟妙惟肖的鲤鱼灯舞极让人赏心悦目。各地的鲤鱼灯舞大致相同，一般由5条篾扎纸糊，内置灯具，装有木质灯柄的鲤鱼为道具，头、鳍、尾都能活动。表演场地扎一牌楼“禹门”。5条鲤鱼中，1条为青鲤（鲤公）、4条为红鲤（鲤嫲），由身穿彩服的一生（男）四旦（女）分执。舞蹈表演形式，根据鲤鱼在水中的生活习性和游水动作，按戏游、结伴、冲浪、出水、交尾和跳龙门（禹门）六大动作排列，进行完整的表演。动作活泼有趣，特别是鲤鱼跳龙门的场面尤为生动形象，成双成对的大红鲤鱼露出水面，由低而高，再腾空而起，直跳龙门，栩栩如生，活灵活现。加上锣鼓的紧密配合，优美的舞姿、典雅的音乐，令观众个个沉浸在喜悦、欢乐的热闹气氛中，流连忘返。

要问鲤鱼灯舞缘由，可要从唐朝开始说起。唐代学者段成式《酉阳杂俎·鳞介篇》中记载：唐朝的法律规定，“鲤鱼要叫鲟（即草鱼）公，禁吃，捕获后必须放回水中，出售者杖六十大板”。

为什么会有这样的法律呢？原来唐朝统治者认为，唐朝皇帝姓李，而“鲤”与“李”同音，吃“鲤”不就等于吃“李”吗？这是犯大讳，当然就得禁捕、禁售、禁吃，并形成法律。因而，当时到处鲤鱼泛滥成灾。

唐朝末年，黄巢起义，大批从中原为避战乱南迁至赣、闽、粤的客家先民，在山区安营扎寨，垦山造田，艰苦创业。为了解决肉食，除了饲养家禽、上山狩猎外，主要就是挖塘养鱼了。客家山区，远离官府，山高皇帝远，大家顾不得朝廷禁止吃鲤鱼的法律条文了，纷纷养殖鲤鱼。鲤鱼繁殖快、杂食，不用割草投料，特别适合稻田浅水放养。稻田放养鲤鱼，既可以为水稻除虫，又可以增加肉食，实现粮鱼双丰收。

但是，山区蛇多野兽多，对鲤鱼的生存危害甚大。另外，山洪暴发或久旱不雨，也会严重威胁鲤鱼的放养。客家先民怀着对大自然的敬畏之心，只好焚香点烛，向山神、土地伯公顶礼膜拜，祈求庇佑，风调雨顺，稻香鱼肥。鲤鱼丰收时，大家就以丰盛的牲醴祭祀山神、土地，感谢神灵的保佑。同时，竹篾编扎鲤鱼灯，配以喜庆的鼓乐、欢快的舞蹈，庆贺丰收。文人墨客还将考取功名誉为“鲤鱼跳龙门”编进舞蹈中，使鲤鱼灯舞更具丰富的内涵，音乐、道具也不断修改创新，逐步形成完整的鲤鱼灯舞，沿袭至今。并把它列入非物质文化遗产保护项目，世代传承下去。

狗猫结仇记

在客家山区流传着一个优美动听的狗猫结仇的动物故事。从前，有个张老汉携妻带子，一家 4 口从中原辗转迁徙到客家某山区，安营扎寨，垦山开田，过着日出而作、日落而息的安定日子。张老汉还养有一条大黄狗、一只草花猫。大黄狗白天跟着张老汉上山狩猎，晚上看家护院，防盗赶兽。草花猫则在家捕鼠、护粮、护物。张老汉对忠于职守的大黄狗、草花猫宠爱有加，有鱼有肉都少不了它们俩。

有一天，一帮盗贼趁张老汉一家上山劳作之机，撬门入屋盗窃，不但偷走了钱财、衣物和粮食，还偷走了张老汉从中原带来的一颗夜明珠。这颗夜明珠是他祖上传下的珍宝，因而他终日茶饭不思、痛心不已。

大黄狗和草花猫共同商量，决定帮主人找回夜明珠，报答主人的宠爱恩典。大黄狗凭着灵敏的嗅觉，一路闻着盗贼的体味，在附近的寨子、村庄到处寻找。第三天夜里，在10多里外的孙家寨的一座小阁楼上，看见一只小木箱里发出淡淡的亮光，原来是盗贼将偷来的夜明珠藏在这只小木箱里。但箱子被锁上了，怎样才能拿出夜明珠呢？草花猫眉头一皱，计上心来。只见它纵身一跳、一扑，抓住一只大老鼠，老鼠连连求饶。草花猫说，只要你把木箱咬个洞，把箱里的夜明珠取出来，便放了你。老鼠只好照办。就这样，狗猫联手，终于为主人找回了夜明珠。

大黄狗、草花猫兴高采烈，赶忙往家里赶。但这时天上一阵瓢泼大雨，河水上涨，将回家必经的小木桥冲垮了。大黄狗让草花猫含住夜明珠，趴在自己背上，然后，驮着草花猫涉水过河。离河岸还有1米多时，河上游的洪峰汹涌冲来，草花猫纵身一跳，从大黄狗身上跳上了河岸，而大黄狗却被洪水冲走了。草花猫见死不救，以为大黄狗必死无疑，便含着夜明珠回家向主人邀功了。张老汉看到草花猫为自己找回了失去的传家宝，欣喜欲狂，马上煮了一条大鱼慰劳草花猫，抚摸着草花猫，啧啧地称赞。

再说，大黄狗被洪水冲到1里外的河湾时，被岸边的水草树枝钩住了，它竭尽全力，爬上沙滩，便又昏过去了。醒过来时，已是中午时分，它有气无力地慢慢回到家里。张老汉看到浑身湿漉漉的它，不问青红皂白呵斥它：“养你有什么用？人家草花猫还把我的传家宝贝找回来了，你却在外面玩到现在。”还不给大黄狗饭吃，罚它吃大便。草花猫却在美美地吃鱼吃肉，舔须洗面，一言不发。大黄狗如梦初醒，才意识到是草花猫贪找夜明珠之功为已有，主人才这样不公平对待它。从此，草花猫明知自己理亏，但也弓着身子，吹着胡子，对大黄狗呼呼几声，溜开了。就这样，狗、猫结仇，世代延续。狗猫结仇的故事，至今也还在山区流传着。当人们讲起这个故事，都会指责张老汉主观臆断、是非不分，草花猫奸诈狡猾，赞扬大黄狗的忠诚厚实。

熊家婆的故事

从前，有一个小山村，山高林密，人烟稀少，野兽常常出没伤人。特别是有一只大黑母熊，凶狠狡诈，善于伪装，大家称它熊家婆。

村西头的一座小瓦房，住着老亚婆一家，儿子、儿媳常年在外做工，留下老亚婆带着孙女、孙子，相依为命。

老亚婆住的小瓦房有一道围墙围着小院子，围墙正中是门楼，院子东边种了棵大桃树，桃树下还挖了一口大水井。

一天，有人捎来口信，老亚婆妹家有事，一定要她去趟妹家。老亚婆的妹家离小山村有 30 多里地，上岗下岃，尽是山路。带上孙女、孙子一起走，山路崎岖走不赢，把他们留在家里又不放心，可急坏了老亚婆。聪明的小孙女看透了亚婆的心思，牵着老亚婆的手说：“亚婆，您就放心去转妹家看舅公、看舅婆吧，我一定会带好小弟弟。”老亚婆还是不放心，但又想不出好办法来，只好千叮咛万叮嘱，要姐弟俩把门闩好，千万不要随便开门，要严防盗贼、坏人和野兽进来。

老亚婆转妹家的消息也不知怎么被熊家婆知道了，它暗自高兴，整天都在冥思苦想，盘算着如何才能骗开门，吃掉姐弟俩。

天慢慢黑下来，熊家婆乔装打扮起来，摘下几块芭蕉叶，裹住毛茸茸的身体，挽着一竹篮子的山柑子、沙果子，摸到瓦房门口，一边拍着门，一边装腔作势，学着老亚婆的声音："小孙孙，快开门，亚婆回来了。"小弟弟一听亚婆回来了，高兴得跳起来，就要去开门。亚姐连忙劝阻说："亚婆要明天才能回来，其中一定有古怪，让我看清楚再开门。"

说着往门缝里一瞧，外面黑咕隆咚，只看见一个黑糊糊的东西站在门外，亚姐擦了擦眼睛，再仔细看看，看出了问题："你不是亚婆，亚婆戴了绒帽子。"熊家婆摸了摸头说："外面风大，帽子被风吹掉了没有戴回去。"说着又连忙在门坪外寻来一块燥牛屎扣在头上。"不对！不对！亚婆不是穿青色衣服去转妹家的。"熊家婆一听，马上把身上的芭蕉叶扯下来，对门里边的亚姐说："亚婆穿的哪里是青色衣服呢?"又说："小孙孙，快开门喏，亚婆带回一大篮酸酸甜甜的山果果给你们。"早就想开门的小弟弟，经不住山果果的诱惑，趁亚姐不注意，就把门打开了，亚姐连忙去点火把，想看清楚是不是亚婆，熊家婆喜出望外地一边跨进门槛，一边说："不要点火，不要点火，今天火辣辣的日头，把亚婆的眼睛都晒痛了，点火会睁不开眼的。"

小弟弟搬来板凳让"亚婆"坐，熊家婆因为硕大的尾巴坐不了，便又说："唉，回家时天又黑路又岖，不小心摔了跤，把屁股都摔痛了，坐不了板凳了。”说着就从门角搬来一只空咸菜瓮作板凳坐，把尾巴塞进瓮里。

熊家婆闻着姐弟俩的体香，直流口水，坐了一会，便哄骗姐弟俩睡觉：“亚婆走了一天山路，累死了，上床睡觉吧。”不知好歹的弟弟嚷着要和“亚婆”共头眠。亚姐眠在床的另一头，翻来覆去想着“亚婆”的言行举措不像是亚婆，久久不能入睡。

小弟弟入睡了，熊家婆也开始吃人了，摸准小弟弟的脖子了咬一口。“哇!”小弟弟尖叫了一声。亚姐问：“小弟弟怎么啦?”“没事，小弟弟惊叫。”血流在草席上，沾湿了亚姐的衣服：“是什么东西这么湿呢?”“可能是你弟弟尿床。”

吧嗒，吧嗒，熊家婆在吃小弟弟的肉。“亚婆，你在吃什么?”亚姐问。“啊，我吃的是番薯干。”咔嚓，咔嚓，熊家婆在啃骨头了。“亚婆，你又在吃什么呢?”“啊，我吃的是炒黄豆。”亚姐轻轻地摸了摸了满身毛茸茸的老“亚婆”，思前想后，想想越怕，一定是狡诈的熊家婆乔装亚婆把弟弟吃了。接着将轮到吃自己了，怎么办呢?

亚姐想了想，一定要除掉熊家婆，为小弟弟报仇。终于想出了一条万全之策，她对“亚婆”说：“今天晚上我喝太多水了，要起来撒尿。”亚婆怕她溜走，说：“就在床边撒吧。”“不，床边屙多臭哇。”“那就门角撒。”“门角屙会触犯门神的，我要到院子里去撒。”“亚婆”怕她出院子里会逃跑，又说：“外面黑，我要用一根麻绳牵着你才放心。”亚姐只好拿了根长长的麻绳，让“亚婆”拿着一头，然后打开房门，把麻绳的另一头绑在门外柱子上，又从厨房拿来一瓶山茶油，倒在井沿和桃树上，自己便爬到桃树上面。

“亚婆”等了许久，也没有见亚姐回来，便大声叫嚷：“怎么还不回来?”亚姐说：“我肚子饿了，撒了尿便上树摘桃子了，桃子又大又甜。亚婆，你要不要?”说着，真的摘了个大桃子吃了起来。熊家婆听后，马上起床看个究竟，一心想把亚姐从树上抓下来。来到桃树下，踏上井沿，就要往桃树上爬，却被山茶油滑倒，“扑通”一声，不偏一倚，一头栽进井里了。亚姐连忙跳下树来，用一只大毛栏将井盖起来，又搬来桌板、石块压住毛栏。熊家婆跌落水井，费尽九牛二虎之力也跳不起来，还喝了不少水，浸泡了几个时辰，就被淹死了。

第二天，亚婆转妹家回来了。亚姐哭红了眼睛，没有保护好小弟弟，让凶恶阴险的熊家婆吃掉了，但也利用巧计，既保护了自己，又淹死了熊家婆，为山村除了一害。亚婆和乡亲们再也不用担惊受怕了，专心耕山垦地，安居乐业。熊家婆的故事也世世代代流传下来，告诫人们要随时提高警惕，擦亮眼睛，以免上坏人的当。

“老表”本是皇帝封

“表”，就是对父亲或祖父的姐妹、母亲或祖母的兄弟姐妹生的子女的称呼，用来表示亲属关系。但是，在江西省，见到陌生人，都喜欢互称“老表”。外省人到了江西，或见到江西人，称呼江西人“老表”，江西人也会显得非常高兴、热情。你知道这是什么缘由吗？说起来还有段流传甚广的历史故事。

元朝末年，朝廷腐败，民不聊生，农民起义风起云涌。各路义军对抗官府，攻打城池，也相互攻击，各自扩张地盘。公元1361年，农民起义军将领朱元璋与另一支起义军将领陈友谅各自率军在江西鄱阳湖恶战，陈友谅人马60万，巨舰百艘，朱元璋只有20万人马，水军也多为小船，战役打得非常激烈残酷。鄱阳湖浓烟滚滚、杀声震天、横尸遍野。最后，朱元璋寡不敌众，座舰被击毁，兵败康山。人饥马乏、遍体鳞伤的朱元璋，幸遇几位乡村老者相救，上山采摘草药与他疗伤，并以酒饭相待。朱元璋感激不已，谢言他日灭了元朝当上了皇帝，将以江西全省三年免交粮税来报答。大家看到他信誓旦旦的样子，笑着回答他："当务之急，你还是养好伤，吃饱饭，养精蓄锐，不要总是想当皇帝的事。再说，就算你真的当上了皇帝，到那时，平民百姓又怎能找到你，与你讲免交粮税的事呢？"朱元璋想了想又说："有朝一日我当了皇帝决不食言，你们就说是朱元璋江西的老表来找。"

朱元璋在大家的精心照料下，恢复了健康，振作起精神，重整旗鼓，率军一鼓作气消灭了陈友谅的起义军。接着，在击败张士诚、方国珍等路起义军平定南方后，挥师北伐，直捣元朝京城大都（北京），灭掉了元朝，建立了大明王朝。公元1368年农历正月初四，朱元璋在南京登基，当上了大明皇帝。

就在朱元璋登基这一年，江西全省大旱，赤地千里，庄稼颗粒无收，百姓四处逃荒。这时，有人想起了当年朱元璋的许诺，便商议选派几位老者前往南京试找朱皇帝。大家日夜兼程，沿途乞讨，终于辗转来到南京大明宫殿门口，侍卫们看到这些衣衫褴褛、蓬头垢面的老人，便如狼似虎地连忙驱赶。几位老者齐声说："我们是朱皇帝江西的老表，还不快去禀报!"侍卫们听说是皇帝的亲戚来了，才赶忙进宫禀报。朱皇帝知悉后，马上把这些"江西老表"召进皇宫，安排他们洗漱更衣，并赐予酒宴。朱皇帝问清灾情后，立即派员到江西开仓赈灾，同时颁诏：江西三年免交粮税，以实践自己的诺言。

消息传到江西，人人欢呼雀跃。江西老表为皇帝敕封相见称老表引以为荣，这一称呼习俗沿袭至今。

深山沟里的炼铁厂

据史志及老人相传，晚清、民国至新中国成立之初，香花畲中村常常都是日夜火光冲天，人声鼎沸，车水马龙，这是怎么一回事呢？原来，这个偏僻小村里有人办了个土法炼铁厂，经常开炉炼铁、铸锅。

香花畲地处仁居镇南端林木茂密的山沟里，因到处鸟语花香得名，而且山上有丰富的林木资源，地下蕴藏着品位高的铁矿石。

晚清时，麻楼村田心子的陈悦山邀凑几位乡绅商议，决定利用香花畲得天独厚的自然资源筹资开办炼铁厂。一方面发动乡民利用薪炭林建窑烧木炭；一方面组织人力在香花通往东石洋背的松树坳凿洞开挖铁矿石。同时，四处招聘炼铁师傅和民工共30多名，选择在香花畲中村建厂。接着又紧锣密鼓建筑炼铁炉，砍伐优质木材，雇请工匠制造人力操作的封闭式地下关扇鼓风箱。

每年上半年收购、储备足够的木炭，开挖准备铁矿石。转入秋冬季节，便择日开炉，冶炼生铁，铸造犁头、犁壁、铁锅、铁煲等生产生活工（用）具。

香花铁厂的产品质量好，含硫、磷低、杂质少，加上铁矿石、木质都产于本村，不用外地采购，节省了人工运费，降低了生产成本，所以售价也便宜，价廉物美，在市场具竞争优势，成为抢手货。除占领本县各乡、村市场，还销往兴梅地区及闽西、赣南等周边市场。

香花铁厂就这样代代传承兴办，至新中国成立后的1956年才停止生产，工人大部分转到上举镇畲脑华宝锅厂，历史悠久的香花铁厂就此画上句号，成为历史的记忆，记载在《县志》中。

八角亭的故事

邹坊村与社南村交界处有座俗称“八角亭”的文昌阁（有人称文祠），建于清乾隆五十九年（1794）。听当地人说，关于邹坊文昌阁有个动听的传说：当初建造文昌阁时，担负工程设计和施工的年轻师傅是本村人，叫郑四子。当工程建至二层后，第三、四层的柱子如何安放，成了难题。郑师傅绞尽脑汁，也没有想出办法来。

一天，工地上来了一位神采奕奕的挑担老伯，找到正在路边小店饮闷酒的郑师傅。只见这位老伯手里拿着一枝带梢的芒秆，末端还夹着一小块木片，走到酒桌旁，端起郑师傅的酒碗一饮而尽。郑师傅本来就烦躁不安，又遇到不礼貌的老伯，就想发火……只见挑担老伯笑了笑，捋捋须，把手中的芒杆往桌上一放，挑起担子就走了。郑师傅感到奇怪，捡起芒杆一看，原来中梢里包着四截芒杆，联想起自己的难题，茅塞顿开，心里悟到这是鲁班师傅化身前来指点。他连夜绘图制样，柱子接柱子，一直接四层，第四层全部用木板木条框架而成，这样大大减轻了负荷。就这样，邹坊文昌阁在鲁班师傅的指点下，依期竣工了。据说，竣工时，还热热闹闹地祭祀了鲁班师傅。

如今，文昌阁已建造 230 多年了，先后办了私塾、乡公所、公社、粮所、大队等。2002 年 12 月至 2003 年 2 月，广东省文化厅先后拨款 16 万元修葺文昌阁，并把它列为广东省重点文物保护单位。

会庆庵里的小红蟹

“盲有平远县，先有会庆庵。”畲溪村柘溪角有座建置平远县治前就有的会庆庵，庵前小溪里有一种奇特的红色小螃蟹，听说可以治疗跌打损伤。一般螃蟹都是淡黄或青黑色，为什么这里的螃蟹却呈红色呢？说起来却有个神奇的传说。

很久以前，一只小螃蟹从溪涧爬出，沿着引水的竹筒慢慢爬到会庆庵厨房水池边，又爬到放在灶台上敬佛的供品处，刚好被一位尼姑看见。她唯恐螃蟹弄脏供品，伸手想要将其捉开。不料被螃蟹紧紧钳住，尼姑顺手一甩，无意中把小螃蟹甩进沸腾的开水中，一下子将螃蟹烫红了。佛家是忌杀生的，尼姑连声说：“罪过！罪过！”并急忙拾起螃蟹放至溪涧凉水中，又虔诚地念咒，祈祷忏悔。念着念着，小螃蟹竟奇迹般地死而复生，带着呈红色的躯壳，慢慢地爬进溪涧边的小石缝。

从此，小红蟹便在溪涧世代繁衍，成为会庆庵的奇观，也为会庆庵佛祖神明灵验披上神奇的色彩，吸引许多游人香客争相前往观看，进庵焚香点烛，顶礼膜拜，祈求保佑。

现代诗人丘桂根有题红蟹诗："天下爬蟹壳黛乌，红螃哪知世间无？神农采药临溪捕，教与岐黄喜病除。"

下马碑石与下马石

下马碑石

这是一块下马碑石，碑文书"文武官员至此下马"8 个大字，刻于明朝嘉靖四十二年（1563），碑长 140 厘米、宽 60 厘米，碑文阴刻魏碑体，每字 15 厘米×20 厘米。该碑原竖在平远县城（仁居）孔庙（学宫）门口，以示对孔圣人的尊崇。

这块刻于 457 年前的下马碑石，为什么至今还保存完好？是什么人把碑石保存到哪里得于到现在？

原来，明朝嘉靖四十一年，广西马平县举人王化奉命前来平远设县。他平寇剿匪，大兴土木，兴利除弊，大力营造一个县治。他一面带领百姓造了长 520 丈、高 1. 2 丈的城垣；一方面，在明嘉靖四十二年（1563），又兴学崇文，兴建了孔庙（学宫），为对孔庙中供奉的孔子（至圣先师）的尊重和爱戴，特别刻了"文武官员至此下马"的碑石，竖在孔庙的门口。从此，凡到平远县孔庙的文武官员都要下马，以示对孔圣人的尊敬崇拜。

到了民国二十一年（1932）至民国二十五年（1936），当地一批官绅，学习省城广州，拆掉城垣，改筑马路。他们邀请了广东军驻军协助，将明朝构筑的城垣全面拆除，改筑了马路。由于孔庙的位置在东门城垣附近，所以拆城垣时，这块下马碑石也同时被拆除。碑石拆掉后，由村民谢学琳、谢学明兄弟的祖父谢矮四伯捡起来。他认为，这块碑石现在无人用，以后会有用的，但拿到哪里去放呢？最后，在建房时，夹在墙缝里了。到了1992年，谢学琳、谢学明兄弟在拆建房屋时，才发现有块有字的碑石。到这时，这块碑石夹在墙缝里已有56年了，成为历史的写照，仁居镇文化站的同志把它送到县博物馆收藏。从这块“文武官员至此下马”的下马碑石，可以看出在封建社会人的等级观念问题。

下马石

无独有偶，在离平远县城（仁居）南面约5里地的地方，大路旁有块大石头，曾刻有“下马石”3个大字，为什么呢？封建社会时候，要进城办事、经商的人们骑着马进城，县城快到了，人就要下马来走路，以免碰到县官，不礼貌，人们就叫它“下马石”。后来，有人干脆在此刻了“下马石”3个字。这也是人们的等级“官念”问题。后来到了民国二十一年（1932），在开通大柘公路（大柘——大畲坳）时，大石头被炸了，但是人们还是习惯地叫它“下马石”。

平远解放

莆杓岃战斗遗址

莆杓岃，像一只莆杓，吊在平远县仁居东教场背，那滑溜溜的小山，就似那长了千年的莆杓，伴随它的是鲜艳的红四军军旗，映衬着烈士的鲜血染红了土地，好像在向人们诉说那段革命的历史。

1949 年 7 月 4 日上午，那是国民党反动派卷土重来的日子。国民党胡琏兵团第十军一部由差干向平远县城（仁居）进犯，这是他们在差干经受一次挫败后的继续行动。中共平远县委、县政府机关和四团、八团得悉情况后，主动向县城往上举畲脑转移，由八团两个连及部分政工人员负责做好群众的安定人心的宣传工作。

当天下午，前哨队伍发现大批敌军已进入仁居，并在井下的牛臂山、五福的塔下等地布防，情况十分紧急。我军只好采取一边阻击一边撤退的战术。地委秘书黄戈平派第一连的一名排长巫俊率机枪手亚戴等 30 多名战士进行阻击，掩护其他同志撤离。巫排长率全排战士登上莆杓岃的制高点，亚戴哥架起机枪向敌人扫去，正在布防的敌军一名连长和两名士兵齐声倒下，大家齐声叫好！战士陈友明、沈士新、黄三大、刘崇文等与敌人激战了一个多小时。后来，敌人动用了迫击炮，而且在店背岗岃上架起了重机枪，三面环攻。在这样敌众我寡、敌强我弱的形势下，巫排长他们仍然坚守阵地，直至陈友明、张衡灯、谢扬清、黄三大等 9 名战士壮烈牺牲，只有亚戴哥等数人撤回。

莆杓岃战斗，继差干炮楼阻击战后，给来犯之敌再以挫败，掩护县委、县政府机关和部队得以转移至蕉平边界，有效牵制了敌人，推迟了其南窜梅州各县的时间。

莆杓岃革命遗址，是爱国主义教育的珍贵教材，其南面是开发后的平远县红四军纪念园。

拂晓前的一场攻心战

那是 1949 年 7 月 3 日，国民党的胡琏兵团残部窜入平远骚扰。中共平远县委为保存实力，转移到梅县梅西根据地。9 月初，县委派郑志带领 4 人为小分队，乔装打扮，重返平远仁居侦察敌情，遇到部分残匪，便与敌人打了一场拂晓前的攻心战，让敌人投诚，解放了平远。据郑志同志回忆：

1949 年 9 月 2 日，天刚蒙蒙亮，小分队一路摸黑便到达仁居岗坊卓屋，见卓锡堂家中有灯火未熄，便进去了解情况。得知县城北驻有武装土匪，城内谢家祠驻有胡琏残部通信兵连 70 多人，还有不少家属。为了深入掌握情况，小分队便进入城内李浪平家中。10时左右，突然枪声大作，原来有几十名武装土匪进攻驻在谢家祠的胡琏残部，企图抢夺胡琏残部的枪支、弹药及财物，双方交火1个多小时。由于谢家祠墙体坚固，土匪攻不下未能得逞，只好向城外撤退。面对突然出现的情况，小分队应怎么办？叫八团大队人马来，又这么远。敌人大部队已撤离，留下这股残兵败将，战斗力不强，还有一部分家属，何去何从？又遭土匪袭击，加上人生地不熟，落个无援无济的困境。小分队认真讨论后，决心用攻心战，促使他们走上光明之路。他们用盖有独立八团大印的空白笺，写了一封忠告敌人投诚起义的信，写好后，由小分队的一位同志化装，跟着可靠群众李奕荣把信送到谢家祠敌通信兵连，要求他们在指定地点、时间进行谈判。

3日上午8时左右，送信的群众李奕荣来报告，敌通信兵连愿意派出代表与我军谈判。小分队当即决定，请他们派出两位代表（不准带武器）前来谈判，代表人身安全由小分队负责，地点设在李浪平家中。由李奕荣送回信前往谢家祠，并由他带路前来，小分队立即做好布置，整理装束。郑志为首席谈判代表，丘忠坚为副官兼警卫，李浪平、杜石桥在门口站岗放哨。

9时整，敌通信连两名代表由李奕荣带路来到李浪平家，他们都是校级军官，其中一名是江西南昌人，姓郭。双方稍作寒暄后，在热情、严肃气氛中进行谈判。对方提出：我军要给予优待，保证人员安全，他们愿意放下武器，等待我军接收。小分队表示，目前有个歼匪的紧迫任务，接收之事要稍后几日，望你们坚固守住营房，不要轻易出城，以免与我军接触，造成不应有的误会。对方提出要派人上街挑水和采买，我方表示可派一二人，不改装、不带武器到街上挑水和采买，我方会明示部下。

谈判后，小分队派出交通员前往梅西汇报。3 日晚，对方生怕土匪再次来袭击，要小分队派一个武装班，在谢家祠附近埋伏，保证其安全。经协商同意由小分队负责，对方要联络口令，随即以“欢迎”“起义”为当晚口令，并说这口令只在城内通，城外不通，以使他们深信。

傍晚有一交通员赶回来了，得悉部队赶路回城，估计 10 时左右部队可赶到，以吹喇叭为号。10 时左右，洪亮的喇叭声响了，小分队马上派人传令给谢家祠外流通哨兵，我们进攻武装土匪、保护投诚兵员的号角响了。

1949 年 9 月 4 日 9 时，接收仪式在今仁居中学门口举行，对方由校官郭某带领 70 多人，扛着长短枪 30 多支及大批弹药，吉普车一辆，通信器材一批进行投诚。接受仪式完毕后，我方给愿意回家的敌投诚官兵发给路条和路费，兑现我军政策。

小分队迎着胜利的曙光，奔赴庆祝平远解放的新时代。

平远县解放纪实

平远解放

1949 年初夏，中国人民解放军以秋风扫落叶之势，横渡长江，于 4 月 23 日占领南京，宣告国民党反动统治的灭亡。接着，又乘胜追击，继续向南挺进，全国解放战争进入决定性胜利的历史阶段。

为了配合南下大军，加快梅州地区的解放步伐，人民解放军闽粤赣边纵所属部队全面出击。由于人民解放军的政治攻势，至5月中旬，先后争取了国民党省保警独一营、保十二团、第九区专员公署兼保安司令部所属机关部队和保独九营，以及各县自卫大队共约5000人投诚起义。在解放大埔、蕉岭的同时，梅县、兴宁、五华三县先后宣布和平解放。梅平区委和武工队在平远也积极寻找统战目标，策动党政军警人员起义。原平远县县长、时任省参议员的林公顿此前接触过许多进步人士，受革命形势影响，早已倾向革命，因此，一经接触，他即表示尽力支持革命。其后，他帮助武工队解决了部分枪支子弹，又以任县府“高级顾问”的身份，秘密串通警察局长严若寰、保安营一连连长冯冠雄及自卫队附城区中队长冯锡桓等人，走弃暗投明、靠拢共产党的道路。

5月20日，闽粤赣边纵队第二、四团奉命挥戈进军解放平远。当时平远有国民党保安营约250人，其二、三连驻县城（仁居），一连驻东石建泉祠。支队政治部主任黄戈平率四团作先头部队，由梅县曾龙岃出发至蕉岭县的新铺。当晚由新铺分乘6部汽车向东石进军。21日凌晨3时半，抵达离东石墟5华里的杨梅坑，与梅平区委及其武工队会合，分兵包围东石乡公所及保安营一连驻地建泉祠。经策动，已有起义准备的一连长冯冠雄听到四团指战员的喊话，便率队（60多人）不开枪，起义乡公所的20多名自卫队亦缴械投降。

在县城仁居的国民党县长黄纯仁、县党部书记陈楷得知东石解放的消息后，立即与县保安营长魏荣（魏清）率县保安营二、三连及直属警卫排往八尺躲逃，警察局长严若寰借口由他断后，率警察局特务排和附城区自卫队共100人往六吉砻钩挖撤离（第二天一早率队返城起义）。县城一片混乱。

5月22日，边纵一支队四团全体指战员分乘6部汽车从东石至县城南郊集结，严若寰属下官兵、县参议会议长林永宏等开明士绅、工商界人士、城镇居民及学校师生敲锣打鼓，夹道欢迎，全体指战员个个英姿飒爽，兴高采烈地扭着秧歌，经东门青云桥进入平远县城，平远宣告解放。

进城当天，接收了起义的原国民党平远县警察局长严若寰带领的全部官兵及县警中队的100多人及枪，还收缴了国民党县政府藏在银行金库的80多支步枪和数万发子弹。

5月26日，接收了跟随黄纯仁逃跑至八尺牛挨石返回平远县城投诚的保安营三连（连长卓明辉）官兵60多人及枪。6月上旬，保安营二连返回八尺，被招抚遣散。至此，国民党平远的军警全部瓦解，共缴获轻机枪4挺、冲锋枪2支、长短枪500余支。

5月26日，平远县军事管制委员会（简称军管会）成立，由陈悦文任军管会主任，陈玉堂任副主任，委员有叶雪松、李发英、章日新、叶志祥。军管会成立后，首先出示安民布告，然后召开各阶层人士座谈会，同时派出政工人员深入各乡村向群众宣传党的政策主张，稳定社会秩序，恢复和发展生产。

6月10日，成立中共平远县委员会，县委书记陈悦文，组织部部长章日新，副部长赖森文，宣传部部长李发英，县委委员陈玉堂。

6月21日，平远县人民民主政府成立，由陈玉堂任县长，林公顿任副县长，将全县划为7个区，成立各区人民民主政府。

仁居区（仁居邹坊）指导员：杨钦华

区长：陈捷文　副区长：许晋兰

差干区（差干）指导员：范祝元

区长：姚铁汉

八尺区（八尺黄畲）指导员：陈广生

区长：高任辉　副区长：肖明锡

东石区（东石泗水）指导员：赖济泉

区长：赖济泉　副区长：陈超云　林任甲

坝头区（坝头河头）指导员：吴喜泉

区长：陈旺松　副区长：张义通

大柘区（大柘超竹）指导员：陈玉湘

区长：陈玉湘　副区长：姚方来　姚良禄

热柘区（热柘长田）指导员：张岳祺

区长：吴福元　副区长：黄梅春

石正区（石正大信）指导员：范标元　陈仁珊

区长：姚天民　副区长：王天喜

各区人民民主政府成立后至10月1日，曾两次调整区划及领导班子成员。最后将全县调整为4个区。

第一区（仁居邹坊黄畲差干）指导员：叶明

区长：陈捷文　副区长：陈君德

第二区（河头八尺）指导员：陈广生

区长：高任辉　副区长：陈旺松

第三区（东石泗水坝头）指导员：赖济泉

区长：赖济泉（兼）

副区长：林任甲　陈凤翔

第四区（大柘超竹长田热柘石正大信）

指导员：范祝元

区长：陈玉湘

副区长：姚方来

胡琏窜扰

正当全县人民在共产党的领导下，开展民主建政、稳定社会治安、发展农业及工商各业时，国民党胡琏兵团从6月下旬开始，从江西赣州、会昌向闽粤赣边进发，欲摧毁刚刚建立的民主政府，实施其“保卫广州”的作战计划和控制逃往台湾的出海口岸。

面对敌强我弱的形势，平远县委按照梅州地委的指示，做好县城保卫工作，派四团三个连到粤赣交界的大畲坳设防；八团调一个排驻守差干炮楼，保卫差干；调八团一个连到八尺警戒；团政治部、直属警卫排和第一连留守县城仁居，负责县城城防。由于胡琏兵的日益逼近，7月3日晚上，地委秘书黄戈平在县城老东门的平阳楼召开党政军负责人紧急会议，会议决定为保存实力，避开胡琏兵团来势汹汹的锋芒，暂时撤离县城，转入山区，伺机打击敌人。会议还研究撤退路线等事项。

也就是7月3日，胡琏的一个团1000多人探悉大畲坳已设防，便绕过项山，由地反谢拱成为向导，经湖洋窜入差干，当天晚上袭击差干炮楼。胡琏兵以小钢炮、枪榴弹、轻重机枪轮番攻击，驻守炮楼的八团第一连第一排的20多名战士，在排长阿幸哥的指挥下凭楼据守，浴血苦战到天亮，炮楼被击毁一角时才向外突围。在突围激战中，幸排长等13人壮烈牺牲，1人被抓捕枪杀，2人被俘带往台湾。

7月4日下午，胡琏兵撤离差干，进犯县城仁居。平远县委县府人员及四团、八团部队已在4日上午撤往畲脑村。黄戈平、陈悦文及四团、八团的部分领导在畲脑召开紧急会议，分析形势，认为胡琏兵尚未进抵县城，不能轻易放弃，应派部分武装人员和政工人员回城宣传，安定民心。于是，八团的2个连在黄戈平、陈悦文、叶志祥、杨竞存等率领下，又于4日下午4时从畲脑返回县城。当队伍刚到拦头石时，前哨就发现胡琏兵已达城东和城南，并分别登占了塔下、牛臂山、沙背岃及店背岗等制高点布防。黄戈平在兵力悬殊、地势不利的情况下，当机立断下令边阻击边撤退。第一连排长巫俊率机枪手亚戴等30多人抢占南郊最高小山莆杓岃，与胡琏兵激战了1个多小时。两只机枪脚撑打脱了，就架在小松树上打，小松树都被发热的枪管灼死了好几株，共击毙胡琏兵1连长、士兵2人，但巫俊等10多人被俘，9名战士牺牲，只有亚戴等数人撤回。是晚，县城被胡琏兵占领。

胡琏兵占据县城仁居后，又集结向南进犯。7月5日，绕经畲脑仓子下进入东石冷水坑，布防包围了撤驻在东石铁民中学的县委、县府领导及保卫排，幸被由畲脑转移去泗水的四团先头部队发现，以密集的火力与胡琏兵激战，掩护驻铁民中学的县委机关部队共70多人突围。大部分人员冲出校门，仍有保卫排的曾秀豪等20多人被俘。突围出来的人员分别往铁山嶂和大柘凤朝坑转移，继续伺机袭击胡琏部队。

收复县城

至 8 月，南下大军势如破竹，8 月中下旬，继福州解放后又解放了赣南广大地区，盘踞梅州的胡琏残部亦开始仓皇南逃，八团所属部队乘势开展政治攻势和利用山区有利的地形截击撤逃的胡琏兵。

9 月 1 日，平远县委派郑彩志、丘忠坚等人组成小分队，由梅西返县城仁居侦察，做好收复县城的准备。2 日晚，武装小分队发现驻在谢家祠来不及撤逃的胡琏残部通信兵遭土匪围攻，便前往策动投诚，他们亦表示愿放下武器等待接收。同时，做好解放大军即将进城的宣传，安定和鼓舞人心。3 日晚上 10 时，县委、军管会率八团返回仁居，收复县城，恢复办公。4 日，接收投诚的胡琏残部通信兵 70 多人，并收缴吉普车 1 辆，全城一片欢腾，锣鼓喧天鞭炮齐鸣，隆重集会热烈庆祝平远完全解放。

活捉匪首赖富邦

土匪出身的赖富邦，身居江西省寻乌县茅坪乡长兼自卫队长，一贯横行霸道，鱼肉乡民。解放战争时期，其纠集反动武装，与我军为敌，残杀无辜。1948 年 3 月，革命节节胜利，我独立四大队攻打茅坪乡公所时，赖匪侥幸潜逃。4 月，赖富邦曾参与攻打南台山，对革命犯下滔天罪行。

平远寻乌解放后，赖富邦一直负隅潜逃，抗拒人民群众的镇压。为了肃清平寻边的残余匪特，中共平远县委书记陈悦文亲自到寻乌，与寻乌县委领导合议剿匪、围歼赖富邦问题，当时议定的方针是："互通情报，联合进剿，不计远击。"尽管平寻两县联合行动，措施得当，但狡猾的赖富邦仍迟迟未能缉拿归案，成为平寻两县的一大祸患。

1951年农历十一月，群众向平远公安机关举报，赖匪在平远县仁居飞龙村出现。县委非常重视，立即组织了由公安局局长赖森文为组长的追捕小组。根据侦察分析，赖匪极可能在飞龙村铁楼岗其姐夫俞某某家中匿藏。因此，追捕小组分三路向俞屋包围。一路由飞龙村大塘肚出发，由城南乡公安员卓正淼、卓昌盛带队；二路从鹅石寨出发，由赖森文局长率县大队部分战士负责；三路由区公安员潘冠中、城南乡民兵队长冯锡炎负责，由仁居至八尺公路进发。

晚上12时，三路人马同时向铁楼岗俞屋挺进。当时，北风呼啸，伸手不见五指，大家深一脚浅一脚地快速前进。到目的地后，各自寻找有利地形，严密监视，一直坚守到拂晓。因为狗的狂吠，赖匪惊惶地手持菜刀出门窥探，发觉外面有异常，便突然冲出大门，企图逃跑。民兵战士立即冲上去追捕，赖匪因对地形不熟，跑出100多米后，被2米多高的田坎挡住，他吃力地往上爬。这时，区公安员潘冠中一个箭步扑上去，拉住赖匪的左脚往下拖，两人滚打在一起。潘冠中和随后赶上来的民兵战士一起把赖匪制服，捆绑起来。东方刚刚发白，大家兴高采烈地押解着匪首凯旋。

后来，将赖匪移解给寻乌县公安局，不久经公审后伏法。寻乌县委、县府、公安局还特意送来锦旗和慰问品，感谢平远县加强边界联防、擒除恶魔的英勇举措。

1951 年平远人民庆国庆

举国欢腾的国庆节又到了，我脑海里又浮现起令人难忘的1951 年平远山城庆祝国庆的盛况。

1951 年，民主建政刚刚完成，人们都沉浸在翻身当家作主人的喜悦之中。美帝国主义发动侵朝战争，许多热血青年报名参加中国人民志愿军，与朝鲜人民军并肩打击美国侵略者。在平远城南小学读初小的我，常常听老师讲共产党毛主席领导中国人民推翻“三座大山”解放全中国的故事，还有抗美援朝中志愿军英勇作战的故事。

那年国庆节前夕，我们便开始大扫除搞卫生，扎大红灯笼，上山砍松树、柏树枝，做小红花，在学校门口张灯结彩。每个同学都做了一面小纸旗，老师们在小三角旗上用毛笔写上有关庆国庆的口号，此外，每个人还做了一只纸灯笼，买好红蜡烛，做好参加国庆活动的准备。

10 月 1 日国庆节那天，我一大早就起床，穿上妈妈为我洗得干干净净的衣服，匆匆吃过早饭就到学校集中。手拿小旗排着整齐的队伍，高年级的同学擎着五星红旗、彩旗，还有毛主席、朱总司令的画像和“庆祝国庆”的横幅，敲锣打鼓前往县城人民体育场参加庆祝大会。一路上只见到处张灯结彩，悬挂大幅标语，家家门前国旗飘扬，人人笑逐颜开。

各乡村的群众陆续云集，整个会场人山人海，红旗招展，锣鼓喧天。“解放区的天，是明朗的天，解放区的人民好喜欢……”

“嘿啦啦啦啦嘿啦啦，天空出彩霞呀，地上开红花呀，中朝人民力量大，打垮了美国兵呀……”“雄赳赳，气昂昂，跨过鸭绿江，保和平，卫祖国，就是保家乡……”歌声此起彼伏。庆祝大会开始了，大家齐声歌唱雄壮的国歌后，县委、县政府的领导首先讲话，号召全县人民团结一致，搞好生产、发展经济，用实际行动庆祝国庆，抗美援朝。然后工人、农民、学生等各界代表分别在大会上发言。大家振臂高呼：“拥护中央人民政府！”“中华人民共和国万岁！”“中国共产党万岁！”“毛主席万岁！”

接着鞭炮齐鸣，敲锣打鼓，按照大会规定的顺序和路线开始游行。游行队伍中有舞狮队、舞龙队、秧歌队、腰鼓队，还有化装游行，有人戴着美国星条旗纸帽，穿着燕尾长西服，用面粉粄捏成钩鼻子，扮演成美国总统杜鲁门和侵朝美军司令麦克亚瑟，还有人分别化装成蒋介石、宋子文、孔祥熙、陈立夫四大家族代表和地主黄世仁、狗腿子穆仁智等家伙。1 公里长的游行队伍行了近 1 个小时，走遍县城各条大街，欢呼声、口号声、锣鼓声和鞭炮声响彻平远山城。

中午，回家吃饭，各家都来了不少远道前来参加庆祝大会的亲戚，家家都杀鸡买肉磨豆腐，招待他们。

夜幕降临了，我们点燃了灯笼里的红蜡烛，参加火炬游行。大家擎着国旗、伟人像、横幅，锣鼓队为前导，除了舞狮队、秧歌队和香火龙队，人们个个手持松脂、煤油浸透的火把，吊着各式各样的灯笼，有四角灯、五角星灯、八角灯、蝴蝶灯和圆球灯，队伍就像一条长长的火龙，伴随着人们的欢声笑语在仁居县城蜿蜒翻腾。

火炬游行队伍回到体育场，大家又观看了各界群众和中学师生的文艺表演，有扭秧歌、打腰鼓、打花棒、山歌、五句板、合唱、独唱和小演唱，大家都用不同的形式歌颂伟大的党、伟大的祖国、伟大的领袖毛主席，表达人民翻身当家做主人的喜悦心情。直至午夜，整座山城处处洋溢着节日的喜庆气氛，真是“火树银花不夜天”！

这是我第一次参加的国庆活动，那隆重、热烈、喜庆的盛况深深地刻在脑海里，特别是在每年国庆期间，当年的情形更加令人回味无穷。新中国成立 70 周年来，中国的经济建设和社会各项事业取得辉煌成就。今天，我们要“不忘初心，牢记使命”，用习近平新时代中国特色社会主义思想武装起来，夺取新时代中国特色社会主义伟大胜利，实现中华民族伟大复兴！

撑　排

世上命歹唔像俚，
二十一岁学撑排。
脱掉衣衫日头晒，
背驼哗叭像拖犁。

这是过去撑排时候唱的山歌。“撑排”是早已不时兴的一种苦累活，正如上述撑排人唱的那样，“脱掉衣衫日头晒，撑排撑到哪里去，撑一回排要多少天”，最近我们从仁居来到差干镇采访了几位撑过排的老伯。

接受采访的几位老伯都非常热情，特别是86岁的谢昌招伯，他背不驼、耳不聋、口齿伶俐，他本在村里别人家串门，接到电话后便立即赶回来热情接待了我们。我们说明来意，希望了解撑排工人的情况，他便一一道来。他说，以前没有开公路，木材没有汽车运，只有靠水运，河里水量够大时，靠水力运输木材，木材要人去撑，要靠人去掌握方向，排除险情。一条排，1～2人手持一根撑棍，就叫撑排。他说，他是1956年成立初级农业合作社时，和谢日凤一起参加差干森工站组织的集体放排队的。放排前，要把木材扎成木排，把木材统一打叠成6米长，每排42米，4排为一链。起初因滩多水浅，每排均有2人，每链有8人，每链168米。这样木材不松散，好管理。过险滩时，以排为单位通过，后河水大了，水深了，才减至每链4人、2人，4条排子合成一条大排。他接着说，春天雨下大了，河水猛涨，便可以放排了。木排经过差干至湍溪、福建下坝至蕉岭、三河坝、按韩江水系直接将木排放到潮州、汕头。春天水量大起码要半个月，如遇秋天则要20多天。一开始，差干至福建下坝墟住宿，到了砂头岭（蕉岭）送回4人，到了松口，4条排子合成一条排，4条排8个人。

一支放排队最多人时有五六十人，大家吃住在竹篷里，竹篷钉在排子中间，4米长、2.5米宽，卷起来钉，竹篷可以遮雨、休息。三餐煮饭用的煵锣、锅子、柴棍、米菜，全都放在竹篷下面。三餐吃的是咸菜、豆角干和芋荷干等一些干菜。常常要吃饭了，却又遇到险滩，又忙于处理这些事而忘了吃饭，正如放排工自叹的一样：

撑排真真系奔波，

撑昼撑夜冇凳坐。

三餐吃介冷粥饭，

吞唔落肚用水捞。

晚上要住宿了，找个河水转弯处，把木排安顿好后，放排队要派人放哨，轮流休息，以免被人偷木材。其余人员通通钻进低、矮的竹篷子里。竹篷里用木板铺平，木板面上用稻草扎成的“秆荐”垫着，再用被单或烂席铺上。竹篷里仅靠一盏马灯照明，也有人用一支昏暗的手电筒，也没有热水洗澡，只能在夜里，大家泡在河里洗个冷水澡，这时，大家又不禁唱起山歌来表达：

讲起撑排正凄凉，

秆荐准席笪准被。

人人都话钱好赚，

几多辛苦冇人知。

到了镰子曲、甲溪峰、大锋、剑门等处，遇到水急险滩，大家便集中精力战急流，艰辛无比。至今，在差干河下游的石栏滩峭壁上，还残留着当年排工战恶浪的石阶。

到潮州、汕头向买货人交了货，大家才松了一口气。如果木材市价好，可以分多点钱，如果市价不好，撑一回排才 19.5 元。回家的路上要挑着煸锣、锅子，有时，搭便船经过几日，便回到家。正如大家唱的歌一样：

树子砍好就落溪，

放出大河就成排。

遇到潮州市价好，

嗅嗨——

阿妹就来嫁奔倨。

随着公路建设加快，东石、仁居、差干都建成公路通了车，汽车运输速度快且运费廉，慢慢取代了水运，加上蕉岭长潭拦河坝的建设，以及发电站的建设及运营，1978 年航道中止，撑排工随即撤销。

对联拾趣

古今名人教子联

古往今来，许多历史名人都十分重视以联教子，写下不少境新意深的家教妙联，被人们广为传诵。

清代著名书画家郑板桥写了一副家教联：“咬完几句有用书，可充饮食；养成数竿新生竹，直似儿孙。”以联教育子孙认真读好书，做竹子那样虚心耿直、蓬勃向上的人。

清末政治家林则徐写过一联：“子孙若如我，留钱做什么？贤而多财，则损其志；子孙不如我，留钱做什么？愚而多财，益增其过。”告诫自己不要给子孙积攒钱财，多财反而“损其志”或“增其过”。教育后代不要在钱财的继承上花费心思，应凭自己的本领做事情、去创业。

1924年春，爱国将领冯玉祥送儿子冯洪国出国留学时撰一联：“欲除烦恼须无我；历经艰辛好做人。”写完后对儿子说：“这是我写给你的，也是写给我的，要无我，才能为民众、为大家。做一个好人，必须经过磨炼，在艰难中把自己磨炼成一个完全无我的人。”抗战时，冯将军的侄子要去抗日前线，临行前，将军撰联勉励：“孝子贤孙先救国；志士仁人最保民。”1947 年 9 月 28 日，女儿冯理结婚，冯将军亲书禧联一副：“民主新伴侣；自由两先锋。”祝贺女儿女婿新婚快乐，鼓励他们为建立民主自由的新中国而努力奋斗。

著名作家老舍给女儿女婿写了一副对联：“劳逸巧安排健康多福；油盐休浪费勤俭持家。”此联通俗易懂，充满无微不至的父爱。

1940 年夏，著名教育家陶行知得知儿子陶晓光要进成都无线电修造厂工作，背着父亲向一位校长索要一张毕业证书后，马上责令儿子将毕业证退回，并捎书一封，撰联一副：“宁为真白丁；不做假秀才。”教育儿子不要弄虚作假，应该老老实实做人。

无产阶级革命家吴玉章撰写了一联挂于厅堂：“创业难，守业更难，明知物力维艰，事事莫争虚体面；居家易，治家不易，欲自我作则，行行当立好楷模。”教育子女要艰苦创业、勤俭持家、踏踏实实，不要讲排场、爱慕虚荣，成为长辈后要以身作则，当好下一代的楷模。

这些教子联，既有语重心长的关怀爱护，更有激荡人心的鞭策与勉励，寓意深刻，耐人寻味，细细品读，仔细“咀嚼”，对今天的家长们教育好下一代，也是很有启发的。

品读养生名联

古往今来，许多名人雅士在生活实践中，总结自己的养生之道和益寿秘诀，或为勉励和告诫自己，撰写了很多养生联。这些佳句名联，给人们以艺术上的享受和丰富的文化营养，也是一张张养生益寿的良方。吟读养生名联，令人深思，亦受到启迪。

古人的益寿良方之一就是节食养生，提倡清淡饮食。清末两江总督张之洞撰联云：“无求便是安心法；不饱真为祛病方。”清代著名画家郑板桥在自己厨房门口撰贴一联：“青菜萝卜糙米饭；瓦壶天水菊花茶。”作者以自己的经历告诉大家，常吃蔬菜、粗粮，饮菊花茶，看似清苦，实为益寿妙方。

围绕“无欲则刚，知足常乐”这一主题的名联佳对也有许多。清代文学家纪晓岚的先师陈自崖撰联云：“事能知足心常态；人到无求品自高。”清代沈三白撰写的《浮生六记》中有一联：“富贵贫贱，总难称意，知足即为称意；山水花竹，无恒主人，得闲便是主人。”普陀寺内楹柱有一联：“乾坤容我静；名利任人忙。”还有一联也是告诫人们要知足常乐的：“无贪心，无私心，心存清白真快乐；不寻事，不怕事，事留余地自逍遥。”

清代名士翟公栾自撰一副养生联：“静亦静，动亦静，五脏克消失欲火；荣也忍，辱也忍，平生不履于危机。”这对费心伤神、易动肝火之人是很好的告勉。

自古以来，人们崇尚行善积德，修身养性。北宋名相寇准有一养生联：“但知行好事；不用问前程。”

老年以读书养生为名联。南宋诗人陆游一生酷爱读书，直至晚年，仍然“读书有味身忘老”，还像年轻时那样发奋读书，他把住房取名为“书巢”，还撰写一联：“万卷古今消永日；一窗昏晓送流年。”清代进士顾光旭有养生联：“万事莫如为善乐；百花争比读书香。”近代著名社会科学家、知名民主教授邓初民，晚年多病，仍坚持读书，他为自己撰写一联：“尽管既老且病；还得勤学苦练。”唐代诗人刘禹锡，暮年时仍扩达自强，研读医书，以不服老、不怕老的高昂格调唱出“莫道桑榆晚，为霞尚满天”的优美、高尚意境。直到老病憔悴时，还留下脍炙人口的名句：“沉舟侧畔千帆过，病树前头万木春。”“芳林新叶催陈叶，流水前波让后波。”展现他以乐观精神自宽其心、以开朗情调自养其身的养生之术。

人们提倡道德修养和运动养生。书法家费新我自撰一副养心联：“勤劳艰韧，积极乐观，为身心自强要道；美景天籁，阳光清气，乃造化所赐补方。”著名社会名流于右任为朋友撰写的养生联：“心积和平气；手成天地功。”此外，有关这方面的妙联还有“勤劳体魄健；养生浩然真”“勤能补拙筋柔骨正；俭可养廉心旷神怡”等等，这些妙联提出了道德修养能使人减缓衰老、延年益寿的道理。

谐音妙联拾趣

对联中的谐音巧对，不但工整对仗，而且语带双关，妙趣横生。

明朝才子唐伯虎曾作一副奇特的谐音对。他在一次郊游时，看见一位农家大嫂一边打扫乱柴，一边呼喊小叔子过来帮她捆绑柴草。唐伯虎随口吟成上联“嫂扫乱柴呼叔束”之后，再也对不出下联来，只好边走边想。这时，只见一少妇挑水时不小心，摔了一跤，把水桶摔散了，便叫小姑拿去箍好。唐伯虎触景生情，想出了下联“姨移破桶叫姑箍”。联中音同或音近而异义的字不少，可谓构思独特。

明朝文学家程敏政与宰相李贤借用双关修辞格对出的妙对，实在有趣：“因荷而得藕；有杏不须梅。”上联问句含“因何而得偶”，下联答句隐“有幸不须媒”。真是心有灵犀一点通，一个心照不宣，一个正中下怀，读来令人忍俊不禁。

江西吉水人解缙是明代大学者，工于辩对，才思敏捷。一次宴会上，有位权臣蓄意当众讥笑他，便出上联要他对下联：“二猿断木深山中，小猴子也敢对锯（句）。”解缙对出下联：“一马陷足污泥内，老畜生怎能出蹄（题）。”在座的人都禁不住暗笑，羞得那位权臣啼笑皆非。

清代诗人李调元巧对农妇联也极为有趣。李调元告病回乡，来到一农家小院，与一位认识的农家大嫂寒暄，这时，只见两个幼童拿着竹筒扫把，驱赶在禾坪啄食稻谷的鸡，农家大嫂即景念出一联“饥鸡盗稻童筒打”，让李调元对下联。李调元一听，这是一种谐音叠事趣对，在对联中堪称上品，不是很容易对，不由得惊叹出对人的才思。这时，他偶然看见屋梁上有一只老鼠伸出头来张望，突然一阵风卷起一股灰尘，呛得李调元一阵猛咳，老鼠也从梁上惊窜而去，他触景生情，对出下联：“暑鼠凉梁客咳惊。”对联工整巧妙，通俗易懂，在场者连称对得妙。

更妙者，李调元妙对唐伯虎的一副谐音回文兼备的妙对：“画上荷花和尚画；书临汉帖翰林书。”此联顺读倒念，或音同字异字同，变化有致，对得十分巧妙，耐人寻味。

有一副爱情的谐音对，其情感实在惟妙惟肖：“月朗晴空，今晚断然无雨；风寒露冷，来朝必定成霜。”联中“无雨”谐“无语”，“成霜”谐“成双”，寓深情于联语之中而不露一点雕琢痕迹。

另一副谐音联也颇为有趣：“尼姑栽秧，双手按插布阵；和尚挑水，两膀尽是汗淋。”联中“按插”谐“按察”，“布阵”谐“布政”，“尽是”谐“进士”，“汗淋”谐“翰林”。此联精巧别致，谐音成趣。

有的谐音联，除本意外，其谐意还是个谜面。如“独览梅花扫腊雪；细蜺山势舞流溪”，上联谐简谱的 7 个音符，下联谐 1 至 7 的数字方言的读音，对仗工整贴切，且谜味浓，令人叫绝。

发人深省的劝联

古往今来，许多文人墨客以对联的形式劝勉自己或劝告、劝化世人，这些对联被称为劝联。劝联言简意赅，意味深长，发人深省。现选数联，以飨读者。

劝人读书益智，陶冶情操

明代爱国名将郑成功撰联云：“养性莫若寡欲；至乐无如读

书。”意思是说，读书乃是求知益智、陶冶情操、清心寡欲、愉悦身心的一大乐事。

清代进士顾光旭也有一联：“万事莫如为善乐；百花争比读书香。”强调做人必须以“为善”和“读书”来养生的道理。

还有一副读书方法联：“求学将以致用；读书先在虚心。”劝导人们读书学习要虚心，要联系实际，学以致用。

劝人处事宽容，家族和睦

在平远县坝头的长生寺有一门联：“长长短短无须斤斤计较；生生息息何必样样认真。”此联劝化大家待人处事要宽容，才能减少矛盾，和睦相处。

某县城隍庙有一联：“女无不爱，媳无不憎，劝天下家婆，减三分爱女之心而爱媳；妻何以顺？亲何以逆？愿尔辈人小，将一点顺妻之意以顺亲。”这副对联通俗易懂，寓意深刻，不啻为现代家庭的劝世箴言。

劝人行为端正，行善积德

在客家地区流传着这样一副对联：“做个好人身正心安魂梦稳；行着善事天知地鉴鬼神钦。”此联看来好像带点迷信色彩，其实是劝诫人们要行为端正，多做真善美的好事，不做假恶丑的坏事。

另一副对联也是劝人做事要正直，切勿有贪欲：“泪酸血咸，尽使出口甜心辣，怎道人间无苦海；金黄银白，直看得眼红心黑，哪知头上有青天。”此联五味对五色，醒豁警策，自然贴切，发人深思。

劝人受挫勿馁，立志夺胜

现代文学泰斗郭沫若为一位女青年改写对联：“年年失望年年望；事事难成事事成。”横批是“春在心中”。此联充满哲理，谆谆教诲世人，若遇挫折，只要振作精神，勇往直前，就能战胜困难，实现人生目标。

清代著名文学家蒲松龄科举考试时，连中县、府、道三个第一，但此后屡应省试皆落第。后来他决定弃科考，立志写作著述，并撰写一副自勉联：“有志者，事竟成，破釜沉舟，百二秦关终属楚；苦心人，天下负，卧薪尝胆，三千越甲可吞吴。”对联巧妙运用了项羽破釜沉舟、大破秦兵和越王勾践卧薪尝胆、灭吴雪耻这两个历史故事，表达他不怕挫折、不畏艰险、不达目的不罢休的决心。为实现自己的理想，蒲松龄从20岁左右开始写作，用20多年的时间，终于创作了脍炙人口的文言短篇小说集《聊斋志异》，成为家喻户晓的著名文学家。

劝人为官清廉，为民本分

清雍正初年任江苏无锡县令的武承谟在衙前张贴一联：“罔违道，罔咈民，正直公平，心斯无诈；不容情，不受贿，招摇撞骗，法所必严。”上联意指为官者既不可违背公道，又不可骚扰民众。只有做到办事公道、一视同仁，才能问心无愧。下联义正词严告诫不法之徒：本官不讲情面，不受贿赂，谁若欺瞒哄骗、行为不轨，一定依法严惩。

在鄂城县的县衙也有一联：“官要虚心，总能发伏厘奸，须识我得情勿喜；民宜安分，若到违条犯法，可怜汝无路求生。”联语劝勉为官者办事要认真，不可主观臆断，才能在复杂的案情中发现线索，厘清因由。同时也劝诫百姓要遵守法律，安分守己，否则法律无情。此联既自勉也劝人，不啻为自警喻世的好联。

品读廉政诗联

历史上有些官员能严于律己，为政清廉，关心民众疾苦，为百姓办好事、实事，为官一任，造福一方，因而受到百姓的尊崇、景仰，称他们为好官、清官。这些官员通常会题诗写对，向公众表明态度，以诗联对自己提出勉励和警戒，也对下属发出警告，其中不乏好诗好联。

明朝巡抚王阳明曾以“求通民情；愿闻已过”的高脚牌为出巡时仪仗的前导。后来，清代林则徐在江苏做官时，便在官署门外写这 8 字联，向民众告示自己为官的态度。林则徐升任两广总督后，下令查禁鸦片。他又在府衙题写了一副堂联：“海纳百川，有容乃大；壁立千仞，无欲则刚。”上联告诫自己要广泛听取各种不同意见，下联则鞭策自己杜绝私欲，做刚正不阿、挺立世间的清官。

明朝监察使吴讷，从云贵巡视回京，贵州三司派人追送黄金百两，吴讷拒收，并撰诗回绝：“萧萧行李向东还，要过前途最险滩。若有赃私并土物，任将沉化碧波间。”

况钟，是明朝有名的好官。他出任苏州知府伊始，即惩办贪官污吏。任满回京，当地百姓依依不舍，他面对来哭送的百姓写诗一首："检点行囊一担轻，京华望去几多程。停鞭静亿为官日，事事堪称天地盟。"

被清朝康熙皇帝誉为"天下第一清官"的江南总督张伯行，为拒贿，自写楹联贴于衙门："一丝一粒，我之名节；一厘一毫，民之脂膏。""宽一分，民爱赐不止一分；取一文，我为人不值一文。"这两副自警喻世的联语，简洁明快，脍炙人口。

清朝赵慎畛，从政40年，廉洁自律，对贪官污吏深恶痛绝。在升任广西桂林知州正印官时，亲撰警联自诫："为政不在多言，须息息从省身克已而出；当官务持大体，思事事皆民生国计所关。"

另一个清朝官员，针对当时贪贿泛滥的政弊，为自己立誓，撰联警示："头上有青天，作事须循天理；眼前皆瘠地，存心不刮地皮。"

爱国将军冯玉祥，对汪精卫在武汉国民政府时期，会风不正，办事拖沓，讲排场、图享受，不关心民众疾苦的行径极为反感，写了一副对联，派人送给汪精卫。联文云："一桌子点心，半桌子水果，哪知民间疾苦？两点钟开会，四点钟到齐，岂是革命精神！"此联入木三分，刻画出这些昏官的嘴脸。

上述廉政诗句、联语，意味深长，发人深省。细细品读，对当今为官者也是一面鉴镜和很好的警诫。

抨讽贪官妙联拾趣

历来，老百姓对那些贪赃枉法、鱼肉百姓的贪官污吏深恶痛绝，却又奈何不得。为了发泄内心的愤懑，只好借助对联的艺术形式嘲讽和抨击他们的行径，揭露和鞭挞他们的丑恶嘴脸。这些对联不仅具有丰富的政治内涵，而且读起来妙趣横生，具有很高的艺术欣赏价值。

清代某县令姓王名寅，贪赃枉法，无恶不作。一天，有人在县衙大门贴了一副对联："王好货——不论金银铜铁；寅属虎——全需鸡犬牛羊。"对联嵌入县令王寅的姓名，巧妙地讽刺其贪暴之心如虎。

端方，是清末的两江总督，他的贪污受贿方式与众不同，故作风雅，攫取书画古玩，到手后以高价售出。有人为了升官，千方百计为其送去文物古董。端方表面也付给送者极少的钱，美其名曰是买，然后据献物之价值多少，为行贿人安插官职。对此，人们以他的名字和劣行撰写了副对联："卖差卖缺卖厘金，端人不若是也；买书买画买古董，方子何其多乎。"

某县令蒋伯生，将贪污受贿、敲诈勒索的钱建造了一座豪华别墅。乡邻对他的所作所为甚为反感。别墅落成之日，有人偷偷地题一联贴其大门："造成东倒西歪屋；用尽贪赃枉法钱。"

1926年，陕西西乡县发生严重水旱灾害，民不聊生。次年春，青黄不接之时，贪官郭翼嘉却借生日做寿之名，勒索寿礼。老百姓怨声载道，苦不堪言。某乡民气愤之余写了副"贺联"："大老爷过生，银也要，钱也要，票子也要，红黑一把抓，不分南北；小百姓该死，谷未收，麦未收，豆儿未收，青黄两不接，送甚东西。"此联从贪官和百姓两个角度描写，生动地刻画了贪官的丑恶嘴脸。

民国初年，广东省政法专门学校毕业的张光邦，派任平远县专审员，负责审理民刑案件。他贪婪成性，认钱不认理，哪方送钱多，就判哪方胜诉，黑可判成白；哪方送钱少，就判哪方败诉，白也判成黑。百姓却敢怒不敢言。一个前清秀才以张光邦之名及其行径撰联曰："光棍何来？三载政法正科，攫钱何分黑白；邦人不幸，五年荣任专审，办案哪管是非。"把贪官刻画讽刺得淋漓尽致。

值得一提的是，有些贪官污吏，明明贪得无厌、中饱私囊，表面上却常常以正人君子自居。晚清某县一个贪官在春节时，为表白自己清廉、公正，在衙门自贴一副春联："爱民若子；执法如山。"是晚，有人在其上联和下联各加了一行字，使其成为："爱民若子，金子，银子皆吾子也；执法如山，钱山，靠山其为山乎。"这样一改，给这个贪官以无情、辛辣的嘲讽。

清朝某县县令上任伊始，在衙门悬挂一副对联："得一文，天诛地灭；徇一情，男盗女娼。"可上任后，凡有送礼贿赂都照收不误，凡有权势的人找他求情，他都徇私舞弊。有人大胆地问县令："老爷这样做岂不违背了自己的诺言，自己打自己的嘴巴吗？"县令竟无耻地回答："我一点也没违背我的诺言，因为我收的并非一文钱，徇的私情也不是一件事啊。"于是，有人背地里把他的对联改为："只得一文，天诛地灭；仅徇一情，男盗女娼。"

别具情趣的亭联

昔日，在客家地区的衢道、商道、驿道上，五里一亭、十里一铺、遍布凉亭。凉亭是行人、挑夫、马队歇脚、避风躲雨之处。还有人在凉亭施舍茶水或设摊摆卖茶点，故又称茶亭。不少文人墨客在亭柱上撰写楹联，称亭联。亭联是茶亭文化的重要内容，是楹联艺苑中的独特奇葩。

古城仁居镇通往双凤庵、平磜古洞庵的凤山山麓有一茶亭，亭联是：

空门堪托足，坐下来何分你我；

大道在前头，行上去自见高低。

此联既写眼前景观，又含佛道禅理，也含几分人生哲理，可谓妙手佳作。

平远河头双溪村的行善亭亭联：

行出行入行正道；

善始善终善人为。

此联嵌“行善”两字，通俗易懂，读起来朗朗上口，寓意深刻，教化世人处事要走正道，要做好事、做善事，行善积德，实属名联，故一直被人们传诵。

在平远的上举老口坳头茶亭，早年有人在茶亭摆摊，卖些茶烟酒水，为了招揽生意，请人撰写了一副茶亭联，贴在亭门两边：

老少往来，上通下达祈照顾；

口喉吞吐，茶好烟香望销售。

此联嵌老口地名，将摊主的心意通俗地表达在联中，过往行人看此联，都乐意在茶亭买烟饮茶，生意一时兴隆起来。

古城仁居两药铺药名联

陈祥业，江西省清江县樟树镇誉家洲人，不但精于医术，而且医德高尚，乐善好施，根据多年临床经验，研制一些特效秘方，常施药给贫困病者。初在赣州行医，清光绪十六年（1890），举家三代来到平远县，在县城（仁居）长兴街开设平远县第一间中药铺，内堂设诊室。药铺招牌“大兴堂”，药铺楹柱刻有一副对联：

大汉将军赤松子；

兴周国老白头翁。

门联嵌入药铺名“大兴”两字。联中的将军（大黄）、国老（甘草）、赤松子和白头翁都是中药名，上下联又各有典故。

上联中的赤松子既是一味中药名，还是秦汉传说中云游四方的一位仙人。“大汉将军赤松子”，说的是汉室三杰（张良、韩信、萧何）之首的张良，文韬武略，机智谋划，协助刘邦在楚汉战争中夺取天下，建立汉朝，封为留侯。刘邦死后，他为避吕后集团迫害，追随赤松子的仙迹，云游山水之间。

下联中“国老”是中药甘草的别名，又是封建王朝对丞相、宰相的尊称。“兴周国老白头翁”，说的是商朝末年，学识渊博、通晓历史时势的吕尚（姜子牙），80多岁时已是满头白发了，他看到纣王暴虐无道，便离开了商朝，辅佐姬昌（周文王）建立了周朝。

此对联对偶工整，用事精切，构思巧妙，据说是当时的平远县令彭某所撰。

无独有偶，梅县人李松华，民国时期在平远古城（仁居）西门街开设的“远安堂”中药铺，也有副用中药名作的门联：

远劈蔓荆栽玉桂；

安排熟地种银花。

对联嵌入药铺堂名“远安”两字，联中蔓荆（荆子）、玉桂（肉桂）、熟地和银花都是中药名。此联对仗工整，用语自然，朗朗上口，令人过目难忘，堪称佳作。

猴年趣说猴联

按干支纪年，2016 年是农历丙申年，是猴年。历代文人墨客写有许多咏猴诗，还有许多嵌有“猴”字的对联及妙趣横生的对联故事。

在客家地区有副广为流传的俗语联：“水里无鱼虾也贵；山中没虎猴逞王。”上联俗语说水里没有鱼，虾也贵了；下联俗语说既然山林里没有老虎，猴子自然可以逞王了。

客家某地孙家寨的孙振国，自幼天资聪颖，一次从邻居果园边经过，见树上挂满又红又大的水蜜桃，园中一老伯拿着锄头挖砍老树头。小孙便找来一根长长的竹钩，伸进园中钩摘桃子。谁知他的举动早被老伯看见，老伯一把抓住竹钩说：“你不是上屋的孙小才子吗？大家说你很聪明，现在我出句上联，如你对出下联，就让你进园，吃桃吃饱！”接着老伯出联：“孙猴子，拿钩子，钻进园子钩桃子。”把小孙的行动概括出来，而且都是以

“子”字结尾。孙振国稍加思索，便脱口而出：“伯公头，用脚头，走到地头挖树头。”以老伯刚才劳动的情况对句，都以“头”字收尾。老伯见他才思敏捷，不由得连声称赞“对得好”！

平远县八尺乡的明末进士韩元勋，知识渊博，为人刚直，被朝廷派任福建巡按。他一日来到漳州，当时漳州毛、侯两姓中有几位告老还乡的官员想考验他，在狮子楼设宴为他接风，席上出联要他应对：“漳州近海，鱼大鳞粗骨硬，旱獭难惹。”其言下意本地人才济济，是不好惹的，你有何能耐？嘲笑警告这位出身山区的巡按大人。不料韩元勋反唇相讽，从容应对：“平远兼山，虎小牙尖嘴利，毛猴（侯）易吞。”毛、侯两姓遗老顿时脸红耳热，在场官员、百姓对韩元勋都心生钦佩。

某地有一财主经努力拼打，才创下万贯家财。他常常对儿子讲述阿公牵猴乞讨之事，要他发奋读书，将来考取功名，光宗耀祖。一天，他和儿子上街，碰到新科状元回乡省亲的仪仗。财主想考考儿子的才思，便出一上联：“状元骑马游街。”要儿子对下联。他儿子想到父亲讲得最多的阿公牵猴的故事，便脱口而出：“阿公牵猴过市。”财主一听，气得捶胸顿足，忿忿地说：“你这哪是对对子？分明是笑骂祖宗，真是气死人！”

1961年，毛泽东写了一首七律《和郭沫若同志》诗（郭沫若原诗是《看孙悟空三打白骨精》），诗中有一对嵌猴联：“金猴奋起千钧棒；玉宇澄清万里埃。”对联赞叹孙悟空火眼金睛，降魔捉妖、除暴安良的大无畏精神，从中折射一代伟人的豪迈气概。

平远船灯的同旁船联

观看被列为广东省非物质文化遗产保护项目的平远船灯舞，不但可以欣赏渔翁、船妹诙谐风趣的表演和优美动听的音乐，领略演员与操船者默契配合，体会“船在水中行，人在船中舞”的意境，还可细细品味造型美观、金碧辉煌、内涵丰富的船灯。

平远船灯舞源自福建。传说清乾隆皇帝游江南时，在福建沿海突遇风暴，险些丧生，幸被一对渔民夫妇拯救。为感谢渔民夫妇，特赐“渔家乐”金匾一块，夜明珠一颗。庇佑渔民不再受渔霸欺凌，同时，借夜明珠之光，风雨黑夜均可出海捕鱼，日子越过越好。后人根据传说，编成船灯舞，以庆丰收、颂太平，祈盼国泰民安。

船灯，俗称画舫，是船灯舞的主要道具。传统船灯的船身前面为宫殿式楼阁，正中央顶上嵌装夜明珠一颗，檐下缀“圣旨”金牌，再下面挂“渔家乐”匾额一块。门楼左右竖 4 根圆柱，内柱为黄龙缠柱，外柱为楹柱，联曰：“江湖河海波浪涌；通达远近逍遥遊。”船身的后面为龙门，门楼上挂“乐奏昇平”横额，两边缀红、绿鲤鱼各一条，寓鲤跳龙门。龙门左右亦竖两楹柱，联曰：“曲曲笙歌伴流水；声声哎哟绕画舫。”船舷周围以湖蓝色绸布环绕，以遮挡表演者的腿脚，又显示船在碧波中荡漾。

船灯前面船联的上联 7 个字全是水旁，下联 7 个字则全是辶旁。这类对联叫作同旁联。所谓同旁联，就是用同偏旁、部首的汉字组成的对联，有人称这类对联为“联边”对联。“联边者，半字同文者也。”其形式可分为 4 种，一是上下联全部用同一偏旁或同一部首的汉字组成；二是上下联各用同一偏旁或同一部首的汉字组成；三是上下联对应的汉字全部为同一偏旁或同一部首组织；四是上下联部分对应的汉字为同一偏旁或同一部首。平远船灯的同旁联属上述第二种类型。同旁联大都构思精巧，工整完美，读起来颇具情趣。平远船灯的同旁联，就像一首白描诗，行云流水，自然和谐，渔翁、船妹划驶画舫逍遥欢愉的情景跃然于联中。

石坳观音宫名联

石上有尘风扫去；

坳门无锁月常来。

这是书写在石坳观音宫楹柱上的一副名联。对联嵌石坳地名，充满诗情画意，用简朴的词语勾勒出石坳观音宫的景色神韵，一直被人们传诵至今。

石坳观音宫位于仁居、差干两镇交界鸡笼嶂下的石坳，距仁居古城约 40 里。一条古老传统的石砌小路，从山脚沿石级蜿蜒伸向观音宫，然后拾石级而下，延伸通往赣、闽山区。两旁山谷林木葱茏，山间流水潺潺，置身于石坳，阵阵夹带着绿叶、山花香气的凉风吹来，令人顿觉疲劳消失、精神爽快。这座由平远县第一任知县王化于明嘉靖年间兴建、距今 400 多年的观音宫，据说观音挺灵，昔时，善男信女络绎不绝前往烧香叩拜，祈求四季平安。江西山区的茶油、大米、农副产品到广东，广东的食盐、食糖、布匹、百货到江西、福建，抄近道都从这里经过，这里成为三省边民商货流通的要道之一。20 世纪二三十年代的二战时期，古城人民组织赤卫队，冒着生命危险，冲破层层封锁，经过这条路到江西的聪坑、项山，为工农红军送盐、购药。行人、挑夫都在坳顶的观音宫歇脚，因而，此宫既供奉观音佛像，下厅亦作茶亭，宫内主持施于茶水，置设板凳，供人憩息。也有人到这里卖些水果、糕点、仙人粄等，为偏僻山间增添几分喧闹。

由于观音宫地处山高林密而又偏僻的商道之间，清末、民国年间，盗匪不时出没于此，行抢打劫，使行人、商客无不诚惶诚恐。当时江西寻乌书园村塾师赖雨文在撰写文章开头石坳楹联时，还专门撰作一联贴于观音佛堂：

善心常在，何必拈香叩首；

恶性未除，毋须集福迎祥。

对联针对时弊，以神的口气，告诫人们行善积德，除恶归正，工整对仗，寓意深刻，亦属名联佳作，脍炙人口。

如今，虽然观音宫已倒塌，公路畅通，交通方便，昔日石坳商道的喧闹已不再，但这里风景依然，山清水秀，环境幽美。到这里走一走，可以享受大自然的恩赐，使你充满返璞归真的感受。

古城杂谈

化解坝头抢谷案

1943年5月的一天，从平远监狱释放出六七十名衣着褴褛、形容枯槁的农民，大家齐声赞谢明镜高悬、爱民如子的新任县长秦庆钧，为他们甄别化解了一宗抢谷案。

事情的缘由还得从头说起。

1943年，天大旱，平远全县旱造10.7万亩，插植面积仅六成，饥荒严重，外出逃荒人数达2000多人。这年4月，几个潮汕粮商到平远抢购稻谷两船，从坝头启运。由于天旱，河道水浅，致使粮船触礁舱裂，稻谷漂流河中。附近饥民看到，便持布袋、竹箩、竹篮等工具争相捞取。捞谷的饥民越来越多，潮商无法制止，便污言谩骂，甚至殴打驱逐饥民。被激怒的饥民反而变本加厉，一哄而上，将船上稻谷哄抢精光。潮商慌忙致电向县政府报案。即将离任的县长缪任仁接报后，派兵驰至现场，不由分说，捕了六七十名饥民，当盗匪论处。并托词是地下共产党煽动抢谷，立案上报，被列为一宗重大的抢谷案，悬而未结。

1943年5月初，秦庆钧接任平远县县长。赴任时，他从省城广州至兴宁，谒见行政督察区专员。专员向他介绍平远的基本情况，还特别敦促要抓紧办结抢谷案，毋庸审讯，从严法办。

为尽快完成专员交办的任务，秦县长到任的第二天，便着手调查处理这宗重大案件。他来到监狱，看到所拘捕的都是鸠形鹄面、憔悴苍白的无知乡民，有男有女，有老有少。再看缴获的赃物，尽是竹篮、竹箩、布袋、钵盘之类，既没有枪械，也未见刀、剑、铁棍。讯之，则个个声泪俱下，都说因为饥饿难忍，所以跟随大家一起落船抢谷，不知犯法也。审讯中还得知，县兵前往拘捕时，既无枪声，亦无抵抗。

经过反复调查和审讯，秦县长对处理此案已成竹在胸。他认为，既无凶器，又未抵抗，怎么能说是土匪行劫，完全是饥民为苟延残喘而抢谷，揆之法理可视为“自助”，不负法律责任。于是，他便好言安慰饥民，不必悲泣，等二三日，即便处理释放，还吩咐监狱官多煮米饭，让他们吃饱，米不足可先从县政府人员公粮项下提取。所有拘捕的饥民顿时拨开愁云，露出了笑脸。

安置好狱中饥民后，秦县长又致电坝头乡长，召请坝头余、刘两姓父老，次日到乡公所商议解决本案事宜。因为所拘捕的饥民多为余、刘两姓。

翌日，秦县长截乘某商人运货汽车至坝头，在坝头乡公所，面对余、刘两姓父老，再次核实案情，表示将全部释放在押饥民，但要做好两件事，一是要做好潮商的工作，使他们不要上诉；二是要立即筹粮，如数赔偿被抢稻谷。

余、刘两姓父老保证如数赔谷，但时值荒月，一时无处筹措足额之稻谷，要待新谷登场后才可能筹足。秦县长以旷日持久，诚恐又节外生枝发生问题，便决定由县粮仓先垫拨，收割时，由余、刘两姓父老负责偿还归仓。

秦县长从坝头回到县政府后，便约见潮商，告诉他们将如数赔偿其谷石，潮商甚为感谢。接着，秦县长写下结案书："潮商购谷运至坝头河，触礁船裂，舱谷外溢。无知饥民，一见便来抢夺，顷刻精光，并非土匪行劫，无有开枪、斗争情况。现蒙坝头父老将被抢谷石如数赔偿，至为感谢，谨此结案。"潮商在结案书上签署后，便把谷石运回。同时，秦县长将六七十名被捕饥民释放。最后，将结案书分别抄呈专员、省民政厅、战区军法处。

就这样，一宗所谓严重的抢谷案便告化解了，秦庆钧县长深入调查、实事求是办案的作风一直被平远人民传颂着。

平远汽车客运鼻祖丘义和

丘义和（1880~1938），谱名其壬，清光绪六年（1880）出生于平远县仁居镇东岭（今井下）村。自幼勤奋好学，立志创业。8岁在本村创兆小学读初小，15岁在仁居高等小学毕业，因家境贫苦而中断学业。辍学后，天天跟随乡亲和社会朋友到百里以外的江西寻乌、筠门岭、会昌及福建下坝等地肩挑贩运盐米、黄豆。20岁时，娶妻冯宗菊，不育，立胞弟其玉子尚锋为嗣子。

丘义和生性刚直、重义气，喜交朋友，与人和睦相处。自改名义和，并自拟名联："义气千古远，和睦万年长。"他交结了一帮朋友闯梅县、潮汕，远至广州，做些小本生意。虽苦心经营，也只赚些蝇头小利。因此，他觉得长此以往终究不是办法，终日为此冥思苦想。

为实现自己的抱负，不惑之年的丘义和，1925 年随梅县的一位朋友到南洋做水客，从此，他往返于梅县、汕头、香港、新加坡、印尼等地。在此期间，他看到国外的城市和矿山公路交通发达，汽车载客载货，既省时又省力，不像家乡常年走石板路，货物全靠肩挑背驮，苦不堪言，便萌生买汽车，回乡开公路办实业的念头。于是他省吃俭用，拼命攒钱。

1930 年，他听说平远已开通坝头水运码头——支路口——东石的公路，供鸡公髻车（独轮车）和马车行驶。便把所有积蓄从吻哩洞购得 36 座“雪佛兰”牌客车一辆、货车—辆，还购有 12 架自行车。他将汽车拆卸包装好，轮船运至汕头。因当时外县无公路可达平远，只好换船溯韩江而上，几经辗转终于运回平远坝头。在坝头墟租得余乃诗店铺一间，从梅县雇请来师傅把汽车组装好，先后成立平远县远和、胜和汽车公司，在平远的第一条公路上载客运货，拉开了平远汽车运输的序幕。

1931 年，平远县政府成立筑路委员会，由县长饶菊逸兼任主任和公路局长。为了支持筑路，发展平远汽车运输事业，丘义和与县政府签订了筑路合同，变卖了一辆汽车和 11 架自行车，将所得款项全部投资兴建东石、赤岭至老洋背 4 公里长的公路。为修好公路，他吃住在洋背工棚，参与设计测量，检查质量，并负责天天清结工程，当天发放民工工资，激发民工积极性，加快和确保了筑路工程的进度与质量。在他苦心经营下，公路依期竣工。

1932 年至 1934 年，大柘经东石至仁居大畲坳接江西寻乌、会昌公路全线贯通。接着，大柘至石正至梅县交界马山的梅正线，兴宁经大柘、八尺至江西寻乌交界牛埃石的兴柘牛线，东石至平远与蕉岭交界的黄坑远贻亭接新铺、蕉岭县城的黄东线等公路相继建成通车。丘义和更好地大展身手，全心投入公路运输事业上。1936 年，平远发生水灾，新筑公路到处塌方，河陂水公路大桥亦被洪水冲垮，他又出资协助政府修路修桥，保证公路畅通。

1938 年，丘义和积劳成疾病逝在家，享年 58 岁。他是平远公路运输的先行者，也是平远购买汽车、开创平远汽车客运的鼻祖。他一生热心无偿投资筑路，发展平远交通运输事业，其爱国爱乡的举措受到政府、乡亲的赞许。

昔日繁华长安街

老城西门有一条 400 多年的古街，叫长安街。

长安街本是黎氏聚居地。自置县仁居成为县治后，各地商人纷纷前来建店经商，这里也逐渐建成一条前店后居的商业街。这条街从古城西城门外往西北至原长济善堂前有共长 300 多米、宽 3 米，计约六七十间的砖瓦结构骑楼式店铺。街尾口北上是通往江西寻乌、会昌的古驿道和商道，因此，昔日这里就自然形成盐上米下的集散地，整天人来马往，马帮的马蹄声、挑夫的号子声和商店伙计的吆喝声，喧闹一片。大家都希望生意兴隆、长治久安，所以，就把这条街命名为长安街。

街尾不远处有口绿水井（1932年修公路时被毁，后在公路外重新挖井），泉自穴出，清可照人，井水清冽甘甜，汲水盛贮缸中，或煮沸装于壶内，十天半月水质不变。用此水加工豆腐，特别白嫩可口，制作“红菌豆腐头”更是质韧味甜。所以，这时很多居民世代加工经营豆腐、豆干和红菌豆腐头，“长安街的豆腐坊”的美称远近有名。

昔日古城西城门有一对联：

青山不老，绿水常存，放眼青山随绿水；

红日当空，长安在望，举头红日近长安。

这副对联作于清朝末年，当时江西寻乌县的翰林刘德熙被黎姓富翁黎某聘为塾师，专教其子黎琏读书，塾师以绿水井一景出上联，学生则以长安街为景对下联。对联写情写景，工整恰切，实属当地名联，流传至今。

随看岁月推移，长安街昔日的繁华已不再，留下的是宁静古朴的历史场景，使人们抚今昔古的心思油然而生。

沿河古街吊脚楼

吊脚楼，俗称吊楼子。就是在伸出墙外的上下两根以上木檩子上，分别竖立嵌楼对称的木柱装上横栏，搭成楼架。再用木板铺作楼板和制作楼裙，成为吊在墙外又有门通往屋内、小巧玲珑、风格独特的小木楼。

古城正南门外城墙脚下，从南门分别向东西延伸两条古街，东至青云桥畔的叫长兴街，西至水涵头的叫永兴街，是明清时代的传统街区之一。街宽仅 2 至 3 米，街面用花岩石块砌成，几十间砖木结构的店铺，都是前店后宅，店面向城墙，后面均是依临仁居河的吊脚楼，一间挨着一间。昔时，客栈、饭庄、茶坊、酒肆、米行、布店、京菓、咸杂、药店、赌馆等无所不包，漫步古街，仍依稀可见当年古街的繁华与喧闹。

古街的店铺设计布局大体相同，均为砖瓦木质二层卡楼式楼房。占地面积较大的为一店二栋，中间建一小天井，两边为回廊，通风采光较好。占地面积较小的只有一栋，不建天井。前堂为铺堂，以全铺堂内置柜抬货架，经营各色货物。中堂除一巷道通往后堂外，砖砌或木板建住房或货仓一间，再后是厨房、浴室。后堂一侧建住房，另一侧是饭、客两用厅。二楼为住房、主人客厅，一、二楼后堂临河搭建吊脚楼。因店铺依河岸而建，故属落地和楼类。每店铺后堂下面都建地下间，后堂或天井回廊置一梯排上二楼，另一木梯排或石阶梯通往地下间。地下间可建厨房、卫生间、堆放杂物间或设猪、鸡舍，地下间都有一小门通往河边。

古街、古店铺、吊脚楼与城墙一样古老。特别是临河的吊脚楼，既具江南水乡的建筑风格，又结合河岸地势连片而建，更显独特。倚楼凭栏，看远处葱茏苍翠山岭，听楼下清静而流河水，纳夏天习习凉风，赏秋天圆圆月色，真有“把酒临风，其喜洋洋者矣”之感。

古街、古楼经历了几百年沧桑，一些店铺已改建，尤为吊脚楼，木檩子因风雨剥蚀，换了又换，有些已经改建为混凝土结构，但吊脚楼独特的建筑风格犹存，向人们展示着古城人民的聪慧和古建筑的精湛艺术。

客家特色民居——中西合璧大院宅“素庐”

客家民居以围龙屋、上下堂为主，在北部山区的平远县仁居镇南门岗上，却有一座叫“素庐”的中西合璧式大院宅，它建筑风格独特，既具客家传统风格，又有西式结构，吸引许多游客参观鉴赏。2021 年，被平远县政府定为县级文物保护单位。

建于 1936 年的“素庐”，占地面积 1500 多平方米，另还有占地 200 多平方米的一幢闲杂房。其主体建筑为前堂平房，中后堂为两层内回楼，内门院脚为西式晒楼。整体方位坐北朝南，内大门朝南、外大门朝西，计 33 间、13 厅、12 个天井。

走进外大门，穿过石圆拱门是内院子，原栽有月桂、山茶、海棠、绣球等名贵花木，上厅两侧天井筑有金鱼池、假山，与楼阁相映生辉，古色古香。内大门院脚，利用地势建有西式晒楼，西式栏杆花窗，另具一格风情。晒楼可作晒场，供儿童游嬉及夜晚乘凉品茶。晒楼前有一水质清冽的水井。晒楼建筑宏伟，布局合理，阳光空气充足。

建材除采用优质石灰、砂石、木材、砖瓦外，建造者还从香港、广州运来“红毛泥”（进口水泥），晒楼用钢筋混凝土结构，檐阶、门窗框则用花岗岩打造，油门漆柱。楼棚先用厚实杉木板，再铺上 10 厘米厚的优质石灰、红糖、糯米粉、细沙混合物，结构非常坚固，至今表里如一、光滑如新。

“素庐”的建造者为温钟声，字蒲香，平远县仁居镇人，曾任国民政府陈济棠部第八路军少将军务处长、广东省禁烟（鸦片）局长等职。新中国成立后，“素庐”为公房，平远县第一区委会、仁居区公所、仁居公社曾在这里办公，还曾为仁居中心幼儿园。幼儿园搬迁后，这里经过修缮，作为人们参观的地方。

“素庐”是典型的中西合璧式客家围建筑，它对研究中西合璧建筑有很高价值。2014 年 1 月，被梅州市人民政府公布为第二批市重点文物保护单位。

小树庐与户主严应鱼

小树庐位于仁居镇城南麟石下，为国民革命军第十一师少将师长严应鱼于民国十九年（1930）兴建的私邸。小树庐主体为两堂两横一围龙，整屋依山而建，坐北朝南。小树庐面阔 48. 55 米，进深 65. 54 米，占地 3182 平方米，共 35 间 7 厅 4 舍。主屋外建 4 间杂房，门坪外筑 1. 2 米高的照墙，左右伸手各建 1 房 1 厅，与照墙相连，靠右建外门楼 1 座，屋前左侧建水井 1 口，正大门为歇山顶式，莲花托斗拱。整屋四周封闭，下堂及左右横屋大门设有枪洞，大门上镶有铁皮，门前装有门杠，体现聚族而居的特点，且防御性强。整体设计紧凑玲珑，穿斗式和抬梁混合梁构架，墙面有历史故事彩绘，左右对称，层层深入，步步高升，泥砖墙，杉木顶架，瓦块天面，是典型的客家围龙屋建筑。

严应鱼年少时读过私塾，参加过科举考试，但未被录取。1908 年到广州，考入广东陆军速成学堂炮兵科。毕业后，派往广东新军任见习官。1910 年参加广州新军起义，失败后，回乡任平远中学体育教员。辛亥革命成功，严应鱼即投身广东北伐战争，任混成协炮兵营副营长，指挥炮兵射击，命中率高，因此，晋升为营长，并获“建功固宿”二等文虎勋章。后来，北伐军改编为第四军，严应鱼升任二十二师炮兵团团副，后因军队自请解散而去职。此后，严应鱼先后在徐树铮、陈宧等部及番禺警察大队任职。

陈济棠主粤时期，严应鱼在陈讨逆军第八路军总指挥某师第八团第三营任营长，第六十三师第一二五旅第二四九团任团长。1932 年，陈济棠扩编第八路军为第一集团军，严应鱼升任独三旅旅长兼广东军事学校教官。1933 年改任独一师第二旅少将旅长，驻防赣、粤、闽边境。同年秋，蒋介石发动对中央苏区第五次“围剿”。1934 年夏，严部奉命开往筠门岭攻打红军，担任筠门岭南侧助攻。同年 9 至 10 月间，陈济棠从自身利害得失考虑，谋求与红军谈判。双方通过多次秘密协商，红军派潘汉年、何长工为代表，到陈确定的谈判地严旅驻防地寻乌县罗塘镇，进行秘密谈判，严应鱼精心布划、周密安排，做好红军代表的接送、接待和保卫工作，经过三天三夜的谈判，双方终于达成了关于停战、取消对立局面等五项协议。谈判结束后，严应鱼奉命赠送红军十万发子弹及大批食盐。这次谈判，对将来的红军长征，突破蒋介石的封锁，起到重大的作用。

1936 年，严应鱼升任第一集团军第十一师师长，任广东省潮惠师管区司令，严托病不就，得一笔养老金后，去职回家。

居家期间，其根据本地条件，先后办起了炼铁厂、造纸厂、竹木加工厂、樟树油厂和香菇木耳作坊，产品在抗战期间畅销赣、粤、闽边境，获得巨额利润。

1944年冬，广东省政府由曲江迁到平远，经姚雨平介绍，省府主席李汉魂请严应鱼出山，委任他为梅（县)、蕉（岭)、平(远)、大（埔）守备区指挥部副总指挥兼第七战区长官司令部驻平远办事处主任。日军在潮汕向北进犯，严应鱼奉命率4县地方团队赴猴子岽，配合其他部队与日军作战，奋战五昼夜，歼灭敌人5000人，迫使日军退回潮汕。

抗战胜利后，严应鱼辞职乡居，他勤俭持家、经营实业，并热心平远的文化建设。他出资翻印清嘉庆年间的《卢志》，在家乡兴办了“茂培”小学，倡建仁居小学藏书楼，捐建了城南小学前堂，他参与捐修的仁居东门青云桥，至今仍在使用。

1951年，严应鱼因“历史反革命案”被平远县人民政府判处死刑。1982年，当年红军代表何长工发表《难忘的岁月》，接着秦庆钧著文，回忆往事，皆证实严应鱼在罗塘秘密谈判起到的作用。事实俱在，广东省人民法院根据严应鱼的申诉，经审核查实，认为严应鱼为“有功人员”。1971年7月，经平远县人民法院审理认为，原判处死刑“属于错杀”，应给予纠正，遂正式宣告撤销1951年4月对严应鱼的判决。

小树庐于2008年11月被广东省人民政府公布为第五批省重点文物保护单位。

仁居井下吴屋

井下吴屋位于仁居镇井下村，建于清嘉庆九年（1804)，由乡人吴昆亭所建。井下吴屋主体为三进三横一围龙的客家围龙屋，坐东北向西南，面阔43.30米，进深51.72米，占地2252.00平方米，共64间11厅6舍1花胎2门楼；砖木结构，穿斗式和抬梁式混合梁架；方柱、柱间、厅门雕花屏风，中堂横屏上绘有“杖履春乡”彩画，中、下堂横屏上绘有“写经换鹅”“踏雪寻梅”等8幅历史彩绘。井下吴屋建筑工艺精美，绘雕并齐，是不可多得的研究客家围龙屋建筑的珍贵实物资料。

井下吴屋前面有条小溪，左侧为仁居河，堂屋后有半月形“花台”，“花台”与主体合起来形成一个半圆。左右各建外门楼1座，左侧建有水井1口。其外楼门口，建有小池塘1口，池塘不大，是半圆形的。科举时代，考取有功名的，如进士、举人，还有贡生等，都恩准建花岗岩或杉木的楣杆一支。井下吴屋在池塘塘畔，也原建有花岗岩石楣杆一支，竖在这里苍穹一指，威武得很。楣杆石夹上第一条刻有“光绪廿六年庚子科”，第二条刻有“奉旨岁进士吴树勋立”。这条楣杆于1967年10月破“四旧”的时候，被群众用铁凿凿了个洞，然后用柴火烧得很热，再用冷水泼，这样整座楣杆失去平衡而砸了下来，断成七八段，非常可惜。

井下吴屋于2010年5月被广东省人民政府公布为第六批省重点文物保护单位。

妙备庵·猫鼻炉·茂培小学

在海拔1529.8米的项山山麓的仁居镇木溪村七礤猫头寨下，

按山形地貌称猫鼻子的地方，山清水秀，竹木葱茏，风景宜人，这里原有明代古庵、民初土法炼铁炉，还有一间小学堂，是曾经繁华兴盛的一块风水宝地。

猫鼻子中央是古庵遗址，2013 年 6 月 7 日，平远县政协文史资料科一行到仁居镇调研时，在古庵遗址发现“鼎建观音堂”和“南无阿弥陀佛”两块石碑，其中观音堂石碑铭文有“万历丙辰岁孟秋吉立”字样，即明朝万历四十四年（1616）农历七月立的碑，由此推算，古庵兴建距今已 398 年。据走访当地长者得知，因为庵堂坐落在猫头寨下的猫鼻子上，谐音猫鼻故称“妙备庵”。

妙备庵坐北朝南，砖木瓦面结构，屋式为上下堂、左右两横屋，门坪周围筑围墙，东西各置小门楼，计 10 间 4 厅 2 北厅，大门门楣正中悬挂“妙备庵”三字横匾额。上堂正厅神龛中供奉南海观世音菩萨木雕佛像，两边楹联：“西天绿竹千年翠；南海莲花九品香。”龛楣横额“慈云广佈”。左右横屋上厅分别供奉十八罗汉和二十四诸天佛像，个个佛像神采各异，栩栩如生。

老人们说，妙备庵供奉的观音菩萨及诸佛有求必应，十分灵验，10 多名住持、尼姑虔诚侍奉，每日晨钟暮鼓，经声缭绕。不但本县各乡、村的善男信女络绎不绝前来庵堂顶礼膜拜，求签祈福，甚至毗邻的江西省寻乌县吉潭、团船、大坜、项山、坪地、聪坑、书园等地的信士们也纷纷慕名前来朝拜祈祷。妙备庵常年香火鼎盛，成为粤、赣边界的佛教小圣地，是平远明代古庵，也是平远建县后的早期宗教活动场所之一。

猫头寨下地处粤、赣边陲，周围层峦叠嶂，森林茂密，薪炭林特多，村民们农闲之时都会上山伐薪造窑烧木炭。此外，仁居河系的河沙含丰富的铁砂（俗称乌砂）。民国十三年（1924），仁居乡井下村的乡绅丘仲贞等瞄准这一商机，充分利用这些资源条件，凑集资金，雇请师傅、民工，在妙备庵左侧辟地建炉土法炼铁。因在妙备庵侧建炉办厂，便命名“猫鼻炉”。

猫鼻炉炉高10米，内径1.2米，容积6立方米，以人力操作的封闭式地下关扇鼓风（俗称牵风箱），雇请司炉工20多名，就地收购木炭。同时，一方面发动群众到河里淘铁砂（俗称淘乌砂）；一方面组织挑夫、马队到东石肩挑、马驮铁矿石。秋冬开炉炼铁，每年可生产生铁几百吨，产品含硫、磷低，质量高，销路好。小小的猫鼻山沟，一下子热闹非常，崎岖的石结路上，挑木炭的，挑、驮铁矿石、铁砂的，还有挑运生铁的，每天不下500人，人来马往，车水马龙。

那时，全县还没有一条公路，铁矿石要从东石挑上来，生产的生铁又要挑运到坝头，再船运至梅县、汕头出售。旱季时，无水行船，还要直接肩挑到梅县去，运力及生产成本高昂，最终因资金周转困难于民国二十四年（1935）被迫停产。

民国二十六年（1937），从国民党军队中去职居家闲赋的严应鱼（平远县仁居镇城南村麟石下人，官至国民党第一集团军第十一师少将师长），邀集几户乡绅，请回原班师傅，召回熟练工人，恢复了猫鼻炉炼铁生产，而且还从一座炉扩大到二座炉。在经营好炼铁业的同时，严应鱼还根据木溪村附近竹木资源丰富的天然条件，在妙备庵附近开辟场地，兴办各类实业作坊，用当年生嫩毛竹为原材生产土纸，用香樟树片蒸馏樟树油，用杂木培植香菇、木耳，用毛竹、杉树办起竹木农具、家具加工场。当时，正值抗战时期，各种物资匮乏，所以，作坊生产的各项产品畅销赣、粤、闽边境各县，获利不菲。

期间，平远县立子青工业中学（1943 年经广东省教育厅批准，为纪念抗日烈士姚子青在县城仁居兴办的职业中学，至 1946 年 4 月停办）矿冶、造纸、竹木三个专业的学生还将猫鼻炼铁炉、造纸作坊、竹木作坊作为专业的实习场地。

为了方便对妙备炉及其他作坊的巡视管理，严应鱼在中七磜的小溪旁建造了一座小别墅，和小妾、儿子一起吃住在别墅。期间，他看到妙备庵周边的七磜、大华、大水等村的儿童要走 10 多华里的山路，到麻竹或邹坊小学去读书，年幼小童每天要家长护送，中午还得带上米菜在学校寄午餐，不管寒风雨雪、泥泞路滑都要坚持，家长、学生都不堪其苦，许多儿童因此失学。严应鱼便从炼铁炉和作坊的盈利中划拨资金，购置桌椅、黑板、讲台，装修校舍、教室，雇请教师，在妙备庵右侧兴办“妙备小学”，第一学期就招收了 40 多名学生就读。一次，国民党第七战区蒋光鼐将军拜会严应鱼并慕名参观猫鼻炉，严应鱼请他题写校名，蒋将军认为“妙备”为校名不雅，提议改为“茂培小学”，并挥毫作书，写了“茂培小学”校牌，沿用至 1950 年。

1949 年 5 月，平远解放，严应鱼兴办的猫鼻炉及各类作坊宣告停产。1950 年，平远县人民政府接管猫鼻炉，组建“平远县人民铁工厂”，第一任厂长李海彬。这是新中国成立后平远县第一家国营工厂，也是广东省首家国营炼铁厂。1954 年，并入由广东省机械工业厅在东石凉庭沙排岃兴建的“广东省平远钢铁厂”。1957 年，下放给平远县，改名“平远县东石铁工厂”。后又改称

“平远县钢铁厂”，所以说，猫鼻炉是平远钢铁厂的鼻祖。

沧海桑田，妙备庵、猫鼻炉、茂培小学都随着时代的变迁而变迁。妙备古庵在创建平远县人民铁工厂时，做过厂办公室和职工宿舍。观音堂和其他两个佛堂则被视为迷信而破除。铁厂迁移东石后，又做过大队纸厂厂部、大队林场场部。2013 年，400 多年的明代古庵被村民彻底拆除，改建民房。茂培小学沿办至 20 世纪 90 年代，因生源不足、交通条件改善等因素，被撤销合并至木溪小学。

昔日，世代善男信女虔诚膜拜的妙备庵，日夜火光冲天、铁水奔流的猫鼻炉，车水马龙的运输线，还有那琅琅书声的茂培小学堂，都一一离我们远去，留下的两块明代石碑和造土纸的几口水池，默默地向人们诉说当年的繁华与喧闹。抚今追昔，让人们去追思平远佛文化、冶铁史和教育发展的悠悠历史。

牛　墟

牛墟，就是耕牛交易、调剂余缺的贸易集会。古城仁居，跟客家各地一样，每年按区域定期开设牛墟，时间与地点均为约定俗成。届时，农户将自己养殖的牛赶往牛墟出售，缺少耕牛的农户前往牛墟选购，从事经营耕牛的商贩们也从各地采购牛赶来贩卖或前来选购耕牛。

各中心集市都有当地商会牵头的牛墟理事会，由市场管理人员、相牛师、牙人（中介协调者）、牛医等人组成。牛墟开市前，理事会都要商定开市的具体日期，做好场地清理、张贴开市通告等相关事项。根据各地实际，牛墟基本固定在农事间隙的农历七月下旬。场地选择集市附近有阔叶树的草坪或是绿草如茵的溪河草坪或草滩，阔叶树既可遮荫又可拴牛，河溪草滩则便于牛饮水沐浴。牛墟场地一般可容纳几十头至几百头牛。

牛墟开市日，农民、商贩都早早牵赶着老、壮、大、小的牛从各地辐辏而来。不论水牛、黄牛、乳牛进入牛墟，相牛师都能从牛的齿口判定其壮老，同时，又能根据长期的观察实践总结的“相牛要诀”来评定其贵贱优劣。据老相牛师介绍，牛一生只生八齿，一年开一齿，年半开一对，三年内生四齿，再过一年半增生至六齿，又过一年半增生至八齿为满口。满口后，齿又生珠，由对珠、四珠、六珠到八珠为满珠。新满口为壮牛，满珠为老牛，牛老珠黄，年老力衰为无用之废牛。从牛的毛色、毛旋、嚼口、蹄脚、头角等方面评判其优劣的要诀是：毛粗而光润者为优，绵毛无光泽者为劣，因后者不能耐寒，难以过冬。毛旋长得四落归中者为好牛。如鼻梁和两眼之间平生一毛旋者，谓之“三眼”，为劣牛。食口（唇口）要平整，嘴巴要大，才能吃到短草，吃得快，能长膘。蹄脚要生得四脚开排，蹄底厚软，忌露小蹄，小蹄不露者走得快。蹄缝要平整不能过大，缝大易夹石伤蹄。母牛两后腿距要宽，方便牛仔吃乳。此外，也要看头角等长得怎样。

买卖双方根据相牛评定的优劣等级进行按质论价，讨价还价，合理成交，互不吃亏。但往往出现价钱悬殊、难于成交的情况，便可求助牙人。牙人会根据耕牛优劣的品评情况和当年牛价行情的高低，作出较合理的价格，使买卖双方满意。成交后，要从中抽出百分之一作为牙人佣金。如遇故意抬价、压价或倒手贩卖者，牙人将与市管人员一起作出处理。

由于牛墟开市是在初秋，天气干燥炎热，耕牛易中暑患病，尤其是长途跋涉远道赶来的耕牛更易因疲劳发病。所以，牛医一定要参赴牛墟，做好牛病的诊治、救急，并组织一些草药在牛墟兜售，确保牛墟耕牛交易正常进行。

随着农村经济体制的转型变革，特别是农业机械化的发展，拖拉机逐步代替了耕牛。作为耕牛购销为主要功能的牛墟逐渐冷清，好些地方早已停办。但经过长期实践总结的“相牛要诀”，却继续在各地传承和发扬，作为评判耕牛优劣、按质论价的标准。

卖杂货

昔时，在客家山村，经常可以看到头戴斗笠、脚穿四鼻草鞋、肩挑杂货笼的杂货郎，摇着卜卜响的货郎鼓，每日跋山涉水，走村串户，向村民们兜售小杂货，年复一年，积习相沿，成为客家民俗的一道亮丽风景线。

客家人大多分散居住在远离墟镇的偏远山区，出山进山走的是崎岖不平的羊肠小道，购买生产、生活资料，出售农副产品全靠肩挑手提，赴一次墟、赶一趟集，往往就要累上一整天。一些精明的小商贩从这山区的特殊环境中找到商机，挑起杂货笼，进山上门向村民推销小而杂的日用百货，大家称这些小商贩为杂货郎。

装小百货的杂货笼，是用竹篾精心编织的长方体竹筐，分上下两层，上层又分若干小格，以便分盛杂货。货笼表面用桐油涂刷，坚实牢固，拱形的笼苫还垫以竹叶或棕皮，以防雨淋。

货笼装的小百货主要有：大、小缝衣针；黑白缝衣草线、黑白衣车线、各色绣花丝线；灯芯带子、竹笠带；各式塑料纽扣；大、小鱼钓钩；钉屐的毛钉；樟脑丸；牙膏、牙刷、肥皂、火柴；手巾、毛巾、童帽、童服；小镜、梳子、发夹、橡皮筋；万金油、仁丹、痧丸、跌打丸等小成药；铅笔、小刀、尺子、毛笔、墨条、口哨、鸡毛弹、泥娃娃等学习用具和小玩意；萝卜仁、芥菜籽、豌豆仁等菜种。此外，还有水果糖和本地熬制的麦芽糖，以招徕老人和小孩。这些看似不起眼的小杂货，却是人们日常生活中的必需用品，进城赶墟时极易忘记，如果专门出山赴墟去买又耽误了农时。杂货郎在经营杂货的同时，还以低价收购或换购的形式把轻便又有利可图的农副产品和山货收起来，最常见的是鸡毛换线、鸭毛换针。所以，卖杂货是货郎获利、村民方便的双赢形式，备受人们的欢迎，世代相传成行当。

新中国成立后，国家实行计划经济，有些商品由国家调控分配，加上农村实行集体化生产，卖杂货一度受到制约。改革开放后，实施社会主义市场经济，促进了农村生产力的发展，农业增产，农民增收，山村面貌日新月异，村村通了公路，赴墟赶集有自行车、摩托、拖拉机和汽车，村村寨寨就可买到日用品。所以，世代沿袭的杂货郎和那节奏明快的货郎鼓声，随着时代的进步和社会的发展而自然消失，卖杂货这一传统行当成为历史的记忆。

扎头

扎头，就是剃头师傅与众多主家订立口头合约，约定时间、次数、报酬，落村到户剃头的经营习俗。在客家地区，这一习俗自有剃头行业以来一直沿袭至今。

关于扎头的历史，得从头说起，在明朝以前，男子都将头发留起，头发长长后，便盘在头顶结成发髻。到了清朝，按照满族风俗，头顶之发仅在后脑勺留一碗面大，头发长长后，分成三股，拼成发辫，垂于脑后。其碗面以外周围之头发全部要剃光，从此，便有了剃头这一新兴的行业。当时，还没有现代的发剪，剃发前，先用温水洗头，使头发柔软，然后用土制剃刀刮剃，往往割破头皮，血流满面，所以，每隔10天左右就要剃一次，以免头发过长不易刮剃。专为别人剃头者，被称为剃头师傅，在各墟场，都有他们开设的剃头店或摊档，大家可以进店剃头。

由于客家山区交通不便，居住分散，山村大都远离墟镇，加上农事繁忙，要赴墟进城剃一次头不容易，特别是老、弱、病、残和小孩就更加困难。于是，一些剃头师傅便冥想了下乡扎头的经营方式，就是剃头师傅以一年为期，固定到户为主家剃头，约定每10天剃1次，每月3次，全年36次。从年头开始，轮流至各村各户，周而复始，师傅的食宿亦由众主家轮流负责。其报酬为每1头全年稻谷1斗（折合15斤），如遇闰月加1升，即1斗1升。1名师傅一年可扎头180~200人，如以200人计，则师傅全年可得稻谷20石，比农民耕田或塾师教书之收入还多。辛亥革命后，废除清朝发式，剪去辫子，推广留小平头或西装头，又从国外进口手推发剪和洋剃刀，改称剃头为理发，称剃头师傅为理发师，但扎头的形式没变，只是约定的理发次数和报酬有所增减。

扎头这一习俗，既经济实惠又方便简洁，大家可以专心耕山种地，头发长了，理发师也就按时进山来了。如今，理发店不但理发，还有洗头、染发、烫发等项目服务，年轻人都时兴到那里享受，但在偏远山区，扎头的师傅仍然走村串户上门服务，受到人们的热情欢迎。

拜　师

尊师重教是客家人的传统民俗，家家户户在正厅的神龛上安放“天地君亲师”的神主牌，把“师”提高到与天地、祖宗并列的地位，顶礼膜拜。

在实际生活中，大家都把入学拜师当作人生的一件大事，当子女年龄达八九岁时，做父母的便请人选择一个良辰吉日，送子女到学堂“破学”，意为打破人的原生蒙昧状态，开始学习文化知识。首先，焚香点烛，谒拜孔圣人像，然后拜见老师，对老师行跪拜礼，并奉送大红礼包。逢年过节亦要向老师奉送礼物。孩子结业，哪怕是小学毕业，或是考上高一级学校，也就是门楣生辉，就要摆设酒筵，称“毕业酒”或“升学酒”，宴请邻里亲朋，同时，一定要请老师坐上座，酬谢老师的辛勤教诲。

从师学艺，是另一种的拜师，如果想要学到一手泥水、竹木匠、裁缝、理发、阉割等手艺，首先要具“师帖”备礼拜师。学艺一般以3年为期，学艺期间，一般自带伙食，不得工资，俗称“坐三年冷板凳”，有些还须交学费，称“师傅钱”。师傅每年发给学徒冬夏衣服各一套及少许零用钱。学徒在学艺时要不怕苦累，多问多做，做好分内分外甚至师傅家的家务活，博得师傅欢心，师傅才不会留一手，将关键的绝活传授予学徒。3年期满后，师傅会赠给学徒一副工具，学徒则要请师傅吃“满师酒”，以作酬谢，师傅说些勉励话后就算“出师”，可以独立从业了。

俗话说：“一日为师，终身为父。”结成师徒关系后，终身要尊重师傅，年节须送礼慰问，生日喜庆要前往庆贺，有病有痛要上门侍候。师傅对徒弟也一如既往支持关心，工艺上遇到难题同样给予指点或共同切磋，以提高工艺水平。

时代在不断发展进步，客家地区尊师重教的传统民俗也在继续沿袭和发扬，只不过形式有所不同，而拜师学艺却逐步被各类技术培训班所取代。

稻田养鱼

利用稻田养鱼，既可为水稻除虫，又可以增加肉食，实现粮、鱼双丰收，是客家山区农民的传统生产习俗。

每年早稻插后半月左右，鱼苗商贩们便挑着鱼苗箩担走村串户，向农民兜售鲤鱼苗。各户都会选择有水源、排灌方便的稻田，按每亩放养120~140尾鱼苗的基数，购买鱼苗到稻田放养。稻田要保持适量的水，下雨时要做好排洪防涝，以免田水超过田梗；天旱时，要及时灌水，确保鲤鱼健康成长。同时，在田缺安插用竹篾编织的小鱼栅，防止鲤鱼在排灌时顺水溜走。此外，要经常清除稻田周围杂草，防止蛇兽匿藏，危害鲤鱼。

鲤鱼在稻田里，主要以施放进稻田的各种有机肥及稻田土壤滋生的小蚯蚓、小蝇蛆、小蜉蝣为食物，也吃危害水稻的各种害虫。水稻抽穗扬花时，它还会吃掉在田水中的禾花粉。吃禾花粉的鲤鱼肉嫩骨软，特别鲜美，被人们冠予“禾花鲤鱼”的美誉。

早稻成熟时，鲤鱼每尾也长到 3 两至半斤。割完早稻，排干田水，便可用竹篾编织的捕鱼竹圈捕捉鲤鱼，每亩可产鲤鱼 30~50 斤。除食用鲜鱼外，大家还习惯将鱼剖杀、腌盐、晒干，置锅中不加油慢火烤熟后，贮藏于密封的陶罐中，慢慢食用。这既是山区人民佐餐、待客的美食，又是馈赠亲友的佳品。

20 世纪 50 年代，由于农业体制和耕作技术的变革，特别是推广水稻中后期露晒田，稻田养鱼逐渐减少。实行家庭联产承包责任制后，部分山区又恢复稻田养鱼习俗，并进行技术改革，在稻田挖鱼沟、鱼湖，解决鱼、稻两种生物共生的矛盾，实现了稻香、鱼肥，增产增收。但是，由于稻田施用化肥、农药，影响鲤鱼的养殖。在农业产业结构调整中，部分农户把水源足的低产田挖塘养鱼，发展渔业，作为增加肉食和收入的途径，稻田养鱼这一传统生产习俗又逐渐消失，成为历史。

木　屐

旧时，木屐是人们必备的生活用具。在雨水多、湿度大的客家地区，人们尤为喜欢以屐代鞋，因为木屐经济实惠、防水防滑、燥洁爽利，穿起来舒适惬意。

说起木屐，还有个动人的传说：春秋时期，晋文公重耳早年在外颠沛流离，介子推与他患难与共，忠贞不贰。后来，重耳当上了君主，重赏有功之臣，谁知介子推蔑视权贵，隐居深山。重耳找不到他，便下令放火烧山，想逼他出来，面临大火，介子推也不下山，紧紧抱着一棵大树，活活被烧死。重耳懊悔不及，厚葬了介子推，并砍下那棵树做成木屐，每当穿上这双木屐时，便伤心地叹道："悲乎，足下！"后来，"足下"成为人们在书信里对朋友的敬称。

客家山区木材资源丰富，做木屐就地取材，上山选砍质轻、色白的木材，如山乌桕、公油桐（不结桐果的桐树）等。将选好的木材劈成4厘米厚的木板，26厘米左右长，10厘米左右宽，用特制的短刨将木板刨平刨滑，按照鞋底的大小、形状劈成屐板，再将屐板底面屐掌、屐跟部分劈成屐齿，用揽铲修铲光滑，就成了原木屐坯。

把原木屐坯刷上各种颜色的油漆，或再描绘简单的花鸟、山水，写上如意吉祥等祝福语，使木屐更加美观，更加防水耐用。

最后，用一块5厘米宽的牛皮或橡胶（废车轮外胎片），弯成半圆形，用专用的屐钉钉在屐坯前头三分之一左右的位置，一双木屐就做成了。

山里人心灵手巧，自己制作木屐自己穿，还挑到街上卖，各墟镇和县城则有加工、制作木屐的专卖店。

随着塑料工业和制鞋业的发展，五颜六色、形式多样的塑料或橡胶拖鞋、凉鞋取代了木屐，传统的木屐逐渐退出市场，被人们遗忘。

做圆木

用木材制作桶盆之类圆或椭圆用具器皿的圆口木工，俗称做圆木。

圆木制的生活、生产用具主要有水桶、洗脸盆、洗脚盆、洗碗盆、木箩、饭甑、秧盆、粪桶、粪杓等。

做圆木的操作技术、工具及产品结构等方面，与做方木（制作台、椅、凳、桌、橱等）有许多不同之处。在工具方面，做圆木除部分工序使用斧头、平刨之类的方口工具外，大部分工具的刃口都是呈圆弧形的。主要工具有斧头、板锯、榄凿、圆口凿、榄铲、座刨、外圆刨、底刨、木敲锤、不带“羊角”的铁锤、箍撞、拉刀、木钻、磨牙推、箍掰和操作凳，还有钢卷尺、板尺、曲尺、按尺、定度尺、圆规等。

做圆木的用材多选择优质杉木，因杉木质地轻软，变异性小、耐腐蚀、易操作。

做圆木，首先将选好的木材按产品的高度段裁好，然后用榄凿按木材年轮方向一致，凿劈成弧形壁板坯。壁板坯重叠三层，每层均要等于所制桶口的直径（适当增加刨削余地），三层板坯的总块数就能刚好合拢一个桶器。将选择好的壁板坯用斧头修斩成板边向里身微斜、板头宽、板尾窄、呈尖度脚的形状。壁板边修斩好后，便进行刨削侧缝，这是做圆木的重要技术环节。要做到每个侧缝平直光滑、斜度对称、尖度脚准确，可用“按半法”。所谓“按半法”，就是将桶口的半径长度刻在长度长于桶口半径的按尺上，并钉上小铁钉作记号。检测时，侧板缝朝上，横放在座刨面上，按尺尾端搁在座刨面，小铁钉处按在侧缝正中，按尺与侧缝相密贴，斜度就符合要求。壁板制作好后，即开始拼板，拼板包括划眼、钻眼、制竹钉、拼接。桶身拼接起来后，可临时用竹篾箍住桶腰，再用内圆刨和外圆刨将桶身内外刨削光滑。然后制作拼接底板，锯圆，装进桶口。最后一道工序，就是用铁线制成箍，箍上腰箍和脚箍，桶器便完成了。各种圆口木器的制作工序都是从选材、制作壁板坯开始，然后，进行刨削侧缝、拼板、嵌底板、装箍等几个环节。

随着时代的发展、科技的进步，自20世纪70年代开始，铁皮、铝皮逐步代替了圆木制的木材，80年代后，塑料工业空前发展，五颜六色的塑料桶、盆、勺，既轻便又漂亮，现在除饭甑等少数塑料不可替代的用具外，其余圆木制品均逐步被淘汰，做圆木的技术也面临失传。

后　记

我是乡村小学一名教师，后调进镇广播站任广播员，再后来又先后任镇党政办公室资料员、镇党政办公室副主任、镇党政办公室主任兼党委宣传委员、镇党校校长、镇人民代表大会主席，直到退休。退休后，被聘为《平远县志（1979—2000）》特约编审，《申请中央苏区县》顾问。

我一直都在基层而且都在平远县仁居镇工作。仁居镇原是平远县的老县城。从明朝嘉靖四十一年（1562）建立平远县至新中国成立后的1952年，仁居在390年的春秋中为县治所在地，经历了明、清、民国直至解放。新中国成立后，在中国共产党和毛主席的领导下，仁居经过了民主改革、社会主义建设、社会主义改革开放，特别是近年来，在习近平总书记的领导下，开展了“不忘初心、牢记使命、继续革命”的革命传统教育，以及抓好扶贫致富，巩固脱贫攻坚成果，推进乡村振兴，让广大群众过上小康生活，农村面貌日新月异，发生了巨大变化。

在工作期间，仁居镇悠久的地方史、非物质文化遗产、客家传统民俗和宗教文化民俗，以及党史、改革开放史，还有太平天国4次攻城、红四军3进平远、广东省政府播迁平远，反映这些史料的资料、故事深深地吸引了我。我曾经认真地挖掘整理，投送到报刊发表，我还是《梅州日报》《梅州电台》《梅州信息报》的通信员，还在《南方日报》《羊城晚报》《广东工商报》《广东科技报》《广东武装》《源流》《梅州人大》《梅州电视周报》《梅州侨乡月报》《梅州红色文化》《梅州姓氏文化》《平远学刊》等报刊发表过稿，自己还主编了《漫话科举与平远取士》，与人合编过《走进平远》《平远文史》《平远红色地标》《客家平远家训》《平远中学校史》等。

自己写了这么多资料、故事，要如何把资料整理好呢？许多同志都说，把它整理好印成书，不就可以了吗？现任镇党委书记姚文顺在百忙中为本书写好序言，人大主席冯概福，原副书记、镇长现任中行镇党委书记李超贤，现任副书记、镇长卓文峰，副书记朱依依都叫我把书整理出来，他（她）们会出资相助，文化站长徐欢还帮助整理图片。于是我便着手整理，经过一年多时间，终于把它整理完毕，付梓了。在这里，我要衷心感谢他们！

在出版过程中，许多同志都热情支持我，县人大常委主任凌志达，他多次说要我把书出版，县政协主席凌声宏还出部分资金给我出书，还有原县地方志办公室主任萧新民，原县组织部副部长、老干部局局长李程，原县党史办公室主任王远明，现任文联主任李梅以及广东省作家协会会员、广东省小小说学会常务理事、现任县文联秘书长陈耀宗等，都非常关心支持我，在这里表示致谢！

朱依依、徐欢还负责照片的摄影，李程、涂铣英、王远明等同志为这本书的照片付出了巨大的努力，陈显锋、林志英认真打字、校对，在这里一并表示感谢！

由于时间跨度大，好些有价值的资料、故事没有得到整理，或许在整理过程中有漏掉的，这些都有待以后再补充。还有就是由于水平有限，差错疏漏在所难免，敬请专家、读者多提宝贵意见。

冯锡煌

2021 年 3 月

参考书籍

1. 《平远县志》，嘉庆二十五年（1820）版，卢兆鳌总修、欧阳莲协修。

2. 《平远县志续编资料》，朱浩怀编纂，青峰出版社，1975年1月。

3. 《平远县志》，平远县地方志编纂委员会编，广东人民出版社，1993年。

4. 《平远县志》，平远县地方志编纂委员会编，广东人民出版集团、广东人民出版社，2011年5月。

5. 《中国共产党平远县地方历史（第一卷）》，中共平远县委党史研究室编，2002年9月。

6. 《平远党史资料选编新民主主义革命时期》，平远县委党史研究室编，1991年4月。

7. 《平远文史》（仁居专辑）第五辑，政协平远县文史资料编辑委员会、平远县仁居镇人民政府编，张信华、吴杞元、谢宗奎、冯锡煌编辑，1990年12月。